독자의 1초를 아껴주는 정성!

세상이 아무리 바쁘게 돌아가더라도
책까지 아무렇게나 빨리 만들 수는 없습니다.
인스턴트 식품 같은 책보다는
오래 익힌 술이나 장맛이 밴 책을 만들고 싶습니다.

땀 흘리며 일하는 당신을 위해
한 권 한 권 마음을 다해 만들겠습니다.
마지막 페이지에서 만날 새로운 당신을 위해
더 나은 길을 준비하겠습니다.

독자의 1초를 아껴주는
정성을 만나보십시오.

미리 책을 읽고 따라해 본 2만 베타테스터 여러분과
무따기 체험단, 길벗스쿨 엄마 기획단,
시나공 평가단, 토익 배틀, 대학생 기자단까지!

믿을 수 있는 책을 함께 만들어주신 독자 여러분께 감사드립니다.

(주)도서출판 길벗　www.gilbut.co.kr
길벗이지톡　www.eztok.co.kr
길벗스쿨　www.gilbutschool.co.kr

나는 하루 1시간 주식투자로 연봉 번다

나는 하루 1시간 주식투자로 연봉 번다
Stock market investment for 1 hour a day

초판 발행 · 2018년 5월 15일
초판 10쇄 발행 · 2022년 5월 15일

지은이 · 최금식
발행인 · 이종원
발행처 · (주)도서출판 길벗
출판사 등록일 · 1990년 12월 24일
주소 · 서울시 마포구 월드컵로 10길 56(서교동)
대표 전화 · 02) 332-0931 | **팩스** · 02) 323-0586
홈페이지 · www.gilbut.co.kr | **이메일** · gilbut@gilbut.co.kr

기획 및 책임 편집 · 박윤경(yoon@gilbut.co.kr), 최한솔
마케팅 · 정경원, 김진영, 장세진, 김도현 · **제작** · 손일순 · **영업관리** · 김명자, 심선숙 | **독자지원** · 윤정아

디자인 및 전산편집 · 디박스 | **CTP 출력 및 인쇄** · 예림인쇄 | **제본** · 예림바인딩

- 잘못 만든 책은 구입한 서점에서 바꿔 드립니다.
- 이 책은 저작권법에 따라 보호받는 저작물이므로 무단전재와 무단복제를 금합니다.
  이 책의 전부 또는 일부를 이용하려면 반드시 사전에 저작권자와 출판사 이름의 서면 동의를 받아야 합니다.

ⓒ최금식, 2018
ISBN 979-11-6050-477-4   13320
(길벗 도서번호 070339)

정가 16,500원

독자의 1초를 아껴주는 정성 길벗출판사

길벗 | IT실용서, IT/일반 수험서, IT전문서, 경제실용서, 취미실용서, 건강실용서, 자녀교육서
더퀘스트 | 인문교양서, 비즈니스서
길벗이지톡 | 어학단행본, 어학수험서
길벗스쿨 | 국어학습서, 수학학습서, 유아학습서, 어학학습서, 어린이교양서, 교과서

나는 하루 1시간 주식투자로 연봉 번다

반드시 수익 내는 주식투자 3단계 원칙

최금식 지음

길벗

| 프롤로그 |

주식투자가 내 인생을 바꿨다

    2018년 4월, 나의 순자산 총액은 12억원을 넘어섰다. 이는 1년 전보다 대략 6억원이 늘어난 금액이다. 지난 8년간 나는 직장에 다니면서 주식투자를 했고, 그 사이 지금의 아내를 만났으며, 소중한 딸과 함께 살고 있다. 12억원이라는 순자산에는 지금까지 우리 부부가 벌어온 근로소득과 주식투자 시세차익이 모두 고스란히 담겨 있다.

    개인 투자자로서 나의 주식투자는 그리 대단하지 않은 투자방식을 고수하고 있다. 마음에 드는 종목을 꾸준히 분할매수하다가 어느 시점에서 수익이 발생하면 아주 서서히 분할매도하는 것이었다. 이는 누구나 모방할 수 있는 얕은 노하우라 할 수 있다. 하지만 나는 반드시 수익 나는, 적어도 연간 단위로는 반드시 수익 나는 주식투자를 원하고 있고 지금까지 이 생각에는 변함이 없다.

    나는 2010년부터 매달 주식을 사기 시작했다. 그리하여 2012년에는 약 1억 3,100만원의 수익을 낼 수 있었다. 이후 2013년에는 5,100만원, 2014년 3,700만원, 2015년 3,200만원, 2016년 2,800만원, 2017년 5,500만원, 2018년은 4월 초까지 2억 3,800만원의 수익을 실현했다. 그러니까 누적으로는 5억 7,000만원, 아직 매도하지 않은 평가이익도 4억원을 훌쩍 뛰어넘고 있다.

이 글을 처음 쓰기로 마음먹은 2014년은 주식투자로 수익이 나기 시작한 지 3년이 되던 해였다. 책을 쓰고자 하는 생각은 매년 수익을 낼 수 있겠다는 자신감에서 비롯된 것일 수도 있으나 다른 한편으로는 투자 과정상의 고단함을 달래기 위한 것도 있었다. 게다가 이런 식으로 수익이 지속된다면 어디 가서 '나 주식투자 좀 합니다.'라고 자신 있게 말할 수도 있을 것 같았다. 반면 언제든 크게 데일 수 있는 주식시장에서 나의 투자행위를 정당화하고 싶었던 것일지도 모른다.

내 글에는 대단치 않은 나의 투자방식이 고스란히 노출되어 있다. 이 정도 깜냥의 저자도 주식시장에서 돈을 벌어 가는데 이 글을 읽는 독자들도 못할 게 없다. 그것이 바로 내 글을 읽을 만한 하나의 이유가 될 것이다. 나는 주식 전문가가 아니고 직업작가도 아니라서 다소 민망함을 드러내놓고 글을 썼다. 그렇기 때문에 독자의 입장에서 얻어갈 수 있는 것이 하나 있다면 그것은 바로 투자자로서의 자신감이 될 것이다.

이 글을 쓰면서 한 가지 우려했던 사실은 바로 내 글이 세상에 나갈 즈음이면 주식시장이 활황일 가능성이 크다는 것이다. 하지만 그렇다 하더라도 이를 우려할 수는 없는 노릇이다. 매년 수익을 내는 주식투자자가 되려고 애쓰는 것은 모든 이들의 몫이고 영원한 숙제가 될 것이기 때문이다.

최금식

차례

프롤로그
주식투자가 내 인생을 바꿨다　　　　　　　　　　　　　　　　　　4

 **1부 마이너스 4천만원에서
12억원까지의 주식투자 인생**

1993년, 독이 있는 자본주의의 꽃을 만나다　　　　　　　　　　12
국방의 의무도 주식투자를 막을 수는 없었다　　　　　　　　　16
종합주가지수 1000 돌파, 묻지마 투자가 만들어 낸 IT 버블　　22
데이트레이딩에 올인한 3개월, 나는 단기투자에 재능이 없다　28
경기는 호황인데 내 주식은 왜 이래?　　　　　　　　　　　　　34
주식투자, 이래서 하는 구나! 아이리버가 안겨준 달콤한 결실　40
개인 투자자들의 운명을 바꾼 리먼 브라더스 사태　　　　　　46
너무나 아팠던 상장폐지와 1억원 손실의 충격　　　　　　　　50
2010년, 마이너스 4천만원! 농부는 아사라도 침궐종자라　　　57
20년 투자 인생, 간접경험도 경험이다　　　　　　　　　　　　64

2부 직장인 부업투자자로 가는 첫 걸음

그렇게 아파도 나는 왜 주식을 놓지 못할까?	72
지금 시작해도 늦었다. 그러니 열심히 쫓아가자	78
주식투자란 대체 무엇일까?	84
재능보다는 기본기가 중요하다	90
매매 성향에 따라 투자 성향도 달라진다	98
직장인 투자자도 가치투자자가 될 수 있다	106
돈을 가장 빨리 벌 수 있는 방법은 장기투자다	111
주식의 기본적 분석과 기술적 분석	115
기본적 분석과 기술적 분석 활용하기	122
체계적 위험과 비체계저 위험	127
기초자산과 금융상품의 상관관계	137
부동산이 인기 있는 이유는 주식보다 안전해서가 아니다	146
회계를 알아야 주식을 잘한다던데	154

 # 30% 수익률 달성하는 3단계 투자 시스템

❶ 원칙 세우기 : 곧은 원칙이 수익률 10%의 선을 넘긴다!

애널리스트도 아닌 내가 주식을 말한다	167
남들 연봉 한 번 받을 때 두 번 받는 직장인 투자자	175
아내와 함께하면 좋고 대출과 함께하면 더욱 좋다	184
전업투자자와 부업투자자는 어떻게 다른가?	188
주식투자에도 건강이 필요하다	195
주식보다 연봉부터 올려라	200
하루에 1시간만 투자하면 족하다	203
돈이 보이는 신문기사와 소문들	208
주식투자자에게 비판적 사고는 덕목이다	215

❷ 종목 선정하기 : 효자 종목으로 수익률 20%를 달성하라!

종목선정의 원칙을 만들어라	221
네 가지 종목선정 원칙을 적용하니 돈이 보이더라!	238

투자금이 1억 원 미만이라면 한두 종목에 몰아라	254
유망주, 테마주만 쫓다간 망하기 십상이다	264
가치주가 아닌 성장주에 집중하라	268
코넥스에서 종목 선정하는 법	273
내가 하는 일과 비슷한 이슈에 관심을 가져라	288
나의 관심종목과 보유종목	294

❸ 아웃풋 이끌어내기 : 30%의 수익률을 달성하는 기다림의 기술

종목선정이 3할이면 기다림이 7할이다	303
멀리 보고 투자하라	307
푼돈은 푼돈일 뿐, 목돈으로 승부하라	310
신이 주신 선물, 예약주문을 활용하라	313
매도타이밍을 잡는 나만의 노하우	315
실패보다는 성공한 투자를 복기해야 수익을 낼 수 있다	319

에필로그
누구나 방법을 알지만 그 의미를 모른다   322

1993년, 독이 있는 자본주의의 꽃을 만나다

국방의 의무도 주식투자를 막을 수는 없었다

종합주가지수 1000 돌파, 묻지마 투자가 만들어 낸 IT 버블

데이트레이딩에 올인한 3개월, 나는 단기투자에 재능이 없다

경기는 호황인데 내 주식은 왜 이래?

주식투자, 이래서 하는 구나! 아이리버가 안겨준 달콤한 결실

개인 투자자들의 운명을 바꾼 리먼 브라더스 사태

너무나 아팠던 상장폐지와 1억원 손실의 충격

2010년, 마이너스 4천만원! 농부는 아사라도 침결종자라

20년 투자 인생, 간접경험도 경험이다

Stock market investment for 1 hour a day

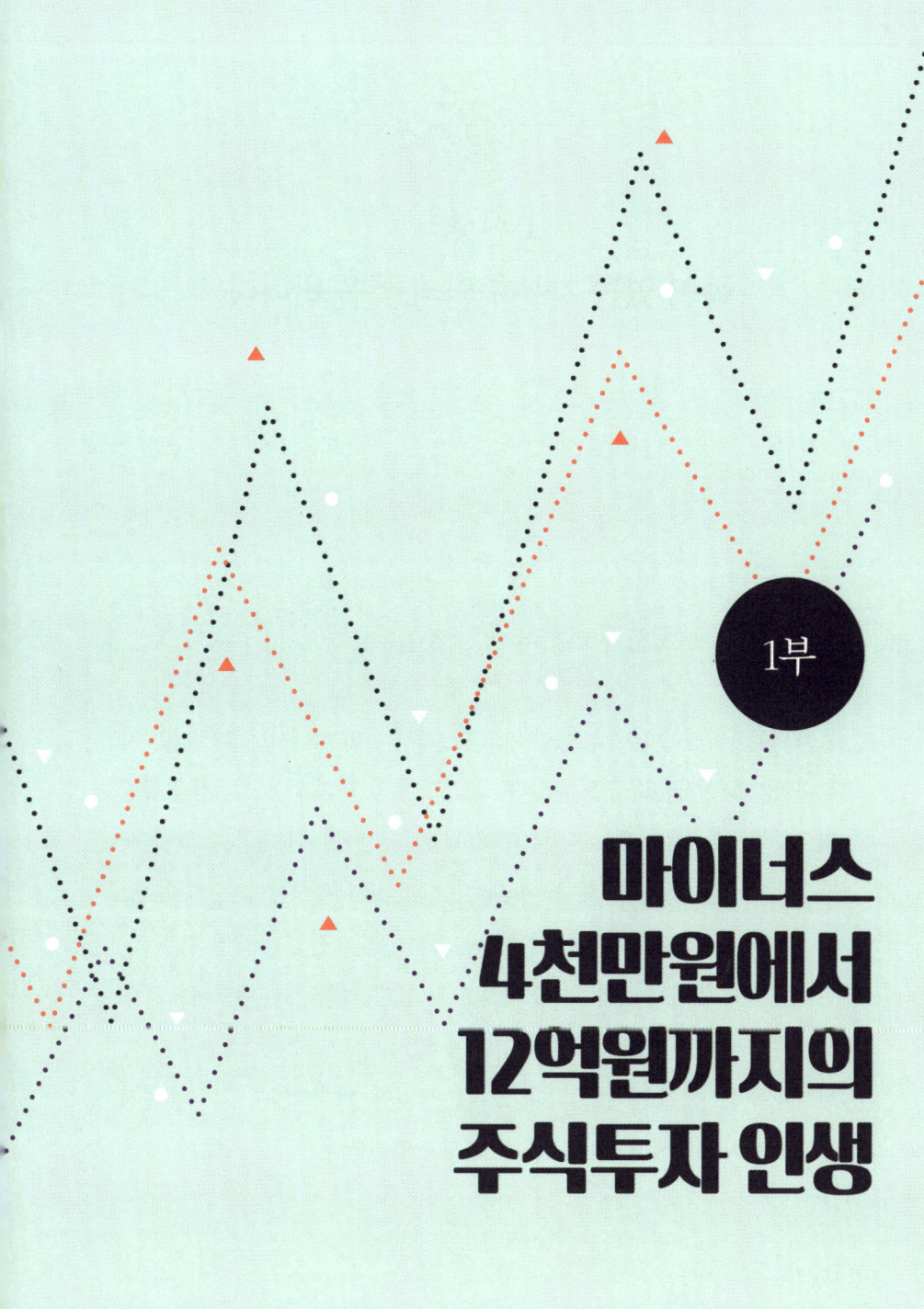

1부

마이너스 4천만원에서 12억원까지의 주식투자 인생

1993년,
독이 있는 자본주의의 꽃을 만나다

스무 살, 생애 첫 주식투자

대학교 1학년이 되던 1993년 어느 날, 우연히 한 책에서 '주식시장은 자본주의의 꽃'이라는 문구를 보았다. 그리고 이 말은 내게 큰 호기심을 불러일으켰다. 지금 생각해 보면 자본주의나 자본시장에 대한 개념을 이해해서라기보다 단지 '자본주의의 꽃'이라는 표현을 보고 '주식이 꽃처럼 중요한 것이라면 이를 외면해서는 안 되겠구나.'라는 생각이 들었던 것 같다.

이를 계기로 나는 주식투자를 시작하게 되었다. 지금에야 인터넷으로 회사와 주가에 대한 정보를 손쉽게 접할 수 있지만 당시에는 주로 신문을 통해서나 주식정보를 볼 수 있었다. 그리고 투자할 만한 기업을 찾기 위해 신문을 뒤적이던 중에 호남식품이라는 회사를 발견했다.

주식투자에 대해서 아는 게 전혀 없었던 내 눈에 호남식품이 좋아보였던 이유는 단지 코카콜라를 판매한다는 것 하나였다. 당시에 호남식품은 두산음료와 함께 코카콜라를 양분하여 유통·공급하고 있었다.

딱히 주식투자에 전념하겠다는 각오가 섰던 것은 아니지만 곧바로 고등학생 시절에 저금해두었던 90만원을 찾아서 호남식품의 주식을 사기 위해 광주 금남로 어딘가에 있던 증권사를 찾아갔다.

난생 처음 방문한 증권사에서 증권계좌를 개설했고 갱지로 된 조그만 전표를 받아 주문을 써냈다. 휴대폰으로 주식을 사는 지금과 비교하면 상당히 번거로운 과정이 아닐 수 없다. 그렇게 멋모르던 대학교 1학년 시절에 90만원을 털어 호남식품을 주당 7,000원대에 매수했고 6개월이 채 되기도 전에 오토바이를 사기 위해 9,000원대에서 모두 매도했다. 손실 없이 주식투자를 경험했다는 사실 외에 그다지 큰 의미를 두지는 않았다. 다만 이렇게 나와 주식투자의 인연이 시작되었을 뿐이다.

독이 있는 자본주의의 꽃, 주식

그 이후는 대학생활에 전념하느라 한동안 주식을 잊고 지냈다. 그런데 3~4년쯤 지나서 우연히 신문을 들여다보니 호남식품 주가가 2만원이 훌쩍 뛰어넘어 있었다. 당시 인터넷 기사를 찾아보니 코카콜라는 1997년도에 호남식품의 영업권 인수를 마무리하고 대구 경북지방 공급업체인 범양식품과 서울 수도권 공급업체인 두산음료의 영업권까지 인수한 것으로 확인되었다. '조금만 더 기다렸다면 큰 수익을 거둘 수 있었을 텐데.'라는 후회도 들었지만 어찌됐든 생애 첫 주식투자에서 손실을 보지 않은 것만으로도 나름 성공한 셈이다.

당시 나에게 큰 충격으로 다가왔던 '주식시장은 자본시장의 꽃'이라는 말을 다시 한 번 살펴보려 한다. 경제활동이란 거대한 자본주의 시스템 안에서 실물과 금융 등이 상호 유기적으로 작용하는 것을 말한다. 그 가운데 기업들의 재원조달 창구의 역할을 하는 주식시장은 얼마든지 자본시장의 꽃으로 비유될 수 있겠지만, 주식으로 큰돈을 잃은 대다수의 사람들에게 주식시장은 꽃은커녕 평생의 원망 또는 애증의 대상일 수도 있다.

개미가 불리하다는 것을 알고 시작하자

기업에 있어서 주식시장은 원활한 자본조달을 위한 중요한 창구이다. 그러나 지금까지의 경험으로 미루어 볼 때 주식시장은 일반인 투자자들, 즉 개미투자자에게 공평한 게임의 룰을 제공하지 않는다. 또 기업들에게 주식시장이란 이익을 위해서라면 개미투자자의 입장 따위는 생각하지 않고, 수단과 방법을 가리지 않아도 되는 불합리한 무대이기도 하다.

게다가 기업이 채권을 발행하거나 은행에서 대출을 받을 때는 이자를 지급하는 반면, 주식시장에서는 상장과정이 다소 번거로울 뿐 상장만 거치면 재원을 효과적으로 조달할 수 있다. 또한 주변의 괜찮은 기업을 인수 합병함으로써 효과적으로 기업을 확장할 수 있는 전략들도 있다. 기업 입장에서는 주식시장의 혜택을 보다 충분히 그리고 보다 월등하게 누릴 수 있기 때문에 주식시장을 '자본주의의 꽃'이라 일컬을 만하다. 뿐만 아니라 경영상의 책임에 있어서는 여러 투자자들에게 분산되는 효과가 있기 때문에 재무적 손실을 회피할 수도 있다.

하지만 주식이 자본시장의 꽃이라는 측면은 기업에게는 맞는 말이고, 일반 투자자에게는 꽃보다 맹독이 될 가능성이 높다. 그러므로 투자자들은 이러한 사실을 잘 이해하고 주식시장에 접근해야 한다.

일반 투자자들에게 주식시장은 태생적으로 불리할 수밖에 없는 구조이다. 대체로 흥하고 성하는 기업에 투자하면 좋은 결과가 있을 것이고, 망하거나 쇠하는 기업에 투자하면 나쁜 결과가 뒤따를 것이다.

국방의 의무도
주식투자를 막을 수는 없었다

나라 경제가 나랑 무슨 상관이 있겠어

1997년 12월 3일, 우리나라는 엄청난 외환위기를 겪으며 국제통화기금(IMF)에 구제금융을 요청했다. 쉽게 말해 나라에 외화가 모자라 위기를 겪고 있으니 돈을 빌려달라고 요청한 것이다. 나라 경제가 어렵다는 것을 국제적으로 공표한 셈이다.

1997년 3월에 나는 육군 소위로 임관해서 훈련을 마치고 김포반도에서 군복무를 하고 있었다. 당시 주식시장은 충격과 공포 그 자체였기 때문에 투자할 엄두를 내기도 어려웠다. 특히 살인적인 고금리로 현금을 갖고 있던 사람들은 은행에만 맡겨도 엄청난 수익을 올릴 수 있어서 굳이 주식을 살 필요가 없기도 했다. 1998년 12월 기준으로 당시 기준금리는 무려 15%

에 육박했다.

그때 나는 대학을 막 졸업한 상태여서 금융위기에 대해서는 백지상태와 같았기에, IMF 외환위기라는 상황을 남의 일처럼 여겼다. 대학 4년이라는 시간은 전공과 영어 공부에 치중하며 취업준비를 하면 되는 것이고, 28개월의 국방의 의무를 적당히 마치고 나서 안정된 직장에 들어가면 된다고 생각했다.

하지만 TV를 틀거나 신문만 보면 기업들의 줄도산 소식이 도배되었다. 워낙 유명한 기업들이 연쇄적으로 도산하다 보니 군대에 있던 나도 나라 경제가 심각한 지경에 이르렀다는 것쯤은 쉽게 알 수 있었다. 몇 년 후 제대할 때가 되어도 나라 경제가 살아날 기미가 보이지 않자 이대로 있을 수는 없다는 생각이 들었다.

군대에서도 자기계발은 계속된다

일반 사병보다는 개인 시간이 좀 더 있는 소위라고 해도 군대에 있는 동안 자기계발은 어려운 일이었다. 그래도 틈틈이 신문 정도는 볼 수 있겠다 싶어서 경제신문 두 가지를 구독해서 읽었다. 매일경제와 한국경제신문이었는데 처음에는 외국어 같은 경제 용어와 이해하지 못할 내용에 어려움을 겪었지만 3개월 정도 억지로 꾸역꾸역 읽어 나갔다. 모르는 외국어도 그냥 듣고 있으면 익숙해지듯이 신문도 그렇게 읽어가다 보니 3개월 후에는 얼추 이 기사가 무슨 이야기를 하는지, 이후에 어떻게 변화할지, 이 사건이 주식시장에 어떤 영향을 미칠지 대강 알 수 있게 되었다.

견물생심이라더니 주식이 사고 싶더라

눈에 보이면 욕심이 생긴다는 '견물생심(見物生心)'이라는 말처럼 경제신문을 계속 읽다 보니 주식을 하고 싶어졌다. 군대에서 신문을 읽으면서도 '아, 지금 상황에서는 이 주식인데.', '이 기업 괜찮은 것 같은데?'라는 생각이 주기적으로 들었다.

그래서 간혹 산속에서 전술훈련을 할 때면 전화로 주식매매 주문을 내기도 했다. 당시 소대장 월급이 세후 100만원 안팎이었고 군 간부들은 거의 대부분 휴대폰 하나씩은 갖고 있던 시기였다. 심지어 야외 훈련 시 급한 경우에 군 무전기보다 휴대폰을 사용하는 일도 종종 있었다. 속된 말로 땅개(=보병)라서 산속에 있는 시간이 많았으니 가끔 전화로 주식매매하는 일이 가능했다. 주식시장이 살아나던 1998년 하반기 이후 대우증권을 이용해서 400~500만원 정도의 투자금액으로 전화로 주식을 매매하곤 했는데 이때마다 닭 쫓던 개 지붕 쳐다보듯이 뒷북만 치는 신세였다. 수익은커녕 주식매매를 연습하는 수준에 지나지 않았다. 1998년과 1999년 당시 내가 했던 주식투자는 신문지상에 오르내리는 종목들 중에서 기자들이 써놓은 미사여구에 현혹되어 단기간의 수익을 쫓는 수준이었기 때문이다.

당시에는 주식투자에 있어서 기준이 명확하지 않아 어떤 종목들을 매매했는지 기억조차 나지 않는다. 차라리 당시에 군부대 근처의 김포 땅을 사 놓았다면 지금쯤 땅값이 수십 배 이상 올랐을 것이다. 하지만 뭘 모르는 가운데에도 IMF 외환위기 시절의 주식시장에 대한 두려운 기억은 명확히 남아 있으니 지금에 와서 생각해 보면 그것만으로도 훌륭한 경험이 되지 않았나 싶다.

돈 주고는 못 살 IMF 시기의 주식투자 경험

나에게도 IMF에 대한 두려움은 학습효과 이상의 트라우마로 남았다. 1997년 말에는 종합주가지수가 300대로 추락했고 1998년 초에는 500까지 반짝 반등하더니 그해 중반에는 280까지 붕괴되었다. IMF 외환위기 사태가 발생한 후에는 1천원 이하의 동전주들이 수두룩했고, 오랜 하락 기간 동안 주가가 바닥을 치며 길고 지루한 시간이 계속되었다.

당시 한 증권사는 낮은 시장가격보다 높은 가격으로 종목을 매도하는 풋*으로 대박이 났음에도 불구하고 사회적 분위기상 이를 쉬쉬한다는 보도가 나기도 했다.

그러다가 1998년 10월부터 저금리 유동성 장세*라는 것이 촉발되었다. 대부분 몇백원짜리도 많았고 그나마 우량하다는 건설주와 증권주들이 2~3천원대였는데, 너 나 할 것 없이 한두 달 사이에 열 배씩 폭등하는 유동성 장세를 보였다. 하지만 아쉽게도 나는 그런 시장과 무관하게 지내고 있었다.

당시 웬만한 종목들이 매일 연속 상한가를 이어나가는 와중에도 나는 그 틈에 낄 정신도, 결단력도 없었다. 아는 것도 별로 없었고 그런 상황에 익숙

◆
풋옵션
시장가격에 관계없이 특정 상품을 특정 시점, 특정 가격에 매도할 수 있는 권리. 시장가격보다 특정 가격이 높을 경우 이득을 얻을 수 있다. 이와 반대되는 의미로 콜옵션이 있다.

◆
유동성 장세
대내외적 상황에 의해 늘어난 시중의 풍부한 유동자금이 주식시장으로 흘러가 기업 실적과 상관없이 주식을 사려는 수요가 증가하는 현상. 주가의 폭등 현상을 초래한다.

하지도 않았기 때문이다. 하지만 지금 내게 비슷한 상황이 다시 주어진다고 해서 내가 잘 할 수 있을지도 미지수다. 주식시장에서 역사적으로 비슷한 상황이 되풀이되더라도 과거와 똑같은 상승장이 재현되지는 않기 때문이다.

물론 그때는 주식투자를 너무 몰랐고 투자라고 해도 가끔 전화주문을 통해 매매하는 수준이었다. 신문을 보고 종목을 골랐으니 회사도, 시황도 몰랐으며 차트를 통해 매도매수 타이밍을 분석하는 기술적 분석은 더더욱 몰랐다. 나쁜 아니라 당시 대부분의 개인 투자자들이 그러했을 것이다. 그러니 손을 대는 것마다 조금씩 손실이 났던 것은 당연할 수밖에 없었다.

지금 생각해도 멋모르던 IMF 시절의 주식시장은 기나긴 침체기의 연속이었고 상당한 인내심이 필요했다. 그렇기에 그 당시에 주식시장에 참여한 것만으로도 많은 교훈을 얻을 수 있었다. 이때 내가 투자한 종목들은 주로 종이신문에서 거론되는 종목들이었는데 초음파로 유명한 메디슨이나 텐트를 만들어 파는 진웅 같은 회사들이 폭발적으로 상승하기도 했다. 기억에 남는 매매종목이라면 코스닥 종목이었던 씨엔아이인데 결국 기다리다 지쳐 팔고 나니 상승했던 것으로 기억한다. 다시 말해 이 당시 내가 수익을 낸 종목은 거의 없는 셈이었다.

IMF에 비하면 리먼 브라더스 사태는..

IMF 외환위기 동안 '주식시장의 바닥은 이런 것이구나.' 하는 학습효과가 있었기에 2008년 리먼 브라더스 사태로 인한 국내 주식시장의 침체기는 의외로 싱거웠다. 하지만 IMF 외환위기나 리먼 브라더스 사태와 같이 거대한 체제의 붕괴에 의해 개인 투자자가 손쓸 틈 없이 당할 수밖에 없는 비극은 더는 없길 바라는 마음이다.

어릴 적 소꿉장난 같았던 1998년 IMF 외환위기 당시의 주식투자 경험은 2008년 경제위기 당시 나의 주식투자에 큰 교훈을 주었다. 그것은 위기극복에는 충분한 시간이 필요하며, 이를 기꺼이 받아들일 마음의 준비가 필요하다는 것이다. 나는 주식에 투자해서 수익을 내는 것은 단지 시간의 문제일 뿐, 장기적으로 봤을 때 누구나 수익을 낼 수 있다고 생각한다.

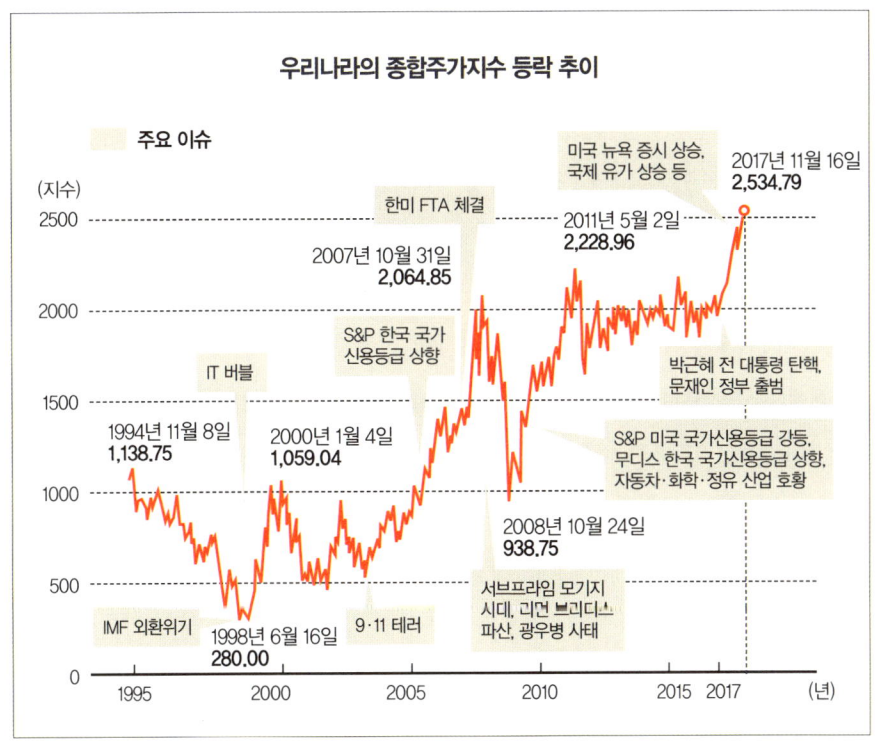

종합주가지수 1000 돌파,
묻지마 투자가 만들어 낸 IT 버블

연속 상한가, 묻지마 투자를 불러온 주식시장

IMF 외환위기 이후 1998년 말부터 주식시장은 바닥을 박차고 힘껏 솟아 오르더니 기술주 열풍에 힘입어 인터넷과 정보통신주들이 급등하기 시작했다. 특히 1998년 10월 금리하락으로 촉발된 급등세는 거래량, 거래대금, 고객예탁금 등 각종 지표의 신기록을 잇달아 갈아치웠다. 당시 외국인들은 내재가치가 높은 핵심우량주에 대한 투자에 집중하였는데 삼성전자, 한국전력, 포항제철, 주택은행, 국민은행, 삼성증권 등에 대한 외국인 보유비중이 크게 늘어났다. 반면 개인 투자자들은 11월 이후 유동성 장세 기대감으로 투자심리를 회복했는데 너나없이 증시에 몰려 '묻지마 투자'라는 신조어까지 등장했다.

증권주와 건설주의 대약진도 있었다. 전체 평균 주가 상승률이 34.7%인데 반해 증권 283%, 보험 69%, 종금 66%, 건설 61% 등으로 평균대비 높은 상승률을 기록했다. 특히 증권주는 6월에 비해 5배, 건설주는 2배가량 오르는 등 증권주의 약진이 두드러졌다.

나는 당시의 폭발적인 시세에 동참할 수 있는 결단력이 부족했고 연속되는 상한가 행진에 놀란 채 시장을 바라만 보았다. 나는 그저 시장에 적응하지 못한 시장참여자 중 하나일 뿐이었다. 단지 유동성 장세가 어떤 것인지에 대해서 제대로 실감하였는데 그것만으로도 배가 부를 정도였다.

1999년 초에 587포인트로 출발한 주식시장은 연말에 1,030에 육박하는 급반등을 연출했다. 다만 주가 차별화가 극심하게 나타나면서 외국인 투자자가 수익을 독식하고 개인 투자자들의 수익은 반쪽이 났다는 기사를 확인할 수 있었다. 이후 코스피시장에서 참패당한 개인 투자자들이 코스닥으로 옮겨 갔고 정부의 벤처기업 육성 바람이 불면서 코스닥지수도 천정부지로 치솟았다. 이 시절에도 외국인이 일방적으로 주식시장을 주도하였는데 기관 투자자들이 소신 없는 눈치투자로 미적거리고 있을 때 외국인들은 시의적절하게 주도주를 찾아내고 시장을 이끌면서 막대한 차액을 남겼다. 특히 하반기에 외국인들이 만들어 낸 정보통신주 장세에서도 주식시장에서 주가 차별화를 유도하며 개인 투자자를 소외시키곤 했다.

239조원이 사라진 IT 버블

인터넷과 정보통신주 열풍으로 묻지마 투자가 시작되자 주가는 천정부지로 치솟기 시작했다. SK텔레콤은 처음으로 100만원대를 넘어 연말에는 400만원대까지 주가가 상승했고 데이콤(현 LG유플러스) 역시 한 해 동안 주가가 12배 오르는 기염을 토했다. 하지만 삼성전자, 한국통신, LG정보통신, SK텔레콤 등 정보통신 5인방이 시장을 주도하며 주식시장의 부익부 빈익빈이 심해지는 양극화 현상을 드러냈다. 소위 말하는 IT 버블이 시작된 것이다.

이후 버블이 꺼지면서 대부분의 주가가 반토막이 났고, 2000년 들어 정보통신주와 인터넷주 열풍도 꺼지기 시작하면서 주식투자자들은 큰 손해를 입었다. 2000년 초, 증권거래소 상장기업의 시가총액이 375조원이 넘던 것이 195조원으로 약 48% 감소하며 180조원이 증발해버린 것이다. 코스닥은 96조원이던 시가총액이 37조원으로 무려 61%나 감소했다. 증권거래소와 코스닥 두 시장에서만 239조원이라는 천문학적인 돈이 허공으로 사라진 시기이다.

◆ **동조화 현상**
다른 말로 커플링으로, 경제 연관성이 높은 국가들 사이에서 증시가 같은 방향으로 움직이는 현상. 미국 증시가 오르면 한국 증시도 같이 오르는 현상이 대표적인 예이다. 반대로 증시가 다른 방향으로 움직이는 것은 탈동조화 현상이라고 한다.

이러한 주가하락에는 미국과 아시아 주가의 동조화 현상◆, IT 등 성장주 열풍의 퇴조 등 대외적인 여건도 작용했지만 과도한 벤처바람, 증시 물량 수급조절의 실패 등 정부의 책임이 크다는 지적이 있었다. 특히 벤처거품이 꺼지고 하반기 들어 구조조정마저 흔들리면서 주가는 침체를 벗어나지 못했고 주가하락으로 인한 소비위축은 경기를 위협하는 가장 큰 요인으로 작용했다.

소수가 지배하는 시장, 주식시장

주식투자에 대하여 이렇다 할 개념이 없었던 나에게 1998년도 이후의 주식시장은 많은 것들을 경험하게 해 주었다. 그때나 지금이나 소수의 지배자가 시장을 주도하고 있고 개인 투자자들이 시장에서 소외되는 일은 똑같이 벌어진다.

20대 중반이었던 나는 투자원금이 적은데다가 데이트레이딩*에 손대기 전이라 시간적·금전적 손실이 제한적일 수밖에 없었다. 간혹 뉴스를 보면서 발 빠르게 테마를 형성해서 급등하는 종목들이 속출할 때면 그런 종목들이 신기해서 이리저리 살피느라 바빴던 기억도 있다. 하지만 1999년과 2000년까지도 취업준비에 여념이 없어서 주식시장은 호기심에 둘러보는 정도였다.

◆ **데이트레이딩**
초단시간 내에 주가 움직임이 빠른 주식을 매수·매도하여 차익을 내는 주식투자 방법

나는 투자자들이 과도하게 몰리고, 주가가 눈에 띄게 상승하며 시장을 이끌어가는 주도주에는 이상하게 관심이 가지 않았다. 당시에도 그렇고 지금도 소위 시장을 주도한다고 여겨지는 종목들에는 눈이 가지 않는다. 과거에는 주식투자자로서 노력이 부족해서 그런 것이라 생각했으나 지금은 오히려 무리수를 둬가며 시장의 주도주에 동참하려 하지 않는 편이다. 나는 매번 주식시장의 주도주를 재빠르게 선취매할 수 있는 재능이 부족하기 때문에 시장의 인기와는 다소 동떨어진 투자를 하고 있을 수도 있다. 나는 주식시장의 수많은 주도세력들이 그들이 원하는 주도주를 만들고 수익을 창출할 때 이에 현혹되지 않고 나만의 길을 걷는 것이 확실한 투자라고 생각

한다. 나는 시장의 주도주를 만들어 낼 능력도 없는데다가 이미 시세차익이 나기 시작한 주도주에 프리미엄을 지불하며 뒤늦게 추종할 생각도 없다. 경험상 이런 투자는 수익보다 손실로 이어지는 경우가 많았기 때문이다.

예나 지금이나 외국인들은 항상 주식시장을 주도하고 있으며 그들이 원하는 방향대로 시장을 만들어간다. 이는 외국인뿐 아니라 특정종목에서의 주도세력 또한 마찬가지이다. 시대적 흐름에 부합하는 시장의 주도주에 동참하는 것은 매우 중요한 일이다. 하지만 주도세력은 그들이 원하는 조건들이 무르익을 때까지 다른 투자자들을 철저히 배제하기 때문에 개인 투자자들의 현실이 고달퍼지는 것이다.

과거 주식시장의 기억을 떠올리는 이유는 옛 것을 익혀서 새로운 것에 대비하고자 하는 마음에서 비롯된 것이지만 이를 현실에서 적용하는 것은 그리 쉬운 일이 아니다. 당시 주식시장을 경험하고 큰 시세를 맛보았다 하더라도 그런 일이 똑같이 되풀이되어 지금의 내게 도움이 되리란 보장이 없기 때문이다.

2017년 주식시장은 어떠했나. 시황은 다를지라도 주식시장의 양극화, 주도주와 비주도주의 차별화 같은 것들은 여전히 유효했다. 하지만 당시 나는 상승장의 순환매*에 휩쓸릴 여력도 없고 전기차나 자율주행차 등 시장의 주도주에 동참할 생각이 없었다. 따라서 이런 주도주들은 이미 투자한 종목에서 수확을 일군 이후에나 다시 고민해 볼 생각이다.

◆ **순환매**
한 종목에 호재가 발생하여 주가가 상승할 경우 그 종목과 관련 있는 종목도 상승하여 매수가 이어지는 분위기

그리고 이때만 하더라도 나는 투자금액에서 규모의 수준에 이르지 못했기 때문에 포트폴리오를 거창하게 구성할 필요성을 느끼지 못했다. 한마디

로 아직 배가 고팠다.

그렇다면 2018년 주식시장은 어떠할까. 일단 지수로 보면 지난 한 해 동안 코스피나 코스닥 모두 크게 올랐다. 그리고 2018년 4월까지 조정이 이루어지고 있다. 내가 감히 2018년 주가지수를 예측할 수는 없다. 다만 수익을 높일 수 있는 좋은 환경이 계속될 거란 기대감만 가지고 있다. 나 같은 개인 투자자는 현재 주가지수가 나에게 유리하게 전개될지, 아닐지만 판단하면 된다. 그 이상은 알아봤자 부담스럽기만 하다.

주식시장이 언제까지 좋을 수는 없다. 사실 나는 올해, 아니면 늦어도 2019년까지 투자수익을 극대화한 이후 자금을 회수할 계획이다. 앞으로 당분간은 주식시장의 순풍이 이어지지 않을까라고 예상하지만, 어디까지나 예상일 뿐 확신할 수는 없다. 주식시장에 변수는 늘 있다.

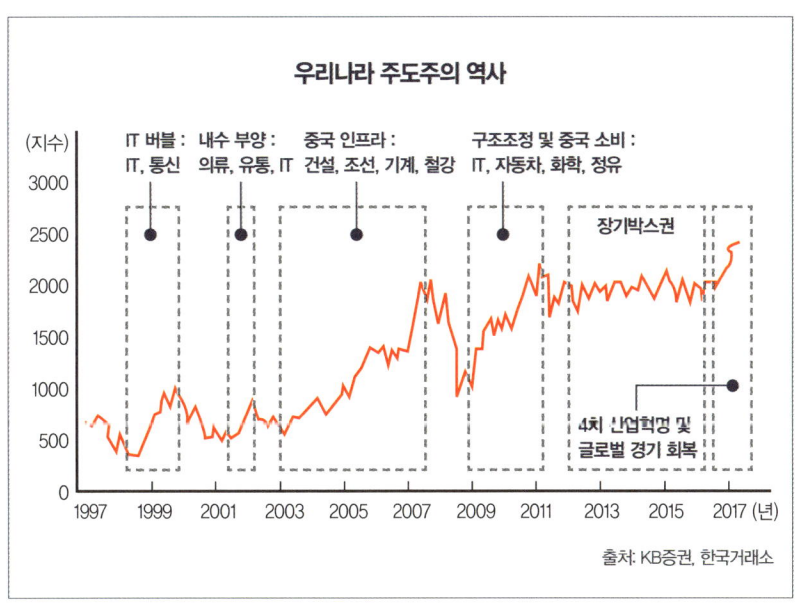

데이트레이딩에 올인한 3개월,
나는 단기투자에 재능이 없다

첫 단추부터 꼬이기 시작한 사회생활

2000년 당시 나는 취업준비생이었는데 수중에 돈도 떨어져 가는 상황이라 막연히 공부만 하고 있을 수는 없었다. 그러다가 지인과 함께 경기도 양평에 조그만 토목설계사무실을 내기로 했다. 하지만 동업이 어렵다고 하는 주위의 말을 너무 가볍게 생각했던 걸까. 얼마 지나지 않아 여러 문제로 결별해야 했다. 하지만 기왕 이쪽 업계에 발을 들여놓았으니 관련 직무나 배우자는 심정으로 다른 설계사무실에서 직장생활을 하게 되었다. 소규모 사업장이라 그런지 들어가자마자 급여가 밀리기 시작했고 몇 개월이 안되어 그만두었다. 첫 단추가 중요하다더니 이때부터 직장생활은 순탄치 않았고 이후 불안정한 사회생활이 이어졌다.

HTS로 시작된 데이트레이딩 입문

　직장문제로 고군분투하는 동안 당시 시중에는 HTS 보급으로 데이트레이딩 열풍이 불고 있었고, 단타매매로 돈 좀 벌었다는 사람들의 책들이 우후죽순으로 쏟아져 나왔다. 나도 자연스럽게 단타매매에 관심을 갖기 시작했는데, 인터넷 열풍으로 인한 PC방과 HTS의 사용 급증도 한몫했다.
　실망스러웠던 지인과의 동업 그리고 순탄치 않은 직장생활을 모두 정리하고 나니 객지에서 혼자 놀고먹는 여유로운⑦ 시간을 갖게 되었다. 상황이 이렇다보니 약 3개월 동안 데이트레이딩만 하면서 하루 종일 HTS를 끼고 살았던 적이 있다. 대략 2001년도의 일이다. 당시 내가 했던 주식투자라는 것은 좋은 테마군에 속하고, 좋은 정보를 공시할 것 같은 끼가 다분하면 좋았고, 이러한 모든 것들이 반영된 좋은 차트 찾기에 혈안이 되어 있었다.
　그런데 그것이 거의 전부였다. 하루하루 수십, 수백 종목을 뒤지며 지냈다. 이는 열심히 일하는 것처럼 여겨졌고 스스로 자기계발의 연장선이라 생각했다. 주가와 거래량이 좋아 보이는 종목을 찾아내면 기업개요를 살펴보고 관련 테마나 시세의 분위기가 어떤지를 고려했다. 그러고 나서 장중에는 단타매매라는 것을 했다. 종목의 주가가 오르는 날은 마냥 기분이 좋았고 떨어지는 날은 하늘이 무너지는 듯한 기분을 떨칠 수가 없었다. 그렇게 일희일비하는 불나방 같은 소모적인 생활이 반복되었다.
　주식시장이 열리는 주중이면 아침이 상쾌하고 희망찼다. 출근할 곳이 없다 보니 아침 8시면 PC방에 입장해서 자리를 잡는 것이 하루의 시작이었다. 읍 소재지였음에도 불구하고 그곳 PC방에는 나처럼 하루 종일 주식을 쳐다보는 30~40대 아저씨들이 두 명 더 있었다.

온종일 컴퓨터를 쳐다보며 매매하는 데이트레이딩에 내가 재능이 없다는 사실을 깨닫는 데는 3개월이면 충분했다. 그것마저도 억지스럽게 버티고 버티다 낸 결과였다. 당시 PC방은 사회적으로 공인된 흡연실로 늘 매캐한 연기가 끼어있었고 식사는 PC방에서 제공하는 인스턴트로 때웠으니 건강에 해로울 수밖에 없었다. 그런 식으로 하루를 보내다 오후에 주식시장이 마감하면 그 날의 급등주을 모두 체크하고 시장의 매기*가 어디로 가는지를 확인한 후 다음날 크게 오를 종목이 무엇일지 찾아보곤 했다. 정말이지 이때는 좋은 차트만 열심히 찾으면 수익은 그냥 생기는 줄 알았다. 그리고 그런 차트가 보이지 않는 이유는 온전히 내 실력의 부족 때문인 줄 알았다. 왜냐하면 그 당시에는 단타로 떼돈을 번 스타들이 많았기 때문이다.

◆
매기(買氣)
한자 그대로 (상품을) 사고 싶은 마음이다. 주식시장이 상승전환하려면 매기가 필요하다. 기업의 긍정적 변화, 경제의 발전, 정책의 변환 등이 매기를 촉진시킨다.

쉽게 번 돈은 쉽게 사라진다

한 번은 지금은 사라지고 없는 코스닥의 '유니와이드'라는 업체의 주식을 산 적이 있다. 2001년 1월쯤이었다. 하필이면 매수 다음날 외국인들이 추천하는 유망종목으로 공시가 떠서 5일 연속 상한가를 맞았다. 대략 6,000원에 사서 12,000원에 팔았으니 나름 대박이었다.

이를 시작으로 한 달 만에 원금 500만원이 1,500만원으로까지 불어났다. 그런데 석달 뒤에는 다시 원금으로 되돌아오더니 매매를 하면 할수록 원금조차 까먹는 일이 발생하였다. 단타로 돈 버는 게 식은 죽 먹기 같았으나 이는 착각에 지나지 않았다.

이에 따른 수수료도 만만치 않았다. 당시 PC방은 그리 많지도 않았고 이용료도 시간당 1,500원 하던 시절이라 차라리 주식투자보다 PC방 장사를 했으면 더 큰 돈을 벌 수 있는 시기였다. HTS 매매수수료도 데이트레이더들에게는 큰 액수였다. 당시 PC방 옆 건물에 동양증권이 있었는데 지점장인지 직원인지 모를 사람이 하루 매매약정금액 1,000만원만 채워주면 전용좌석을 내어주겠다고 한 적도 있다. 여하튼 2001년 초에 했던 3개월간의 데이트레이딩은 이렇게 실패로 마무리되었다. 건강도 해치고 돈도 잃었던 시절이다. 여러모로 상처입은 상태로 다시 일할 수 있는 안정적인 직장을 찾아 나섰다.

뭐니 뭐니 해도 본업이 최고!

지금으로부터 약 17년 전의 일이라 개인적인 기록물도 없고 기억도 흐릿하다. 그냥저냥 매일 시장의 주도주를 참고해서 매매를 일삼았던 기억이 난다. 당시의 주식투자란 가급적 매일 매매하는 것이 무릇 전문가의 덕목이라 할 수 있었다. 단타가 곧 주식투자로 통용되는 사회였다. 당시 3개월 동안 수없이 많은 종목을 찾아내고 매매를 하였는데 기억에 남는 종목은 유니와이드 하나뿐이다. 단순히 기계적인 매매에 가까웠기 때문에 그 외에는 정확히 기억에 남는 종목이 없다. 지금은 사라진 종목도 많다.

다만 데이트레이딩에 재능이 없음을 확인했기 때문에 잠시 손을 떼고 남들처럼 본업에 충실해야 할 필요를 느꼈다. 지금 생각해 보면 초보 시절의 주식투자에 있어서 내가 가장 잘한 일 중 하나가 안 되면 그냥 방치해 두는 것이었다. 특별히 무리수를 둘 정도로 오기를 피운 적이 한 번도 없었던 것은 다시 생각해 봐도 정말 잘 한 일이다.

이후 직장생활을 본업으로 한 이후에도 차트분석을 근간으로 한 단기투자는 계속되었고 HTS에서 제공하는 모니터 안에서 좋은 종목을 찾고자 하는 노력도 계속되었다. 단지 이전과 달라진 것이 있다면 매일 단타를 하지 않고 최소 며칠이나 몇 주, 혹은 한두 달까지 지켜보는 스윙트레이딩♦으로 접근했다는 것이다. 하지만 2007년까지도 이러한 방법들을 통해서 지속적으로 수익을 낸 적은 없었다. 아무리 생각해도 단타나 스윙같은 방법들은 나와 맞지 않았다. 내게는 단기투자로 수익을 낼 수 있는 재능이 전혀 없었기 때문이다.

♦ **스윙트레이딩**
빠른 수익을 얻기 위해 종목을 매수한 후 하루 혹은 며칠 정도만 보유하는 투자. 데이트레이딩보다는 길지만 가치투자보다는 짧다.

악과 깡으로 되지 않는 것도 있다

단타에 대한 생각을 좀 더 얘기해 보고자 한다. 단순히 직장인은 단타를 해서는 안 된다고 말하는 것이 아니다. 내가 안됐다고 해서 모든 사람이 하면 안 된다고 말할 생각도 없다. 혹자 중에는 단타에 재능이 있어 100억원 정도는 모을 수 있는 사람 하나쯤은 있지 않을까 싶기도 하다.

단타의 위험성 내지 문제점이라면 계속해서 상승할 종목을 찾아내야 한다는 점이다. 그런데 이것은 신이 아닌 이상 불가능에 가깝다. 그리고 어느 날 단타에 실패하게 되면 너무나 불행한 자신을 돌아봐야만 할 것이다. 특정종목에 대해서 내가 주도세력이 되어서 해당 주가를 만들어 나가지 않는 이상 이는 불가능하다. 아니 주가를 만들어나가는 주도세력이라도 항상 원하는 주가를 만들어 낼 수는 없으므로 이는 그 누구에게도 불가능한 일이라 할 수 있다. 적어도 보통의 사람들에게는 말이다.

   또한 단타매매로 주식시장에 기웃거리는 직장인이 있다면, 진정으로 열심히 해보라고 말하고 싶다. 그리고 나서 결과가 좋으면 좋겠지만 그렇지 않다면 다른 방안을 모색하면 될 것이다. 다만 주식투자에서만큼은 안 되면 곧바로 포기하라고 말하고 싶다. 일단 포기하고 다른 방법을 찾아보는 것이다. 안 되는 것을 억지로 되게 하려다가 더 큰 낭패를 보는 수가 있다. 주식시장은 군대처럼 악으로 깡으로 버틸 수 있는 단순한 곳이 아니다.

경기는 호황인데
내 주식은 왜 이래?

침체에서 벗어나 훈풍이 시작된 주식시장

2002년 IMF 외환위기 이후 침체된 내수 경제를 살리기 위해 정부는 신용카드 사용을 활성화시키겠다는 정책을 발표했다. 신용카드 발급의 문턱을 낮춰 내수를 진작시키겠다는 획기적인 계획이었다. 하지만 모두가 아는 것처럼 이는 실패로 끝났다. 무분별한 신용카드 발급으로 인해 내수 경제는 일시적으로 상승했지만 카드 대금을 갚지 못하는 사람들이 생겨났고 위험성을 눈치 챈 카드사들이 그제야 카드 발급을 제한하자 카드 대금을 돌려막던 사람들이 신용불량자로 전락했다. 이로 인해 한국 경제는 한동안 침체를 겪어야 했다.

하지만 이후 침체된 국내 경기가 회복되고 미국을 위시한 국제 경기

역시 호전되면서 2003년부터 주식시장에도 다시 훈풍이 불기 시작했다. 2004년도에 약간의 조정기간을 거치고 장기간 거침없이 상승했는데 2007년 10월에 종합주가지수가 2,000포인트를 넘어서기도 했다. 장기간 주가가 상승한 이유는 시장에 악재로 작용할 만한 특별한 이슈가 없었고, 국내외적으로 경기가 호전됐기 때문이다.

또한 2004년부터 확산되기 시작한 적립식펀드와 변액보험 등 금융상품이 주가 상승의 기반 역할을 톡톡히 했다. 주가변동에 따라 단기적인 매매를 반복하는 직접투자방식과 달리 적립식펀드와 변액보험을 통한 간접투자방식은 주가변동에 관계없이 장기간 적금처럼 매월 일정액을 납입하는 방식이기 때문에 주식시장에 꾸준히 유동성을 공급했다. 1가구 1펀드라는 말이 생겼을 만큼 많은 사람이 적립식펀드와 변액보험에 투자하여 매수 수요가 안정적으로 유지되었다. 종합주가지수가 2,000포인트를 넘어서자 전문가와 언론은 펀더멘털(Fundamental, 기초 체력)이 튼튼하고 그동안 자본시장의 구조가 체질적으로 선진화됐기 때문에, 이번에는 과거처럼 주식시장이 주저앉지 않을 것이라며 장밋빛 전망을 쏟아냈다.

대기업처럼 무거운 주식은 가치가 없다? 그것은 나의 착각!

이 시기의 주식시장에서는 조선, 화학, 철강 등과 같은 대부분의 업종에서 대형우량주들이 꾸준히 상승했던 것으로 기억한다. 이른바 '기관화 장세'로 불리며, 국내 기관 투자자들이 주도한 시장이었다. 당시 나는 항상 과거의 시장 논리에 갇혀 있어 이런 흐름을 잘 알지 못했다. 대형주는 흔히 말하는 '무거운 종목'임에도 불구하고 지속적으로 상승하는 모습이 신기할 따름이었다. 나는 과거에 인터넷주나 정보통신주 같은 성장산업만이 대단하지, 차화정(자동차, 화학, 정유)같은 종목들은 시가총액이 무거워서 시세를 내기 어렵다는 고정관념에 갇혀 있었다. 대부분의 개인 투자자가 그러하듯이 나는 내 경험만을 바탕으로 특정주식의 과거 주가 패턴에만 빠져 있을 뿐이었다. 이는 회사의 실적을 내다볼 안목이 없기 때문인데, 해당 산업의 업황이 어떤지도 모를 뿐더러 해당 기업이 업황의 어떤 특수를 누릴 것인지도 모르기 때문에 어쩔 수 없는 일이다.

그러다 보니 역시나 차트를 뒤지면서 시각적으로 맘에 드는 종목에 투자하는 것이 나의 한계였다. 2004년도에도 직장생활을 하면서 현실의 불만족을 삭히기 위해서 한두 번씩 주식매매를 했다. 내가 원하는 주식은 잠재적으로 주가상승의 요인을 충분히 가지고 있으면서도 차트상으로 바닥을 잘 다진 종목이었다. 그리고 예상대로라면 재료가 현실화되면서 주가도 폭등하는 그런 시나리오였다. 예전과 조금 달라진 게 있다면 매일 데이트레이딩하는 것이 아니라 매수 후 며칠 또는 몇 주 동안 추이를 두고 보는 스윙트레이딩을 했다는 것이었다. 이러한 방식은 회사에서 일을 하면서도 잠시 짬을 내어 인터넷으로 사고팔면 되므로 크게 문제될 것이 없었다. 다만 문제점이라면 이러한 스윙조차도 평균적으로 결과는 신통치 않았다는 것이다. 매일매일 짜증나지 않아 그나마 다행이었지만, 단지 짜증의 횟수가 줄어들었을 뿐 몇 주에 한 번씩 짜증스러운 결과로 끝나는 일은 크게 다를 바가 없었다. 다시 말해 나는 스윙에도 재능이 없었다.

개인적인 스트레스를 주식투자로 풀면 안 되는 이유

당시 나는 직장생활에 만족하지 못했었지만 단지 경력이 필요했기 때문에 그럭저럭 설계사무실에서 시간을 죽이며 지냈다.

그래서 틈만 나면 주식투자로 돌파구를 찾으려 했는지도 모른다. 사실 많은 이들이 갈 곳을 못 찾고 나처럼 현실의 불만족을 타파하기 위해 주식투자에 무모하게 매달리고 있다. 그 당시 20대였던 나의 전략은 이러했다. 어차피 원하는 수준의 공기업에 못 들어갔으니 기술사 시험이나 준비해서 땅에 꺼진 자존심이나 좀 살려보자는 것이다. 그리고 기술사 시험에 응시하기 위한 최소 경력이 4년이었으니 시간을 죽이는 이런저런 소일거리가 필요했다. 그러다 보니 여윳돈이 500만원 정도만 모이면 주식투자에 도전하고 그만두고를 반복했다.

나름 한다고 했지만 주식투자에는 도통 재능이 없었고, 의욕 없는 직장생활도 여전히 실망스러웠다. 이쯤이면 최소 경력은 채운 것 같아 기술사 시험에 전념하기 위해 2004년 말경 직장을 그만두고 2005년 2월 말경 학원가에서 수험서를 몇 권 사서 독파했으며 그해 8월 논술시험에 합격했다. 2005년 당시 내 나이는 서른하나였다. 대학에서 토목과를 나온 것도 아니고, 학원을 다닌 것도 아니었으나 젊었기 때문인지 불도저같은 공부가 먹혔고 운도 따랐다. 그리고 2차 구술 시험을 거쳐 1년 만에 최종 합격할 수 있었다. 주식투자에 매달린 시간 동안 공부를 했다면 박사학위는 물론이고 전문기술사 자격증을 몇 개는 더 취득했을 거란 생각도 들었다.

단기투자에 재능이 없다는 것을 깨닫기가 이렇게 어렵다니

그런데 기술사에 합격하고 취업이 되기까지 다시 여유 시간이 생기자 주식투자를 하지 않을 수가 없었다. 주식투자에서 수익을 낼 수 있는 확정적인 솔루션을 찾아내는 것은 평생의 숙원과도 같은 것이었다. 그리고 언젠가는 나도 나만의 솔루션을 찾아 큰 수익을 낼 수 있을 거라는 막연한 기대감도 있었다.

이때까지도 차트분석을 기본으로 해서 괜찮은 종목을 찾는 데 혈안이 되어 있었다. 공부에 전념한 2005년부터 재취업을 준비하는 2007년까지 국제 경기는 활황이었고 이를 반영한 주식시장 또한 종합주가지수 2,000포인트라는 신세계의 획을 그었다. 하지만 미약한 개인 투자자였던 나는 역사적 사건과는 무관하게 그냥저냥 분풀이성 스윙투자만 반복할 뿐이었다.

아무리 차트를 지지고 볶으며 분석해도 결과는 항상 손실이었다. 물론 처음부터 분풀이성 매매를 할 마음은 없었으나 매매를 하다 보면 생각처럼 되지 않았다. 더욱이 호가만 봐도 매수세를 알아차린다는 예리한 스캘퍼♦의 감각은 전혀 없었다. 데이든 스윙이든 해봐야 안 될 거란 걸 알면서도 2007년까지 억지스러울 정도로 단타투자를 반복했다. 그러다 보니 일상적으로 하는 주식매매란 것들에 넌더리가 나기 시작했고 이를 인정하기로 결심했다. 다시 말해 주식투자에서 단타매매를 해서는 안 된다는 사실을 깨달은 것이다. 지금 생각해 보면 이게 뭐 대단한 사실이라고 그리 오랜 시간이 걸렸는지 참 한심스러울 뿐이다.

♦ **스캘퍼**
몇 분 이내의 짧은 시간 동안 주식 종목을 사고파는 투자자를 일컫는다.

2000년 이후 HTS의 보급으로부터 7년, 시간이 날 때마다 틈틈이 시도해 보았지만 적어도 나는 데이트레이딩에서는 솔루션을 찾을 수가 없었다. 그러다 보니 다른 방식으로 접근해야겠다는 생각이 들었다. 지나고 나서 보면 모든 주식은 오르고 내리기를 반복하기 때문에 어떤 종목으로도 수익을 낼 수 있어야 한다는 사실에 착안한 것이었다. 어떤 종목으로도 수익을 낼 수 있다 하니 마치 대단한 것처럼 느껴질 수 있으나 여기에는 함정이 있다. 이는 특정종목을 매수한 후에는 수익을 내지 않고서는 결코 팔지 않겠다는 미련한 방식을 내포한 것이다. 그리고 2007년 이후 난 이러한 방식을 고수하면서부터 더디지만 연간 단위로 꾸준히 수익을 낼 수 있었다. 물론 뒤에 나올 가슴 아픈 사연을 하나 더 겪어내야 했지만 말이다.

주식투자, 이래서 하는 구나!
아이리버가 안겨준 달콤한 결실

6개월에서 2년 안에 오르는 주식을 찾는 게 목표!

2007년 당시 나는 데이트레이딩에 환멸을 느끼고 있었는데 이를 테면 단기투자 포기선언을 한 셈이다. 차라리 모든 주식은 오르고 내리기를 반복한다는 사실에 착안해서 시간을 두고 주가의 바닥부터 잡기로 결심했다. 이전까지는 항상 모멘텀◆이나 차트에서 단기상승 시그널을 포착하는 데 주력했으나 이는 몹시 피곤한 일이었고 나에게 맞지도 않았다.

그리하여 빠르면 6개월 또는 1년, 늦어도 2년 안에는 오를 만한 주식을 찾아내자는 쪽으로 생각을 완전히 바꿨다. 2007년도의 일이었다. 이때부터 더뎠지만 연단위로

◆ **모멘텀**
물리학 용어로는 물질의 운동량이나 가속도를 의미하나 주식투자에서는 주가 추세의 속도를 측정해 주가의 변동 사항을 이해하는 요소로 쓰인다.

꾸준히 수익을 낼 수 있었다.

물론 그 이후에도 딱 한 번 예외는 있었다. 아무튼 2007년도는 종합주가지수가 2,000포인트를 넘나들던 시기인데 주가가 비싼 종목들이 도처에 널려있었다. 이때는 '기관화 장세'라는 이름으로 나와 같은 개인 투자자는 소외되었는데, 이는 명목만 다를 뿐 과거나 미래에도 변함이 없을 것이다. 종합주가지수가 2,000이 아니라 3,000이 되더라도 일반인들은 주식시장에서 뒤꽁무니나 쫓다가 손실을 입을 확률이 높다.

단기투자는 그만! 분할매수의 시작

2008년 초반 나름 경기 침체를 예상하고는 있었기에 최소 3년은 망하지 않을 정도의 재무상태를 지닌 종목과 최소 3년 이상 주가가 하락한 종목을 찾아보았다. 결론적으로 두 종목으로 압축되었는데 삼성SDI와 아이리버 _(당시 종목명은 레인콤)였다. 그리고 나는 시가총액이 적은 아이리버를 선택했다.

 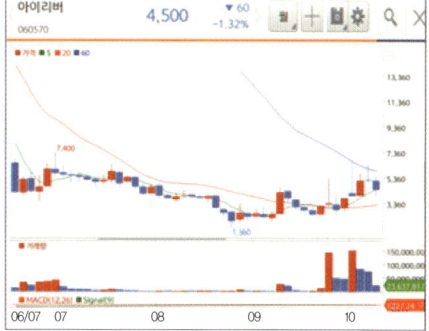

삼성SDI 차트   아이리버 차트

개인 투자자라서 그런지 머리와는 별개로 손이 이미 주당 가격이 낮은 아이리버를 선택하고 있었다. 그리고 당시에는 종자돈이 적었기 때문에 2008년 초부터 2009년까지 계속해서 월급만 나오면 아이리버 주식을 분할매수했다.

앞의 차트를 보더라도 2008년까지 두 종목은 수년째 장기 하락세를 보이고 있었다. 그리고 2008년 리먼 브라더스 사태로 시작된 글로벌 금융위기로 종합주가지수가 1,000포인트를 하회할 때에도 나는 굴하지 않고 지속적인 분할매수로 대응했다.

이는 일종의 인내력 테스트, 혹은 묵언수행과도 같았다. 내 안에 몇 년간 쌓여 배어 있는 단타의 흔적을 씻어내고 기다리기란 무척 어려운 일이었다.

어쨌거나 나는 두 종목 모두 턴어라운드*를 예상했고(항상 그렇지만 이러한 예상은 혼자만의 기대에 가깝다) 아이리버에 올인하기로 결정했다. 이른바 흔히 말하는 몰빵이다. 하지만 이때는 스마트폰이 태동하던 시점으로 이 시기를 겪은 사람들은 누구나 알다시피 아이리버 같은 MP3 업체들은 점점 설 자리를 잃게 되었는데 이는 시간이 지날수록 더했다. 음악, 비디오, 게임, 사진 등 스마트폰이 모든 것을 흡수하는 세상이 된 것이다. 이런 상황에서 경영진들이 아무리 애를 써봐도 뾰족한 수를 낼 수 없었을 것이다. 방향설정이 잘못된 일로 열심히 버둥거리다 돈만 더 까먹을 수 있기 때문이다. 이때가 되자 후회가 되었다. 한 마디로 요약하면 삼성SDI를 샀어야 했는데 잘못 고른 것이다.

◆ **턴어라운드**
넓은 의미에서 기업회생을 뜻하며 업황개선이나 구조조정 등으로 기업의 수익성이 급격히 좋아져 내실이 큰 폭으로 개선되거나 주가가 상승하는 종목을 말한다.

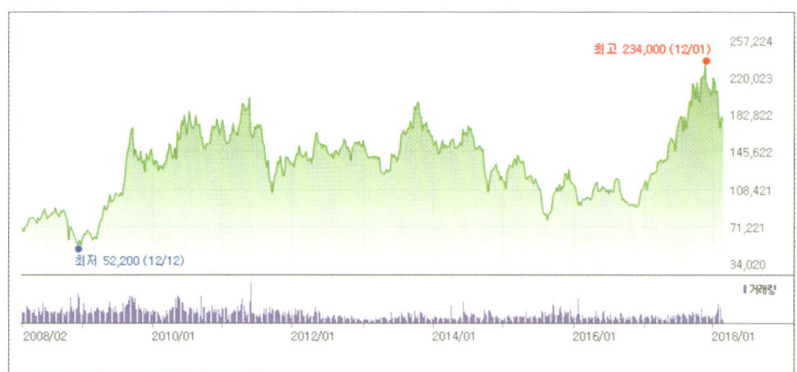

삼성SDI 10년 주가

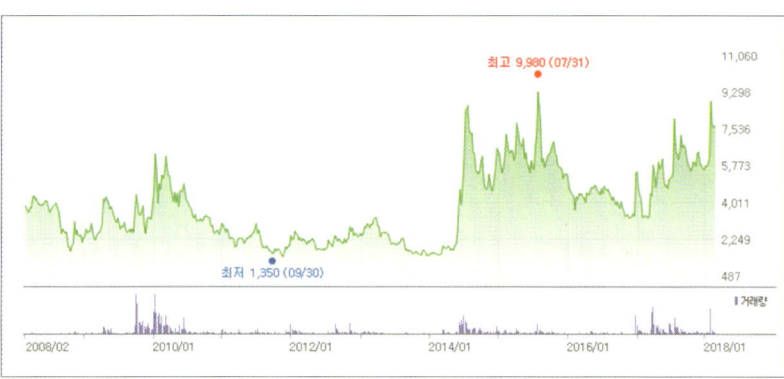

아이리버 10년 주가

꾸준한 분할매수가 가져다 준 달콤한 성공

그럼에도 불구하고 아이리버는 당시 내 주식투자 경력 중 최고의 수익을 안겨주었다. 2008년 초 아이리버가 4,000원일 때부터 매달 끊임없이 분할매수를 하다 보니 당시 나는 3만주가 넘는 주식을 보유하고 있었다. 2008년도는 종합주가지수가 1,800에서 900까지 급락하던 때이다 보니 주식투자자들의 공포심이 극에 달했고 500까지의 하락을 예상하던 온라인상의 전설적인 주식 전문가 미네르바의 이론이 한창 회자되던 때라 심리적으로 쉬운 시기가 아니었다.

사실 주식투자가 쉽지 않은 이유는 기다리는 것이 너무나 지루하기 때문이다. 지루하다는 것은 투자와 관련해서 할 수 있는 일이 별로 없다는 것이고 이는 무기력함과 외로움을 수반한다. 또한 기다리는 동안 평가손실이라도 발생하면 투자자로서 잘못된 판단을 한 게 아닌가 하는 불안함에 속이 타는 일도 숱하게 발생한다. 게다가 바닥이 어딘지 알 수 없는 주가하락은 정말이지 너무나 두렵다. 모든 걸 다 잃을 수도 있다는 공포감은 겪어보지 않으면 이해할 수 없을 것이다.

여하튼 시간은 흘러가기 마련이고 2009년 4월이 되었다. 그리고 아이리버도 반짝 상승했다. 이 과정에서 종자돈이 적었던 나는 마이너스 통장을 개설했는데 공기업에 몸담고 있었기에 대출한도가 5천만원까지 가능했다. 다소 무모하다고 할 수 있겠지만 마이너스 통장으로 얻은 돈과 더불어 매달 급여에서 나오는 가처분소득 모두 아이리버 분할매수에 썼다. 그러다가 2009년 4월의 반짝 상승 시기에 주식을 모두 매도하니 통장잔고가 1억 5천만원 정도가 되었고 마이너스 대출을 제외한 순자산만 1억원을 모을 수 있었다.

월급통장이 마이너스 통장이었고 그 한도 내에서 분할매수를 하다 보니 정확한 투자원금이나 수익금을 알 수 없는 점이 다소 아쉽다. 추정해 보면 순수 종자돈이 2천만원은 있었던 듯하고, 마이너스 대출에서 5천만원 그리고 1년이 넘는 동안 월급에서 2천만원가량이 아이리버 분할매수에 투입되었던 것으로 추측된다. 이를 정리하면 대출을 포함한 투자원금이 9천만원 정도이고 1년 4개월만에 1억 5천만원이 되었으니 투자수익은 대략 6천만원 정도라 할 수 있겠다. 이 당시에 대해서 개인적으로 의미를 부여하지 않을 수가 없다. 왜냐하면 생애 최초로 주식투자 수익이 발생했기 때문이다.

내가 찾은 해답, 한 우물만 파자!

이는 투자수익의 크기를 떠나서 주식투자에 대한 자신감을 얻었다는 점에서 정말이지 대단히 고무적인 사건이었다. 고기도 먹어본 사람이 먹는다고 하지 않든가. 내가 선택한 '아이리버'라는 종목은 내 예측과 달리 턴어라운드도 이루어내지 못했고, 시장여건은 리먼 브라더스 사태로 인해 체계적 위험이라는 시스템상 붕괴에 빠져들어 결국 종합주가지수는 1,000포인트를 하회하는 상황이 불어 닥쳐왔다. 그럼에도 불구하고 나는 지긋지긋한 기다림을 통해 그 모든 과정을 이겨냈다. 이전처럼 이 종목 저 종목을 뜨내기같이 기웃거리며 단타를 하지 않았고 그저 한 종목만 물고 늘어졌다. 한 우물만 판 결과로 획득한 성과라서 몹시 기뻤다.

2009년에는 주식 수익으로 10년 된 노후차를 과감히 교체했다. 그러고 나니 순자산은 7천만원 정도가 되었는데 성공투자에 대한 확신을 얻었으니 이 정도는 무리가 아니다 싶었다. 이제는 고기 먹는 법을 알게 된 것이다. 데이트레이딩이라는 내 몸에 맞지 않은 시도를 버리고 꾸준히 분할매수하며 기다리는 것이 더 좋은 결과를 안겨준다는 사실을 체득한 것이다.

개인 투자자들의 운명을 바꾼
리먼 브라더스 사태

체계적 위험에 대한 두 번째 경고, 리먼 브라더스 사태

2008년 9월 15일, 미국 역사상 최대 규모의 파산사태가 발생했다. 거대 투자은행인 리먼 브라더스가 서브프라임 모기지 사태의 후유증으로 쓰러지고 만 것이다. 자산 규모만 6,390억달러(약 830조원)에 이르는 초대형 기업의 도산이었다. 참고로 2017년 기준 우리나라 가계부채가 1,400조원을 향해가고 있음을 감안하면 자산의 크기를 짐작할 수 있을 것이다.

이 책에서 나는 IMF 외환위기나 리먼발 경제위기와 같은 경제체제에 대한 위험성을 크게 강조하고 싶다. 비록 비전문가로서 전문 지식과 식견이 부족할 뿐만 아니라 주기적으로 도래하는 경제위기의 메커니즘을 정확히 이해하고 있는 것은 아니나, 언제든 때가 되면 한방에 자산시장을 초토화시킬 수 있는 체계적 위험이란 것이 얼마나 무서운지 알기 때문이다. 이는 거대한 쓰나미와 같아서 우리가 이를 잘 비켜가지 않는다면, 개인 투자자뿐 아니라 사회 전체적으로 어마어마한 파장이 일어날 것이다. 더욱이 우리나라와 같은 소규모 개방경제 국가에서는 두말할 필요가 없다. 그렇기 때문에 각각의 경제위기에 대한 세부 기록은 아니더라도 아픈 기억들을 마음속에 잘 복기해 둔다면 다음에 있을지도 모를 체계적 위험에 잘 대처할 수 있을 것이다.

2008년 당시, 리먼 브라더스 사태는 세계 경제와 국내 주식시장에 많은 영향을 끼쳤다. 오늘날 같은 자본주의 경제체제에서 금융이 건전하게 작동하지 않으면 실물경제도 온전할 수 없음을 느끼게 한 사건이었다. 당시 금융위기는 '실물경제' 위기로 직결되며, 고도로 세계화된 경제체제 아래에서 미국의 금융위기는 세계적인 경제위기로 번질 수 있음을 확인시켜 주었다.

이 부분의 원인과 관련해서 선진국들은 지난 1930년대 경제공황 이후 경제위기 관리능력을 크게 성장시켜 왔는데 다행스럽게도 보호무역을 억제하고 과감한 재정정책과 금융정책을 펼쳐 경제공황이 발생하는 것을 예방할 수 있었다.

한편으로는 당시 금융위기를 예측하는 데 실패한 경제학자들의 맹점이 천하에 드러나게 되었다. 지난 수십 년간 경제학자들은 시장의 효율성을 맹신해 수리경제학과 통계 놀음으로 점철된 모델 개발에만 집중하다 보니, 월가 금융회사들이 꾸며낸 금융기법의 실체들을 제대로 이해하지 못했다고 한다. 그리하여 리먼발 금융위기는 경제학자들에게 국제금융시장의 운용 현실을 이해해야 한다는 중요성을 일깨워 준 계기가 되었으며, 새로운 금융기법의 오·남용에 따른 시장교란을 방지하기 위해서는 금융 감독 체계 확립이 중요함을 가르쳐 주었다.

1997년 IMF와 2008년 리먼 브라더스 사태의 차이점

비록 IMF 외환위기 시절에 주식시장에 간헐적으로 참여하긴 했으나 위기를 극복하는 전 과정을 어깨너머로 목격했던 나는 그 인내의 시간들이 얼마나 혹독하고 지루했는지를 잘 알고 있었다. 따라서 리먼발 금융위기는 IMF 시절 이후 약 10년 만에 체계적 위험이란 것이 어떤 것인지를 재차 각인시켜주는 역할을 하였다. 그리고 데이트레이딩을 극복한 새로운 투자방식으로 주식시장에서 퇴출되지 않았기에 나름 이 바닥에서의 생존 방식을 터득할 수 있었다.

여기서 특이한 점이라면 IMF 외환위기와 다르게 리먼 사태는 그 해결을 위한 기본적인 접근방식이 달랐다는 것이다. 대표적인 방식으로 기축통화국 지위를 이용한 양적완화와 저금리 정책을 들 수 있다. 이러한 이야기는 대단히 중요한데 과거의 위기는 당시 상황에 맞는 해법이 적용되었고, 미래의 위기는 또 다른 상황과 새로운 질서에 부합하는 해법이 제시될 수 있기에 서로 비슷한 위기라 할지라도 과거의 규칙들에 얽매이는 고정관념을 가져서는 안 된다.

기존의 경험을 무조건 적용시키는 것은 위험하다

여기서 내가 가지고 있었던 고정관념에 대해 좀 더 상술해 보겠다. 경제위기에 대한 기본적인 처방으로 IMF 당시에 우리나라는 고금리를 강요받았으나 기축통화국인 미국의 해결방식은 양적완화 및 저금리 정책을 펼쳤다는 차이가 있었다. 사실 나와 같은 일반 투자자는 어떤 정책이 가져다 줄 수 있는 실물경기와 주가전망을 예측하기 어렵다. 결국 현상의 본질은 정확히 이해하지도 못하면서 기존의 경험을 토대로 주식투자의 방향성을 예측하려고 했다. 예전의 잣대를 그대로 적용하려는 고정관념을 가지고 있었던 것이다. 그러다 보니 IMF 위기 극복 당시 주가의 궤적을 참고하면서 리먼 사태 이후 주가의 궤적을 예측하는 데 준용하고자 했던 것이다. 지금 생각해 보면 그게 얼마나 무모한 짓이었는지 언급하기 창피할 따름이다.

이 부분과 관련해서 2009년도 중반에 종합주가지수를 기초자산으로 하는 ELW*에 잠시 투자한 적이 있었다. 콜과 풋, 그러니까 상승이든 하락이든 방향성과 크기가 맞으면 수익이 나는 상품이었다. 당시에는 호기심 차원에서 종합주가

◆ **주식워런트증권(ELW)**
Equity Linked Warrant의 약자로 특정 대상물(기초자산)을 사전에 정한 미래의 특정 시기에 미리 정한 가격으로 사거나 팔 수 있는 권리를 가지는 유가증권

지수를 예측하려 했던 것인데 실패를 거듭하면서 이는 대단히 무모한 도전이었다는 생각이 들어 금방 손을 뗐다. 잠깐의 수익에 혹해 시간가치라는 불명확한 특성을 지니는 ELW 같은 상품에 빠져들었다는 것이 씁쓸할 따름이었다. 그래서 이후로는 더욱 기초자산인 주식에 대한 직접 투자만이 최선이라 생각하고 있다.

너무나 아팠던 상장폐지와
1억 원 손실의 충격

성공, 그 달콤한 맛을 알아버렸네

2009년 4월, 아이리버를 모두 매도하고 순자산이 1억 원이 되었을 때 가장 먼저 하고 싶은 일은 10년이 넘은 노후 승용차를 폐차하고 새 차를 사는 것이었다. 남자라면 누구나 있는 차에 대한 욕심 때문에 과감하게 중대형 세단인 그랜저로 바꿔 버렸다.

다음으로 필요한 것이 바로 아파트였다. 지금은 지방의 아파트가격도 높은 수준이나 2009년 당시 전라도 광주 수완지구에서는 2억 원 안팎이면 32평형 아파트는 충분히 구입할 수 있었다. 아이리버 투자 성공의 기세를 몰아 혼자 힘으로 아파트 한 채 정도는 사야겠다는 생각을 했다. 그래서 어떻게든 주식투자에 성공해서 이번에는 차가 아닌 아파트를 사고 싶었다. 이러한 조바심이 어떠한 결과를 가져올지 그때는 미처 몰랐다.

조바심이 가려버린 판단력

요즘이야 마흔 넘긴 싱글들도 많지만 당시 서른다섯이던 나에게는 노총각이라는 딱지가 붙었다. 나는 늦은 나이에 싱글이라는 사실 그 자체만으로도 자괴감을 가지고 있었는데, 특히 소개팅을 하더라도 그냥저냥 다니던 직장 말고는 딱히 내놓을 게 없다는 생각에 자신감도 부족했다. 늦은 나이에 탄탄한 직장은 겨우 구했다 치더라도 모아놓은 돈이 없다는 사실은 항상 나를 초라하게 만들었다.

IMF 외환위기 이후 변변찮은 직장을 구하지 못했던 나는 항상 나이에 비해 도태되어 있다고 생각했고 많은 것을 억제하며 살아왔다. 그래서 난 항상 자유롭고 싶었다. 게다가 빨리 가정을 꾸려 알콩달콩 살고 싶었다. 이런 마음이 주식투자에 있어 성급하게 만들었고 판단을 흐리게 하였다. 스스로 불안정하다는 생각이 그 자체로 나를 더욱 불안정하게 만든 것이다.

사실 2009년도의 실패담은 너무 가슴 아픈 일이어서 언급하는 것도 괴로우나, 그래도 지난 일이고 지금은 어느 정도 극복했으니 추억의 일환으로 풀어내고자 한다.

성급한 테마 종목 투자, 그 결과는?

2009년 6월 이후부터 그 해 마지막까지의 이야기이다. 아이리버에서 투자금을 회수한 이후 딱히 후속 종목을 찾지 못하던 나는 앞에서 말했듯이 잠시 짬을 내어 IMF 외환위기나 미국 대공황 시절의 주가지수 흐름을 참고하며 지수형 ELW(주식워런트증권)를 시험 삼아 투자해 보았다. 그러나 매매호가에 유동성을 공급하는 LP*도 그렇고 상품의 설정 자체가 매우 비합리적이라 판단되어 한두 달 만에 다시 주식투자로 되돌아왔다. 내가 비합리적이라고 말하는 이유는 크게 두 가지였는데 상품에 설정된 조건의 실현 가능성이 현저히 낮았고 남아 있는 시간가치 대비 가격의 왜곡도 너무 심하다는 생각이 들었다.

◆ **유동성공급자(LP)**
Liquidity Provider의 약자로 ELW 상장일부터 만기일까지 매수와 매도를 하며 일반 투자자들이 활발히 거래할 수 있도록 시장을 관리하는 기관

그렇게 마음이 조급한 상태에서 6개월 이내에 승부를 보기 위해 새롭게 발굴한 종목이 '케드콤'이었다. 마음이 조급해진 이유는 달리는 말에 박차를 가하듯 차를 바꾼 김에 아파트 한 채까지 넘보자는 목표를 설정했기 때문이다. 게다가 2009년의 주식시장은 반등에 성공한 이후 큰 조정이 없는 상태였다. 그야말로 먹을 것이 많아 보이는 순환매장이 서 있었던 것이다. 주식시장은 때마침 날 유혹하고 있었고 난 슬슬 욕심에 눈이 멀기 시작했다. 투자자금이 탄탄하게 확보된 그때 상황에서 지난번처럼 삼성SDI나 아이리버와 같은 종목을 굳이 힘들게 찾아서 장시간 기다릴 필요가 없어 보였던 것이다.

이 당시 케드콤은 테라리소스(2014년 1월 상장폐지)와 같은 소형 자원개발주들과 테마를 형성했다. 이명박 정부 당시 각광받던 자원개발주였기에 시세가 좋았던 점을 염두에 두고 투자를 시작했다. 물론 나는 이 종목이 잡주라

는 것을 너무나 잘 알았다. 비록 잡주지만 시장의 분위기를 감안할 때 500원 짜리 주가는 반짝 하면 1,000원이 될 수도 있고 1,500원이 될 수도 있었다. 그리고 당시 그런 종목들이 부지기수였다.

케드콤은 부채가 많은 편은 아니었지만 순자산 또한 많지 않았기 때문에 재무상태가 불안했다. 하지만 나는 부채가 많지 않았던 점을 억지로 위안 삼았다. 또한 당시 진행 중이던 사업내용조차 실적이 초라했던 잡주였기에 이러한 불안감을 다스리기 위해서는 몇 가지 요소가 더 필요했다. 그것은 바로 코스피 종목이란 사실과 상장 이후 업력이 30년이 넘었다는 점, 케드콤 회장이 중소기업협회장을 맡고 있었다는 점과 같은 정성적 요소들이었다.

결과적으로 단기적인 욕심 때문에 재무상태가 불안한 종목에 투자하는 그릇된 판단을 하고 말았다. 주식투자에서는 항상 초심을 유지해야 하고 신중하고 또 신중해야만 하기에 원칙이란 것을 정해놓고 있었으나 마음이 먼저 혹하고 나니 원칙은 뒷전일 수밖에 없었고 한동안 그릇된 희망을 가지고 일희일비하며 지냈다. 마치 500원짜리 동전주는 한 번만 튕겨줘도 1,000원이 되고 1,500원, 2,000원으로 금방 불어날 것 같았다. 또한 줄곧 횡보하며 바닥을 다지고 있었던 케드콤의 차트를 보면 그럴 가능성이 아주 농후해 보였다. 차트상 바닥을 다지고 있었다는 점, 테라리소스같은 소형 자원개발주가 판을 치고 있었다는 점 등을 고려하면 당시 한국석유공사의 도움으로 남미 페루의 어느 광구에서 탐사 개발권을 따놓은 케드콤은 정말이지 투자하지 않을 수 없는 조건을 가진 종목이었던 것이다.

대표의 배임, 거래 정지, 상장폐지로 이어진 최악의 상황

그리하여 2009년 7월부터 다소 조급하게 분할매수에 들어갔고, 500원 초반에 케드콤 주식을 1억 2천만원어치나 매수했다. 그 후 나는 그해 10월까지 케드콤의 주가를 지켜보며 마음을 졸여야 했다. 사실 8월부터 주가가 흘러내리는 낌새가 이상하다는 것을 직감했으나 현실이 되어가는 큰 손실 앞에서 정신을 차릴 수가 없었다. 그리고 모든 것이 잘못되었다는 것을 안 10월쯤에나 겨우 정신을 차렸고, 100원 초반에 전량 매도했다. 손실을 최소화한다는 손절매가 아니라 투자손실을 최종적으로 확정하는 확인 매도라서 너무나 가슴이 아팠다.

당시 케드콤은 모든 것들이 너무 급박하게 이루어졌다. 약 4달 동안 400억원 규모의 유상증자가 이루어졌고, 이 과정에서 사채로 끌어온 돈을 가장납입◆했다. 대표이사는 이 돈을 배임 횡령했고 주식은 거래정지되었던 것으로 기억한다. 그들에게 상장폐지가 아닌 다른 계획도 있었겠지만 케드콤은 그냥 망하는 길을 선택했다. 주가가 하락하는 사이, 특히 300원선이 깨질 무렵에는 '아, 배임·횡령 같은 문제가 아니면 이렇게까지 하락하지 않을 텐데.' 하는 불길함이 느껴졌으나 과도한 손실 앞에서 쉽게 손절을 할 수 없었다. 마지막까지 주식시장 테마를 믿고 싶었고, 케드콤의 광구 개발권 계약서 등 재료성 공시에 매달렸다.

당시 주식투자에 대한 심리적 충격은 상당히 심했다. 사실상 완벽한 투자 실패였다. 여기서도 마이너스 대출까지 모두 올인하고 말았으니 투자원

◆ **가장납입**
회사 설립이나 유상증자 과정에서 실제 대금을 납입하지도 않고 납입한 것처럼 하는 것

금을 모두 까먹은 것은 물론이고 나의 순자산은 마이너스 2천만원으로 곤두박질치고 말았다. 정말이지 내 인생도 다시 곤두박질치고 만 것이었다.

케드콤과 관련된 사실을 좀 더 보강하기 위해서 뉴스를 뒤져보았는데 결국 케드콤은 수많은 투자자를 울리며 이듬해인 2010년 7월경에 상장폐지 결정된 것으로 확인되었다. 이 사건을 계기로 2009년 11월 이후 한동안 정신을 차릴 수가 없었다. 하늘이 노랗다는 말이 어떤 의미인지를 실감할 수 있었던 것이다.

주식으로 망한 자, 주식으로 일어서자

케드콤 사태 이후 한두 달이 지나고 2010년 새해를 맞이하고서야 다시 마음을 추스를 수 있었다. 그렇게 정신을 못 차린 몇 달 동안 주식투자를 계속할 것인지 고민하고 또 고민했고, 스스로 반문하고 또 반문해 보았다. 결국 내가 잘 못한 것이지 주식투자가 잘못된 것은 아니라는 생각과 '주식으로 망한 자, 주식으로 다시 일어설 수밖에 없다.'라는 결론을 얻었다. 그리하여 새롭게 찾은 코오롱생명과학(102940)을 분할매수하기로 결정했다.

결과적으로 보면 케드콤으로 망한 이후에도 나는 연이어서 주식투자를 한 셈이다. 일단 충격에서 벗어나고 보니 내가 선택해야 하는 현실적 대안과 결단이 필요했다. 그리고 내가 실패했던 원인은 너무나 간단하고 명확한 것이었기 때문에 케드콤 이전의 초심을 유지한다면 투자위험으로부터 자유로울 수 있다고 생각했다.

사실 케드콤 투자의 직접적인 실패 원인은 기업의 재무상태가 엉망이었던 잡주를 억지로 간과한 것이었다. 그러니 다시는 주식시장 분위기에 편승해서 잡주에 투자하지 않으면 된다. 답은 아주 간단했던 것이다. 재무상태, 중소형주라면 매년 100억원대의 적자가 나더라도 3년은 끄떡없을 정도의 내부 유보금을 가지고 있어야 한다. 총자산 대비 순자산이 많아야겠지만 순자산 대비 부채비율도 적정해야 할 것이다. 케드콤의 순자산이 많았다면 유상증자도 하지 않았을 것이고 굳이 사채를 써서 가장납입하는 범죄까지 동원하지 않았을 것이다. 이런 일을 겪었으나 이제 와서 주식투자를 그만두기에는 늦었다. 당시 직장생활하며 받는 소득만으로는 이미 내 삶이 너무나 따분하게 느껴졌기 때문이다.

2009년도 한 해 동안 아이리버를 통해서 나는 크게 흥해도 보았고, 케드콤으로 망해서 지옥의 나락으로도 떨어져 보았다. 그리고 2010년도부터는 코오롱생명과학으로 다시 시작하게 되는데 이 부분은 다음 장에서 이어가기로 하자.

주변의 주식투자자들 중에는 각자의 방면이나 그들의 방식으로 뛰어난 성과를 내는 사람들이 있겠지만 아주 극소수일 것이다. 우리는 다양한 성공과 실패 사례들을 통해서 각자의 스타일에 부합하는 방식을 찾을 뿐이다. 내가 보기에 주식투자에서 정답이라는 것은 각자가 느끼는 힌트가 있을 것이다. 즉 자기에게 맞는 성공방정식을 고수하면 되는 것이다.

2010년, 마이너스 4천만원!
농부는 아사라도 침궐종자라

주식과 가까운 듯 먼 듯, 애매한 사이를 유지하자

2010년 새해부터는 모든 것을 새롭게 시작해야 했다. 주식투자로 전 재산을 날렸으니 꿈도 희망도 모두 잃은 심정이었다. 그렇지만 매달 착실하게 월급을 안겨다 주는 직장 하나는 남아 있으니 당분간 죽은 듯 지내면서 회사 일에 매달릴 생각이었다. 열심히 일을 해서 재산을 다시 복구한다 하더라도 결국 많은 시간을 잃어버린 셈이다. 그리고 잃어버린 재산을 다시 복구하려면 몇 년이나 더 걸릴지 알 수 없었다. 그렇기에 더욱 주식을 포기할 수 없었다. 농부는 굶어 죽을지언정 머리맡에 씨종자를 배고 잔다는 각오로 다시 출발하자고 마음을 다졌다.

그리하여 매달 나오는 월급으로 다시 시작했다. 월급통장이 마이너스 통장이었으니 이자를 납부하고 마이너스 한도 내의 돈으로는 코오롱생명과학을 사들였다. 이제부터 필요한 것은 시간이었다. 장기전을 각오했으니 희망찬 마음으로 재미있고 건강하게 지내면 될 일이었다. 그러므로 당장은 회사 일에 집중하면서 주식에 대해서는 불가근불가원, 가까운 듯 멀리 하는 생활태도를 고수하고자 했다.

싱글은 심심할 때가 많다. 그래서 주말에는 종종 출근도 하고 수영 동호회에 가입해서 활동에도 참여했다. 이번 주식투자도 시간이 얼마나 걸릴지 알 수 없었다. 운이 좋으면 금방일 수 있으나 운이 없다면 한 3년은 걸릴 것이다. 시간은 내가 선택할 수 있는 문제가 아니었다. 대체로 주식투자는 내가 노력한다고 해서 되는 일이 아니란 것을 잘 알고 있었다. 그럭저럭 종목 선정에 문제가 없다면 충분히 기다리기만 하면 된다. 이렇게 해서 2010년이 지나가고, 2011년도 지나갔다. 그리고 주가는 지루하게 계속해서 하락 횡보했다. 나는 이 기간 동안 '코오롱생명과학' 한 종목만 정말이지 꾸준히 분할매수했다.

새로운 시작은 새로운 종목으로!

당시 월급은 수당의 지급 여부에 따라 매달 300만원 안팎이었고 마이너스 통장 대출이율은 5%대였으며, 잔고가 항상 마이너스 4,000만원대를 유지하고 있었기에 매달 이자는 20만원대였다. 부모님 댁에서 출퇴근했고 주식을 사기 위해 지출을 아끼며 지냈으니 매달 150만원은 코오롱생명과학을 분할매수하는 데 들어갔을 것이다.

당시 코오롱생명과학을 선택한 이유는 단지 내가 생각하는 몇 가지 조건을 충족하고 있었기 때문이다. 사실 그때만 하더라도 케드콤의 후유증이 가시지 않았고 예전처럼 수백 개의 종목을 뒤져가며 대단한 종목을 찾아낼 여력이 없었다. 별로 그러고 싶지도 않았다. 이게 무슨 말이냐 하면, 내가 종목을 선정할 때 임하는 첫 번째 기준 때문이다. 즉 모든 주가는 바닥 대비 반드시 오른다는 것이고, 그 오름폭 또한 기본적으로 바닥에서 3~4배 이상은 충분히 올라준다는 것이다. 이는 전혀 대단한 사실이 아니다. 단지 주가의 속성상 그럴 뿐이며 망해가지 않는 이상, 모든 주식은 반드시 내려가고 오르기를 반복한다.

　　당시 코오롱생명과학의 주가는 그다지 마음에 들지 않았다. 상장 후 샴페인을 터트린 급등이 있었고 내리 하락한 것이 채 1년 밖에 되지 않았으니 누가 보더라도 1~2년은 족히 더 하락하거나 횡보할 태세였다. 그러나 나는 향후 1~2년 동안 나오는 월급으로 분할매수하기로 마음먹은 상태였고 주가가 하락할 때마다 추가적으로 매수해야겠다는 생각이었으니 이런 부분이 문제될 리 없었다.

　　그리고 그 밖의 요소들, 즉 재무상태라든가 대주주 지분요건 등은 모두 양호한 편이었으며 주가 상승 요인같은 잠재적 가능성도 높아 보였다. 코오롱 그룹 내에서 그럭저럭 돈이 되는 원료의약품과 티슈진이라는 신약 부문을 따로 양수받아 사업을 영위하고 있었으며 그룹 회장이 개인적으로도 지분을 확보하고 있었기에 더욱 신뢰할 수 있었다. 그러므로 내가 분할매수하는 동안 주가의 바닥은 완성될 것이며 그 바닥으로부터 주가가 3~4배는 오를 일만 남은 것이었다. 이런 관점에서 본다면 주식투자의 70%는 단지 기다리는 일이라 할 수 있겠다.

한 종목만 집중해서 올인하는 이유

여기서 혹자는 코오롱생명과학 단 한 종목만 산 이유가 무엇인지 궁금해할 것이다. 이는 일단 한 종목에 올인함으로써 집중도를 높일 수 있고 궁극적으로 수익을 낼 수 있으리란 자신감이 있기 때문이었다. 주식투자는 때를 사고파는 게임이라고 한다. 맞는 말이다. 모든 주식은 주가가 쌀 때 사고 비쌀 때 팔면 되는 것이다. 그리고 이를 역으로 생각해 보면 대부분의 사람들은 주가가 비쌀 때 사서 보다 쌀 때 팔고 나온다는 이야기인 셈이다. 나도 예외일 수는 없다. 위험을 분산하기 위해 여러 종목에 투자하는 것은 아주 좋은 자세이다. 그러나 여러 종목을 전부 사더라도 모두 때를 잘 못 맞춰 팔면 단지 헛물켜는 일일 뿐이다. 그리고 실제로 여러 종목에 투자할수록 집중은 분산되기 십상이고, 수익을 향해 끈기 있게 효율적으로 분할매수할 수 있을 것인가 하는 의문이 들 뿐이다.

이와 관련해서 나는 주식투자에서 한 종목에 올인하라고 권장할 생각은 전혀 없다. 단지 내 투자방식에 적합하고 투자효율을 극대화하기 위해서 나름 최상의 선택을 하고 있을 뿐이다. 그리고 나는 2017년 현재까지도 한 종목에 올인하고 있다. 이 부분은 나중에 다루기로 하자.

여하튼 2010년 초는 내가 주식투자로 다시 재기해야만 하는 간절한 시절이었기 때문에 말 그대로 굶어 죽기를 각오하는 마음으로 다시 출발했다는 것을 강조하고 싶었다. 당시 통장잔고는 항상 마이너스 4,000만원대를 유지하고 있었는데, 사실상 나의 순자산은 마이너스 2,000만원 정도라 할 수 있었다. 케드콤이 몰락했을 당시 그나마 정신을 차리고 100원가량에 전량 매도했기 때문이다. 그리고 마이너스 통장 한도 내에서 코오롱생명과학을 500주 정도 매수했는데 이는 금액으로 약 2,000만원어치였다.

그리하여 2010년 초부터 2011년 8월까지 1년 8개월 동안 나는 코오롱생명과학 본주만을 꾸준히 매수했다. 아마 수정주가 이전으로 보면 평균매입가 35,000원에 대략 1,600주를 보유했던 것으로 기억한다. 그리고 2011년 8월 코오롱생명과학은 국내 최초로 주주 우선 배정 BW*를 발행했고, 난 이를 면밀히 검토한 후 본주 1,600주를 모두 팔고 BW로 교체매매를 감행했다. 그리고 이후로도 이를 추가매수했다. 여기서 본주를 팔고 BW로 교체한 이유는 수익률을 극대화하기 위해서였는데 이는 행사가격이 낮은 BW가 본주의 상승률을 고스란히 반영하기 때문이다.

신주인수권부사채(BW)
일정 기간이 지나면 사채, 주식, 채권, 외환 등의 정해진 수량을 미리 정해진 가격으로 매매할 수 있는 권리를 워런트라고 하는데, 이 중에서 발행기업의 주식을 매입할 수 있는 권리가 부여된 사채를 워런트가 붙은 사채, 곧 신주인수권부사채라고 한다.

올라갔다가, 내려갔다가, 다시 올라가자!

근 2년 동안 코오롱생명과학을 분할매수했더니 저인망 그물처럼 주가의 바닥을 긁어모으게 되었다. 상낭한 인내력을 필요로 하는 방식이라 남늘에게 이를 권하기도 어렵고 따라 하지도 않는다. 나는 개인적으로 이런 방식을 좋아하지만, 당시에는 말 그대로 기다릴 수밖에 없는 상황이었기에 선택의 여지가 없었다. 기다림에 보답하기라도 하듯이 코오롱생명과학은 2011년 중반부터 바닥을 다지기 시작하더니 2012년 4월부터 본격적인 시세를 내기 시작했다. 아래 이미지는 2012년 4월경 개인 SNS에 올렸던 평가손익

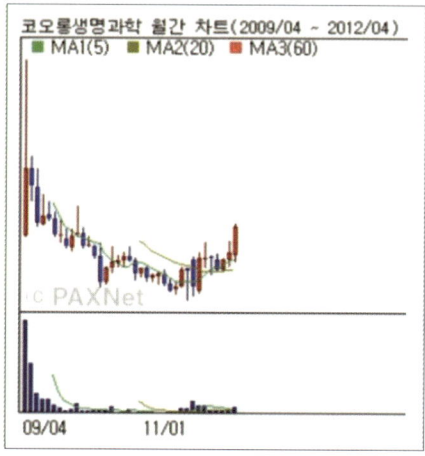

2012년 4월 코오롱생명과학 차트   2012년 4월 코오롱생명과학 BW 평가손익

1억 3천만원의 수익을 올린 코오롱생명과학 BW

이다.

    결과적으로 2010년부터 2012년 7월까지 코오롱생명과학을 분할매수해서 단 한 종목만으로 1억 3천만원이 넘는 수익을 올릴 수 있었다. 이 정도 시간에 이 정도 성과면 나름 운이 좋았다고 생각한다. 물론 고수들의 시각으로는 내 재능이 부족하다고 느낄 수도 있을 것이다. 어찌 되었든 나는 재기에 성공했고, 주식으로 다시 일어서겠다는 나의 각오가 틀리지 않았다는 사실에 정말 감사했다.

    그리하여 2012년 10월에는 다니던 공기업에 사직서를 제출하고 이직준비를 할 수 있었다. 당시 여자친구였던 지금의 아내가 서울에서 직장생활을 하고 있었기 때문이다.

20년 투자 인생,
간접경험도 경험이다

1993년부터 2012년까지 나의 주식 일기

지금까지 1993년에 처음 주식투자를 시작해서 2012년에 재기에 성공하기까지의 이야기를 적어보았다. 내가 주식투자를 해왔던 전 시기를 양분해 보면 크게 2007년 이전과 그 이후로 나눌 수 있다. 왜냐하면 2007년 이전의 주식투자는 사실상 멋모르고 하는 것이었고 확신과 의지가 결여된 채 반복되는 매매 행위를 하는 것에 불과했다. 그러다 보니 2007년 이전의 주식투자는 항상 손실로 끝나고 말았는데 이를 인정하고 한동안 주식투자를 포기하기도 했었다.

20~30대 시절에는 자기계발과 같은 다른 일들도 할 게 많았다. 하지만 주식투자에 한번 발을 들여놓게 되면 누구나 날씨를 보듯이 주식시장을 곁

눈질하게 된다. 그리하여 나는 오랫동안, 기회가 될 때마다 틈틈이 주식투자를 했다.

신문을 보며 전화주문으로 매매하던 시절은 물론이고, HTS 또는 전용단말기로 매매하던 2000년 이후에도 손실의 연속이었다. 주로 단기매매를 일삼았던 시기였다. 그러다가 '결국 이런 방식으로는 도저히 되질 않는구나.'라고 인정한 시점이 2007년이었다. 사실 안되는 건 안 하면 될 뿐인데, 당시에는 그게 쉽지 않았다. 너무 오랫동안 소모적인 단타에만 매달렸던 것이다. 2007년 이전에는 단기투자가 사실상 주식투자의 꽃이라고 생각했고 내가 실현할 만한 수익모델을 찾을 수 있을 거란 희망을 버리지 못했다. 그러나 이 생각 하나를 버리고 나니 이후 나의 주식투자는 손실에서 수익으로 전환되었다. 단타로는 절대 돈을 벌 수 없다는 사실을 받아들이고 나니, 실적이 나아질 것 같은 저평가주를 찾아 오랜 시간 기다리는 재미없는 투자를 할 수밖에 없었다. 이는 확실히 따분한 방식이었으나 수익이 날 확률은 높았다. 그 외에는 내게 주식투자에 관련된 특별한 재능이 없었다.

나는 주식에 미치지 않았다

나는 주식에 미쳐본 적이 없다. 나는 지금까지 딱히 무언가에 미쳐본 적이 없으며 주식투자에도 그다지 빠져들지 않았다고 생각한다. 투자실패와 관련해서 오기 또는 승부 근성이 강하지 않았기 때문에 지금까지 주식투자를 할 수 있었던 것 같다. 단지 처음 접했을 적에는 주식투자에 대한 호기심이 컸고 나중에는 자산을 불리기 위한 수단으로 이보다 좋은 것이 없다고 생각했을 뿐이다.

17년 전 경기도 양평에서 하숙하던 시절, 옆방에 주식투자를 막 시작한 공무원 형이 있었다. 옆에서 내가 조언해 줄 수 있는 말이라곤, 주식투자를 할 거면 돈 100만원으로만 계속 해보라는 것이었다. 이후 그 형의 투자금 100만원은 채 일주일도 되지 않아 50만원으로 줄었고, 잃어버린 50만원을 복구하기 위해 어느새 500만원을 투자하고 있었다. 평소 짠돌이였던 그 형에게 50만원의 손실이란 있을 수 없는 일이었던 것이다. 불행히도 채 한 달이 되지 않아 그 형의 손실은 수백만원에 이르게 되었고, 3개월이 지났을 무렵에 물어보니 2,000만원을 대출받아 주식투자를 하고 있었다. 그 후부터는 자세히 물어볼 수 없었으나 밤마다 깡소주를 마시던 모습을 보니 이후의 결과 또한 좋지 않았던 것 같다.

주변에서 이와 같은 사례는 부지기수다. 그러니 대체로 주식투자에 미쳐서는 안 되며 그럴 필요도 없다고 생각한다.

숫자는 중요하지 않다, 깨달음이 중요할 뿐

20년이란 숫자는 별로 중요치가 않다. 단지 주식투자를 시작했던 시점으로부터 20년이 넘었을 뿐이고, 어린 시절 엿보느라 틈틈이 주식시상을 곁눈질하며 사고팔았던 경험을 모두 포함하다 보니 20년이 넘었다. 어디 가서 20년 경험의 투자자라고 말하는 것이 아직까지는 조심스럽지만 내 경험에 의하면 20년이라는 시간보다 어느 순간 돈오(頓悟)와 같은 깨달음이 있었던 것이 계기가 되었다. 위에서도 언급했듯 단타로는 절대 돈을 벌 수 없다는 사실도 깨달음 중 하나다. 2007년 이전 10년 동안 기억에도 없는 수백 종목들을 단타로 투자하면서 매번 확인했던 사실을 2007년이 되어서야 인정한 셈이었다. 2007년 이후에는 케드콤 사건을 제외하고는 매년 무난히 지내고 있다. 새로운 노하우라든가 더 특별한 경험이랄 것은 없고 많든 적든 매년 반복적으로 수익을 내고 있다.

성공하는 주식투자는 성과를 내는 주식투자뿐일까?

지금까지 나는 직장을 다니며 주식투자를 해왔다. 특히 2007년 이후에는 항상 주식을 보유하고 있었다고 해도 과언이 아니다. 주식투자에 대해서 후회가 없느냐는 질문은 투자성적에 따라 대답이 달라질 것 같은데, 현재까지의 나를 되돌아보면 주식투자를 잘했다고 생각한다. 하지만 일반적으로 본다면 주식은 위험자산이고 보통의 투자자들은 주식시장이나 주가의 속성을 감내하기 어렵기 때문에 남들 앞에서 이런 대답을 하는 것이 무척 조심스럽다.

다시 이전으로 돌아가서 어떤 것을 바꿀까에 대해서는 미래를 더 바꿔보는 쪽으로 고민하고 싶다. 과거에는 여건상 쌈짓돈으로 투자할 수밖에 없었고, 직장인이 최선이었다. 이제는 한 단계 성장을 이뤘으니 직장인 신분을 털어내고 전문투자자로 활동하고 싶은 욕심도 든다.

주식투자, 기본기 하나면 당신도 성공할 수 있다!

이 책 여기저기에서 묻어나고 있듯이 불특정 다수인 독자에게 주식투자에 대해 이런저런 말을 하는 것이 상당히 조심스럽다. 그렇다면 도대체 왜 이런 책을 쓰느냐고 반문할 수도 있을 것이다. 일단 이 부분에 있어서 여러 이유가 있다.

첫째는 나의 필요에 의해서다. 지금은 크든 적든 매년 수익이 나고 있기에 이를 근거로 내가 하는 주식투자에 대한 확신도 생겼다. 어쩌면 성공하는 주식투자에 대해 말할 수 있는 자격이 있을 거란 생각이 들었다. 또한 나의 주식투자는 너무나 지루하고 따분한 것이라서 기다리는 동안의 지루함을 달랠 거리가 필요했다. 게다가 내가 책을 출간할 수 있다는 사실 자체도 영광이었고 인세 수입도 생긴다면 금상첨화였던 것이다.

둘째는 주식투자 책으로써 나의 경험과 생각을 담은 주식투자 이야기를 독자들에게 말하고 싶었다. 재테크, 특히 주식투자에 관심 있는 독자층이 많을 것이다. 개인 투자자의 한계상 부족한 전문성을 억지로 채우고 싶지도 않고, 동호회와 같은 사적 이익을 도모하고자 하는 목적이 있는 것도 아니다. 지극히 단순한 이치로 내가 실현하고 있는 나의 수익모델을 가지고 진정성 있는 주식투자 이야기를 풀어보고 싶었다.

나는 이 책에서 최대한 솔직하고 조심스럽게 내용을 메꿔 나가고자 한다. 나의 투자인생과 관련해서 독자들에게 당부하고 싶은 말은 '주식투자는 기본기 하나면 충분하다'는 사실이다. 나는 특별한 재능이 없으며 주식투자에 많은 시간을 할애하지도 않는다. 또한 독자들보다 많이 아는 것도 아니다. 따라서 나 정도만 하면 누구나 주식시장에서 수익을 낼 수 있다는 사실을 말하고 싶은 것이다.

그렇게 아파도 나는 왜 주식을 놓지 못할까?

지금 시작해도 늦었다. 그러니 열심히 쫓아가자

주식투자란 대체 무엇일까?

재능보다는 기본기가 중요하다

매매 성향에 따라 투자 성향도 달라진다

직장인 투자자도 가치투자자가 될 수 있다

돈을 가장 빨리 벌 수 있는 방법은 장기투자다

주식의 기본적 분석과 기술적 분석

기본적 분석과 기술적 분석 활용하기

체계적 위험과 비체계적 위험

기초자산과 금융상품의 상관관계

부동산이 인기 있는 이유는 주식보다 안전해서가 아니다

회계를 알아야 주식을 잘한다던데

Stock market investment for 1 hour a day

2부

직장인
부업투자자로
가는 첫 걸음

그렇게 아파도
나는 왜 주식을 놓지 못할까?

다시 시작할 수밖에 없는 주식의 매력

주식투자의 매력은 무엇일까? 주식투자로 돈을 크게 잃어도 다시 할 수밖에 없는 특별한 매력이 있는 것일까? 시기적으로 되돌아보면 2000년 이전의 주식투자 환경은 아날로그 자체였다. 지금처럼 인터넷으로 기업의 정보를 찾고 차트를 분석할 수는 있는 것이 아니었기에 기업정보를 구하기도 어렵고 시장의 흐름조차 가늠할 수 없었다.

당시 나이가 좀 있는 분들은 정보를 얻기 위해 증권사 객장에 죽치고 앉아있는 경우도 많았다. 물론 당시에는 내가 군인신분이었기에 정보 취득 면에서 소극적이었고 어수룩했을 수도 있다. 이 시절의 나는 경제신문 혹은 증권사에서 발행하는 단편적인 소식만 가지고 주식을 매매했다. 그리고 어쩌다 한 번씩 수백페이지로 이루어진 기업정보 책자에서 개략적으로 기업들의 사업개요와 재무제표를 살펴볼 수 있었다. 하지만 이 당시에는 재무제표가 뭔지 정확히 몰랐고 보는 방법도 몰랐다. 그냥 보기만 했다.

그럼에도 불구하고 20대에는 젊은 패기만으로 주식투자가 가능했다. 당시에는 주식투자는 모르면 배우면 되고, 실패해도 다시 시작할 수 있으며 충분히 노력하면 부를 얻을 수 있다고 착각했다. 다시 말해 주식투자라는 것을 마치 학교 시험처럼 알면 성공하고 모르면 실패하는 것쯤으로 인식했던 것이다.

옛날 시골 어르신들은 '주식은 노름이니까 절대 하면 안 된다.'라는 말을 자주 하곤 한다. 하지만 젊은 생각으로 판단하기에 '노인들은 배운 것도 없고 아는 바가 없으니 주식시장이 노름으로 밖에 안 보이겠지.'라며 그들의 말을 무시하곤 했다. 그러다 보니 주식투자에 대해 좀 더 공부하고 경험해서 더 많이 알게 되면 주식투자를 잘 할 수 있을 것이라 생각했다. 그때는 그랬다.

보장된 성공은 없다

하지만 20년이 지난 지금에 와서 돌이켜 보니, 옛 어르신들의 말씀에도 상당 부분 일리가 있다는 것을 깨달았다. 다시 말해 주식투자라는 것은 열심히 공부하면 합격을 보장받는 시험처럼 좀 안다고 성공을 보장받는 것이 아니다. 자본시장은 제로섬게임의 속성을 지니고 있고, 그중에서도 주식시장은 단연 으뜸이다. 누가 돈을 잃을 것을 생각하고 주식투자를 하겠는가.

도박조차도 돈을 잃을 것이라 생각하고 시작하는 사람은 거의 없다.

그렇다면 다시 본론으로 돌아가서 내가 그동안 주식을 놓지 못한 이유는 무엇이었을까? 2000년 이전에 나는 주식투자에 있어서 문외한에 가까운 초심자였고 호기심만 앞세워 주식시장을 알아가고 있었다. 그러다 2000년 이후 데이트레이딩을 했던 시기에는 단기투자에서 성공 가능한 수익모델을 찾을 수 있을 거라 생각했다. 특히 이 당시에는 HTS가 보급되기 시작하면서 주식시장의 실시간 정보나 차트분석을 수시로 접할 수 있었고 시중에는 단타매매 성공사례에 대한 책들도 많았기에 열심히 하면 누구나 돈을 벌 수 있다고 생각했다.

그러다 보니 2007년까지는 마치 패자부활전에 도전하듯이 시간과 비용이 허락할 때마다 데이트레이딩을 시도했다. 그러나 결과는 매번 실망스러웠고 채 몇 달도 지나지 않아 나의 계좌잔고는 눈에 띄게 줄어 있었다. 딱히 승부근성이 강한 것도 아니고 도박성이 있는 것도 아니었으나 결과는 같았다. 그리고 이러한 결과를 최종적으로 확인하고 눈으로 인정하기 전까지는 주식투자를 놓지 못했던 것이다.

부업 주식투자자? 본업 주식투자자?

본업이 따로 있어야 하고 주식투자를 반드시 부업으로만 해야 한다고 생각하는 것은 아니다. 다만 나와 같은 대부분의 일반인들은 현실적으로 주식만으로는 먹고살 수 없기에 부업으로 주식투자를 제안하는 것뿐이다.

하지만 몇 가지 전제조건이 성립되었다면 본업으로 주식투자를 해도 무방할 것이다. 가령 주식투자를 전업으로 하는 것이 충분히 적성에 맞고, 투자에 필요한 자기자본이 10억원이 넘으며, 연평균 수익이 1억원이 넘는가 등의 조건이 충족된다면 말이다. 하지만 그렇지 않고서 전업투자를 하게 되면 시간과 비용 면에서 밑 빠진 독에 물을 붓는 격이라 결국 폐인이 될 가능성만 크다.

사실 누구나 주식투자로 돈을 벌 수 있다면 전 국민이 모두 주식투자만 해도 될 것이다. 그리되면 문재인 정부의 일자리 정책도 모두 해결될 것이다. 그러나 주식투자자의 1%만이 꾸준히 수익을 내고, 9%는 그럭저럭 유지할 뿐이며, 나머지 90%는 손실을 본다고 하니 주식투자는 결코 그 결과가 보장되지 않는 재테크인 셈이다.

그러므로 반드시 본업이 있는 상태에서 주식투자를 경험해보고 스스로 검증될 때까지 확인할 필요가 있다. 그리고 주식투자에서 매년 수익이 난다면 당신에게 주식투자는 부업으로 할 수 있는 가장 매력적인 재테크가 될 것이다. 그리고 이것이 반복되면 주식투자 자산이 10억원을 넘길 것이고 본업으로 투자해도 될 시점이 다가올 것이다. 그렇게만 된다면 부업으로 할 수 있는 다른 재테크 중에서 이보다 더 나은 것이 있겠는가? 또 나는 부업으로 할 수 있는 재테크 중 주식투자를 제외한 다른 것을 알지 못한다.

오히려 직장인이 주식투자에 유리하다

굳이 직장인이 주식을 더 잘 할 수 있다고 강력하게 말할 수 있는 이유가 있다. 지금까지 나는 여건상 직장인이면서 주식투자를 할 수밖에 없었다.

왜냐하면 처음 10년 이상은 주식투자를 할 때마다 손실을 보았고 지속적으로 종자돈을 투입해야 했기 때문이다. 만약 당신이 가진 돈이 많다거나 누군가 지속적으로 종자돈을 보태줄 수 있다면 주식투자를 본업으로 할 것인지 부업으로 할 것인지 스스로 결정해도 좋다. 하지만 전업투자는 대부분의 경우 그 결과가 너무나 뻔하다. 모든 주식투자자들에게 손익분기점이란 것이 있다고 가정한다 해도, 언제가 될지 모르는 그 손익분기점에 도달하는 동안에는 많은 비용을 지출할 수밖에 없기 때문이다.

또한 다른 측면에서도 생각해 볼 수 있는데, 거창하게 볼 때 많은 이들이 일을 하지 않고 주식투자나 하고 있다면 이들이 설사 수익을 낸다 하더라도 사회적으로 많은 문제가 발생할 것이다. 각 사회의 구성원들은 어느 정도 자신이 소속된 사회의 구조와 기능을 이해하고 살아갈 필요성이 있다. 그러다 보니 사회구성원들에게 사회생활이라는 것은 필수불가결한데 직장이야말로 사회생활의 대표적인 장이라 할 수 있다. 좌정관천(坐井觀天, 우물 속에 앉아 하늘을 바라본다는 뜻으로 좁은 시야를 의미)이라는 사자성어에서 볼 수 있는 것처럼 직장생활을 해본 이들이 특정 사회나 기업에 대해서도 더 잘 이해할 수 있고 이는 고스란히 주식투자에도 좋은 영향을 줄 수 있다. 결국 아는 만큼 보이기 때문이다.

소득의 효율성이나 소득원을 다양화한다는 측면에서 보다라도 직장과 같은 본업이 있는 편이 나을 것이다. 가령 연간 근로소득이 5천만원이고, 주식투자로 얻은 양도소득이 5천만원이라면 종합소득은 배가 되므로 소득의 안정성이라는 측면에서도 한 차원 높은 것이 된다. 게다가 부자가 되고 싶은 이들이라면 어떤 식으로든 '소득 파이프라인의 다양화'를 구축해 놓아야 한다.

하지만 무엇보다 주식투자를 본질적으로 이해하게 된다면 개인 투자자가 본업으로 투자할 필요가 없다. 주식투자라는 것은 많은 기다림을 필요로 한다. 그래서 많은 시간을 할애할수록 많은 시간을 잃게 된다. 여러분이 대주주 입장이라면 어떨지 생각해 보자. 당장 주가가 오르면 누가 좋을 것인지, 지금의 주가는 누구의 의지가 반영된 것인지 등 다양한 시각에서 상상하다 보면 주가라는 것은 대주주조차 자기 마음대로 하지 못한다는 것을 알게 될 것이다. 그러니 주식투자는 충분한 시간을 두고 기다릴 수밖에 없는 것이다.

우리나라를 대표하는 슈퍼개미 중 한 사람은 주식을 사놓고 기다리는 동안 열심히 논문에 매달리며 주식에 연연하지 않았다고 말했다. 당신이 특정 회사의 주가를 주도할 만한 위치에 있는 것이 아니라면 하던 일이나 하면서 충분히 기다리는 것이 가장 현명한 투자라 말하고 싶다.

지금 시작해도 늦었다.
그러니 열심히 쫓아가자

주식투자로 돈 좀 번 사람은 어디에 있는 거야?

예전에 공기업에 다닐 때 직장 상사로 고팀장이라는 분이 계셨다. 고팀장과는 종종 부동산이나 주식 투자에 관한 이야기를 나누기도 했는데, 주변을 아무리 둘러보아도 주식투자로 돈 좀 벌었다는 사람은 볼 수 없었다고 한다. 이는 내가 봐도 맞는 말이었다. 내 주변에도 주식투자로 손실 보았다는 사람만 있었지, 돈을 벌었다는 사람이나 돈 좀 벌었다고 뭐가 달라진 사람은 본 적이 없었으니까 말이다.

나는 항상 주식투자의 위험성을 주변에 알리고 싶었다. 일반인들이 생각하는 주식투자에는 기회요소와 위협요소가 함께 있다. 여기서 기회요소란 말 그대로 잘하면 폭발적인 수익률을 얻을 수 있다는 것이고, 반대로 위협

요소란 쪽박을 찰 수 있다는 것을 의미한다. 하지만 주식투자에서의 수익이란 사막의 오아시스처럼 흔치 않고, 쪽박은 늘 도처에 널린 일이라 대다수의 사람들이 주식투자를 할 때 늘 주의해야 한다.

당시 고팀장은 나보다 나이가 많은 40대 후반이었는데, 시원시원한 판단력을 가지고 있었고, 때론 무모하다 싶을 만큼 추진력을 보이기도 했다. 매사에 긍정적인 사고방식으로 일처리를 하였으며, 일상생활에서도 화끈하고 발랄한 성격의 소유자였다. 내게는 좋은 상급자였기에 회사를 나온 이후에도 꾸준히 연락하고 있다. 하지만 당시 40대 후반이었던 그에게 주식투자를 권하고 싶지는 않았다. 그래서 주식에 대한 이야기가 나올 때마다 내가 보고 겪었던 경험담을 고팀장에게 들려주었다.

나는 주식시장이 자본시장의 꽃이라는 어느 책의 멋진 구절에 매혹을 느껴 주식투자를 시작했고, 멋모른 채 오랫동안 산전수전을 겪었다. 단순히 투자기간이 오래 되었다고 해서 많이 아는 건 아니다. 단언컨대 난 전문가 축에 끼지도 못한다. 주식투자를 시작한 지 20년이 지난 지금에서야 잠시 안 해야 될 때는 손을 떼고 빠져야 한다는 사실을 알게 된 정도이다. 소나기가 올 것 같으면 잠시 피해갈 줄 아는 정도라고나 할까. 그래서 항상 주식투자보다는 직장생활과 자기계발을 우선시해왔고 여건이 허락하는 경우에만 주식투자를 해 온 것이다. 때문에 초보시절에는 시간과 비용 면에서 큰 손실을 회피하며 주식시장을 꾸준히 모니터링해왔다. 지금은 예전보다 과감하게 배팅하고 오랜 시간을 인내할 자신이 생겼지만 그렇다고 예전보다 힘들지 않은 것은 아니다.

지금 시작하는 것이 가장 빠르다

주식투자를 처음 시작하는 경우라면 20대에는 수백만원, 30대에는 수천만원 그리고 40대에는 수억원의 수업료를 지불해야 한다는 말을 한 번쯤 들어봤을 것이다. 물론 논문으로 입증된 이론은 아니나 주식투자자라면 대개 이러한 과정을 거치기 마련이다. 물론 사람에 따라 가감이 있을 수는 있지만 대체로 그렇다고 볼 수 있다.

주식시장은 블랙홀과도 같아서 일반 투자자가 가진 돈을 모두 빨아들인다. 승부욕이 강하고 똑똑하고 자기 확신이 강할수록 남들보다 빨리 잃게 된다. 대부분의 일반 투자자가 이러한 과정을 거친 것을 많이 보아왔기에 경제적 안정기에 있는 40대 후반의 고팀장에게 주식투자를 권하고 싶지 않았던 것이다.

외환위기가 시작됐던 IMF 시절, 한국통신에 다니던 친구 아버지께서는 명예퇴직 후 증권사 객장을 다니시더니 수중의 자산은 물론이고 퇴직금까지 모두 잃었다고 했다. 그로 인해 다소 부유하게 대학생활을 하던 친구는 어느 날부터인가 아르바이트를 하면서 학교를 다녔다. 그때 당시 명예퇴직 등과 같은 구조조정을 통해 우리 사회의 수많은 중장년층이 정년을 채우지 못한 채 회사를 나왔고, 대마불사(大馬不死)라 일컬어지던 대우그룹이나 현대건설과 같은 대기업 종목에 집중투자해서 슬픈 결말을 맺은 경우도 많았다. 오랜 준비 과정을 거치지 않고 늦은 나이에 시작하는 주식투자는 그들이 가진 만큼 잃게 되는 참혹한 결과를 초래한다.

그렇다면 주식투자를 시작하기에 적당한 나이는 언제라고 할 수 있을까? 내 경우를 생각해 보면 빠르면 빠를수록 좋다. 주식과 관련된 일을 직업으로 하지 않는 이상 기본적인 이론을 습득하는 데에도 어느 정도 시간이 걸린다. 하지만 그것만으로는 역부족이다. 알아야 될 것들을 알아가는 데 한참이 걸리고, 그 이후 버려야 될 것들을 버리는 데 한참이 걸리므로 기본적으로 주식투자를 빨리 시작하는 것이 여러모로 유리하다.

주식투자를 하는 데 있어서 적당한 나이라는 것이 있을까 하는 의문이 들어 관련 자료를 찾아보니 '100-자기나이'만큼을 주식으로 투자할 만한 자본 비율이라고 한다는 기사를 볼 수 있었다. 40대라면 자산 중 주식에 투자할 수 있는 비율은 60%(100-40)라는 답이 나온다. 사실 투자의 시기를 나이로 가늠하는 것은 어불성설일 수 있다. 하지만 이 같은 주장이 의미하는 바를 생각해 볼 필요가 있어 보인다. 여기서 내가 말할 수 있는 것은 본격적인 주식투자는 자신만의 투자방식이 확실히 정립된 이후에 하는 것이 좋다는 것이다.

시행착오로 다져지는 투자 노하우

대부분의 일반 투자자는 주식시장에 참여하면서부터 수많은 시행착오를 거칠 수밖에 없다. 이러한 시행착오와 혼란으로부터 벗어나기 위해서는 주식시장이 안고 있는 거짓과 진실 그리고 일반 투자자의 한계를 깨닫고 경쟁력 있는 자신만의 투자방식을 찾아내야 한다. 그렇게 자기만의 투자방식에 도달하기 위해서는 어쩔 수 없이 오랜 경험이 필요하다. 다시 말해 많은 시간이 소요될 수밖에 없는 것이다.

물론 20대에는 좋은 직장을 구하는 데에만 모든 에너지를 투입한다 해도 이를 구하기 어려울 만큼 취업경쟁이 치열하다. 시간과 여건이 허락하는 대로 소액 주식투자를 해놓고 이를 수년간 지켜보는 것도 하나의 방안이 될 것이다. 100~200만원 정도의 적은 돈으로 관심이 가는 종목을 사놓고 이를 오랫동안 지켜보는 것이다. 그렇게 종목뉴스를 들여다보고 업황을 살펴보게 되면 자연스레 경쟁기업도 알게 되고 업종전반은 물론 경기 사이클과 주가의 연관성, 다시 말해 주가의 함수관계도 파악할 수 있을 것이다. 또한 언론이 말하는 것과 시장이 반응하는 것들이 어떻게 시차를 두거나 어떤 상관관계를 지니는지도 경험하게 된다. 사람에 따라서 다르겠지만, 5년에서 10년, 또는 15년에서 20년이 지난다면 주가의 왜곡에 대해서도 느끼는 바가 있을 것이고, 자신에게 맞는 적절한 투자방식이 어떤 것인지 터득하게 될 것이다.

보통 10년 정도 주식시장을 모니터링하면 한두 번의 경기확장과 경기침체를 경험할 수 있을 것이고 금융위기나 정책적 위기로부터 촉발되는 대내외 여건 변화들과 이로 인해 주식시장이 어떻게 반응하는지 그 변화들을 볼 수 있을 것이다. 그리고 이러한 연습 기간 동안 주식투자로 수익을 낸다면 더할 나위 없이 좋겠지만, 혹시 잃더라도 괜찮다. 적어도 일찍 시작하는 주식투자는 어쩔 수 없이 적은 돈으로 시작하기 마련인지라, 최소한 혹독한 수업료는 피할 수 있을 것이다. 그리고 그것만으로도 이미 밑천이 시작되었다고 할 수 있다.

'빨리 빨리'가 무조건 좋은 것은 아니니까

사실 반드시 이른 나이여야 할 필요도 없다. 그러나 일상적으로 성급하고 감정적인데다 자기과시를 좋아하고 매사에 빠른 것들에 익숙한 우리네 생활방식이 주식투자에는 그다지 적절치 않기에 문제가 심각하게 느껴지는 것이다. 자산이 어느 정도 갖춰진 중년 이후에 주식투자를 시작하는 사람들이라면 젊은 사람들보다 가진 것이 많기 때문에 잃을 것 또한 훨씬 많다는 점을 명심해야 한다. 이는 가정에 치명적인 결과를 안겨줄 수도 있다.

주식시장이 젊은이들에게 떡 하나 더 주는 것도 아니고 젊다고 해서 딱히 유리할 건 없다. 젊다는 것은 상대적으로 잃을 것이 적다는 뜻이고 가진 것이라곤 시간밖에 없다는 얘기다. 그리고 무슨 일을 하든지 열정을 가지고 임할 수 있고 그에 따른 시행착오 또한 자산으로 전환할 수 있는 잠재력이 크다. 게다가 상대적으로 유연하고 학습력도 뛰어나며 스트레스에 따른 복원력도 충분하다.

전쟁에서 이기고 지는 것은 병가지상사라 하지 않던가. 주식투자라는 전투의 세계에서 가진 것을 잃을 수 있다는 사실에 익숙해지는 데에도 많은 시간이 필요하다. 과정상 평가 손실은 불가피하기 때문이다. 그러므로 반드시 여유로운 시간이 전제되어야만 성공투자가 보장될 수 있다. 다시 말해 시간적으로 조급하지 않아야 된다는 점을 다시 한 번 강조하고자 한다. 20년이라는 시간을 투입하더라도 40년이라는 시간 동안 수익을 회수한다면 충분히 수지맞는 장사가 아니겠는가. 원론적으로는 그렇다는 것이다.

주식투자란
대체 무엇일까?

싸게 사서 비싸게 팔아 수익을 내는 일련의 과정

큰 폭의 상승세를 보인 넥슨지티 종목의 차트(2014년 10월 말 기준)

2014년 가을의 어느 주말, 청계산 입구 근처의 원터골 일대는 수많은 등산객과 그들이 타고 온 승용차로 몹시 번잡했다. 내게는 처제의 남편이 되는 동서가(여기서는 편의상 박서방이라 표기하겠다) 집들이를 겸해 멀리 지방에서 찾아 왔기에 함께 청계산에 올랐다. 그리고 산을 오르는 중에 오랜만에 재테크 이야기를 하게 되었다. 주변의 많은 직장인이 그러하듯 박서방도 주식투자를 하고 있었는데 당시에 넥슨지티(041140) 2,400주를 보유하고 있었으며 벌써 5년째 가지고 있다고 말했다.

구입 당시 1주당 약 1만원이었는데 2014년에는 약 22,350원으로 두 배 이상 오르고 있었으니 차트만 보더라도 엄청난 수익을 내고 있음에 틀림없었다. 그의 진득한 면모를 익히 알고 있던 터라 크게 놀라지는 않았지만 주식투자를 이렇게나 잘한다면 자산증식 또한 상당히 이루었을 것이라는 생각이 들어 호기심이 발동했다. 그래서 청계산을 오르는 내내 그의 주식투자에 대해 좀 더 자세히 물어보았다. 박서방의 말을 종합해보니 아는 사람 말을 듣고 잘 모르던 ELS(주가연계증권) 상품에 가입해서 수천만원의 손실을 보았는데 그나마 이후 넥슨지티에 투자하여 겨우 원금을 회복했다며 다행스러워 하고 있었다. 이렇게 박서방처럼 주식을 싸게 사서 비싸게 팔아 수익을 내려는 투자활동을 주식투자라고 하는데, 여기서 잠시 주식의 사전적 의미를 들여다보기로 하자.

주식(株式, stock)

- 주식회사의 자본을 이루는 단위로서의 금액 또는 이를 전제로 한 주주의 권리와 의무, 즉 주주권을 말한다. 주식회사는 자본단체이므로 자본 없이는 성립할 수 없다. 자본은 사원인 주주(株主)의 출자이며, 권리와 의무의 단위로서의 주식으로 나누어진다.
- 일반적으로 주식과 주권(株券)을 혼동하는 일이 많으나, 주권은 주식(주주권)을 표창하는 유가증권이다. 주식을 줄여 '주'라고 하며, 소유자를 '주주'라고 한다.

유가증권(有價證券, securities)

- 유가증권은 크게 화폐증권과 자본증권으로 나누어진다. 화폐증권은 화폐의 대용으로 유통하는 수표, 어음 등으로서, 통화의 사용을 절약할 뿐만 아니라 그 수수에 따르는 비용과 위험을 배제할 수 있다.
- 자본증권은 주식·공채·사채 등과 같이 자본 및 수익에 대한 청구권을 나타내는 증권을 말한다. 우리가 보통 말하는 증권은 자본증권을 가리키며, 증권시장에서 거래의 대상이 되는 유가증권도 이 같은 자본증권을 가리킨다.

출처: 네이버 지식백과

위와 같은 설명은 대부분의 포털에서 쉽게 접할 수 있는 것으로 네이버 지식백과를 참고했다. '유가증권'은 일상적으로 '증권'이라는 의미로 통용된다. 그리고 '증권시장'은 주식이나 채권과 같은 각종 증권이 거래되는 시장을 일컬으며, 유가증권을 통하여 자금이 수급되는 직접 금융방식에 의한 금융시장을 말한다. 또한 증권시장은 새로 발행되는 주식이나 채권의 매매가 이루어지는 '발행시장'과, 이미 발행된 주식과 채권이 거래되는 '유통시장'으로 나뉜다. 우리가 일반적으로 주식을 사고파는 코스피시장과 코스닥시장이 바로 유통시장에 해당한다.

결과적으로 주식이란 것은 주식회사가 자기자본을 확충하기 위해서 재원을 조달하는 데에 그 목적을 두고 있으므로, 태생적으로 이를 발행하는 이들의 목적에 부합하기 위해서 생겨났다. 그리고 그들의 목적이란 바로 영리 추구를 말한다.

현실 속 주식의 진짜 의미는 무엇일까?

주식의 사전적인 의미를 살펴봤다. 하지만 현실에서 주식의 의미는 다소 다르다. 일부 또는 표면적으로는 회사의 성장과 더불어 기업의 수익을 주주들과 공유하기 위해 주식을 발행한다고 하나 이는 그럴싸하게 포장한 명분에 불과하다. 자본주의 사회에서 이익을 공평하게 분배하려는 노력은 생각처럼 많지도 않을 뿐더러 쉽지도 않다. 흔하게 언급되는 정보의 비대칭성이라는 측면에서 보더라도 투자 게임은 이미 공평하지가 않다. 주식을 발행하는 단계에서부터 대부분의 이득은 대주주나 특수 관계인 같은 지배주주들에게 귀속되기 마련이다. 그리고 주식을 사고파는 유통시장에서는 이러한 왜곡의 정도가 더욱 심하므로 더 이상 언급할 필요가 없을 정도이다.

여기서 흔히 정보의 비대칭성* 때문에 일반인은 주식투자에 불리하다고 하지만, 개인 투자자들이 차별받는 요소는 이뿐만이 아니다. 가령 6개월이나 1년 이후 실적 정보를 취득할 수 있었다고 가정하자. 주가를 주도적, 또는 지배적으로 관리할 수 있는 세력들이 단기적으로 흔들어 버

◆
정보의 비대칭성
경제적 이해관계를 가진 당사자간에 정보가 한쪽에만 존재하고 다른 한쪽에는 존재하지 않는 상황. 보험판매자와 가입자, 중고차 딜러와 고객 등 알고 있는 정보의 수위가 달라 한쪽이 일방적으로 손해를 보는 상황에서 적용할 수 있다.

릴 수도 있고, 결국 그들이 원하는 시기에 이를 주가에 반영할 수 있다. 즉 개인세력일지 기관, 또는 외국인일지 모를 그들의 자금 동원능력에 따라 투자 적기가 결정될 것이다.

이런 측면에서 보면 재주는 곰이 부리고 돈은 왕서방이 번다는 통쾌한 논리가 개인 투자자들에게 쉽게 통할 리 없다. 여기서 재주를 부리는 곰은

대주주와 같은 기업가들이고, 돈을 버는 왕서방은 기관과 외국인 투자자이다. 이들이 모든 판돈을 휩쓸어가는 주식시장에서 과연 개인 투자자들이 돈을 벌 수 있을까? 내 생각에 개인 투자자 중에서 왕서방이 될 수 있는 사람은 아주 극소수다.

개인 투자자가 정보의 비대칭성을 극복하는 법

그렇다면 정보의 비대칭성이란 것이 주식투자에 있어서 그토록 결정적이라면 그 대안은 무엇일지 생각해 보자. 사실 기업의 실적과 직결되는 내부정보들은 미래 주가를 형성하는 데 결정적인 역할을 한다. 하지만 기업의 의사결정 단계에서부터 정보는 비대칭일 수밖에 없으며, 일반 투자자는 그걸 알면서도 수익을 내기 위해 투자한다. 그런 의미에서 볼 때 정보의 비대칭성이라는 것은 주식투자 손실에 대한 핑계에 가깝다. 그러므로 이런 핑계로부터 자유로워질 필요가 있다. 우리는 반드시 수익을 내야만 하는데 특정 정보는 소수에게만 전달되니, 각자도생에 가까운 일이다. 그러다 보니 다수의 일반 투자자들은 마치 종교활동을 하는 것처럼 소수의 특별한 비법이나 노하우를 추종하는 것이다.

하지만 개인 투자자 역시 기본에 충실할 수밖에 없다. 그리고 그 기본이란 것은 투자자 개개인들에게 맞춤형으로 축적된 것이라야 한다. 더욱이 내가 말할 수 있는 노하우는 몇 개월, 상황에 따라서는 1년이 넘도록 저가에 분할매수하며 기다려야 한다는 것이다. 그렇게 하면 정보의 비대칭성이라는 리스크에서 좀 더 자유로워질 수 있고 개인 투자자는 성공에 가까워질 수 있다.

　다시 이전으로 돌아가서 주가에 대한 생각을 부연하고자 한다. 주가를 주도하고 관리하는 핵심세력은 대주주와 특수 관계인들이 첫 번째라고 할 수 있는데, 다수의 일반인들에게 시세차익을 안겨다 줄 대주주가 있다면 주식시장은 누구나 놀고먹을 수 있는 지상낙원이 되었을 것이다. 누구나 시작은 투자라고 하지만 결국은 매매를 통해서 시세차익을 얻고자 하는 것이 주식이다. 일부에서는 배당과 같은 금융소득을 얻고자 하는 이들도 있지만 어찌 되었든 이는 시세차익에 부수적으로 뒤따르는 부분이다.

　주식시장에는 주식을 마구 찍어대는 대주주도 있고, 이런 것들을 일부 수익원으로 대행하는 증권사도 있다. 그리고 유통시장의 포식자에는 여러 기관 투자자들과 외국인들이 있다. 이들은 모두 각자의 이익을 극대화하기 위해서 주식시장에 참여한다. 그리고 다수의 일반 투자자들 또한 곰의 재주에 편승해서 소수의 왕서방이 되고자 주식시장에 뛰어들고 있다. 시장 전체로 보면 이들 모두는 나름의 역할을 하고 있다. 하지만 여러 포식자들 사이에서 일반 투자자들은 주식시장의 피식자가 될 수밖에 없다.

　이렇게 다수가 참여하는 주식시장에서 모두가 수익을 내는 것을 목적으로 하고 있다. 그렇다면 당신은 수익 낼 준비가 되어 있는가? 곰의 재주와 기관 투자자들의 수익을 나눠 먹을 왕서방의 재능을 가지고 있는가?

　의외로 재능은 필요 없을 수도 있다. 나 또한 별다른 재능이 없기 때문이다. 하지만 불혹을 넘어선 지금까지 미혹되지 않은 원칙과 마인드로 수년째 꾸준한 수익을 내고 있다.

재능보다는 기본기가
중요하다

주식이라고 다르지 않다, 가장 중요한 것은 기본기!

스포츠에서는 때때로 천재들이 등장해 경기에 재미를 더한다. 천재는 타고난 운동신경과 반사신경을 바탕으로 기존 강자들을 무너뜨리며 주목받는데 이는 신체적 조건을 극복하여 대리만족을 주고 때론 변칙적인 방법으로 단조로운 경기 패턴에 변화를 주기 때문이다.

그래서 천재의 등장은 어떤 스포츠에서나 흥행요소라 할 수 있다. 특히 권투나 격투기 등과 같이 개개인의 능력으로 경기 결과가 좌우되는 스포츠에서 더욱 주목받는다. 그런데 이러한 천재들의 전성기는 더 강한 선수가 등장하면서 꺾이고 쇠퇴하곤 한다. 천재를 뛰어넘은 이들은 대체로 똑같은 천재가 아니라 철저히 기본기를 잘 다져온 노력형이 많다. 기본기가 탄탄한 선수에게는 천재 선수의 변칙이 먹혀들지 않는다. 당황한 천재들은 온갖 시도를 하게 되고 결국 체력이 떨어져 집중력까지 흐트러진다. 그런 상태가 되면 기본기가 탄탄한 선수는 앞선 체력을 바탕으로 공세를 펼치는데, 다양한 공세를 펼칠 줄만 알았지 수세에 몰린 적이 없었던 천재 선수는 집요한 공세에 결국 무너지고 만다. 그리고 그러한 과정에서 많은 약점이 노출되어 나중에는 동네북 신세로 전락하기도 한다. 이렇게 기본기는 스포츠에서 아주 중요한 부분이다. 주식투자에서도 이와 유사한 특성을 살펴볼 수 있다.

주식투자에서도 각종 기교로 시장 수익률을 일시적으로 상회하게 만드는 사람, 소위 말하는 천재 투자자가 종종 있었다. 다양한 기법을 동원해 기본기에 충실한 개인 투자자들보다 나은 성과를 내는 경우가 많지만, 장기적으로 봤을 때 승자는 결국 기본에 충실한 투자자다. 아무리 시장 예측을 잘해서 큰 수익을 올리더라도 그것이 가치에 기반한 것이 아니라면 다시 무너지게 되어 있다. 기본원칙을 저버린 채 추세를 무시하고 대응한다거나 시장 수급을 고려하지 않고 고집을 피울 경우에 얻는 타격은 이루 말할 수 없을 것이다.

결국 화려한 기교를 통해서 얻을 수 있는 것들은 일시적이다. 또한 이로 인해 시간이 흐르면서 치러야 하는 대가는 몇 배 또는 몇 십 배에 이르게 된다. 따라서 길게 본다면 기본기에 충실한 투자자들이 승리할 수밖에 없다.

마지막에 웃는 사람이 진짜 승자

당장은 시장 여건이 나빠 기본에 충실한 투자자들이 바보 취급을 당할 수도 있다. 하지만 멀리 내다보면 시장은 좋아질 수밖에 없고, 기본에 충실한 투자자들의 투자성적은 좋을 수밖에 없다. 그래서 평가의 시기가 문제일 뿐, 당장 투자성적이 초라하다고 해서 잘하고 있는 투자습관을 잘못되었다고 단정할 필요는 없다. 사실 투자성과에 대하여 충분히 논할 수 있을 만큼 좋은 시기가 왔을 때 평가해도 늦지 않다. 그러니 단기적인 평가를 미루고 기본기에 충실한 투자를 지속해 나가자. 자칫 멀리 돌아가는 것 같지만 가장 가까운 길이라는 것을 강조하고 싶다. 기본기에 충실한 주식투자를 지속적으로 하다 보면 비록 시간은 걸리겠지만 나름 만족할 만한 투자성적이 그 지루함을 보상해줄 것이다.

스포츠에서는 설령 지더라도 과감한 스포츠 정신과 투지 그리고 천재적인 기법과 기교들을 선호하게 되는데 어차피 이는 대리만족을 목적으로 한다. 자기 돈으로 하는 주식투자에서 대리만족은 필요 없다. 더군다나 한 번 수익 내고 끝나는 것이 아닌 만큼 기본기는 더욱 중요하다.

꾸준한 수익률을 만드는 나만의 노하우

이 부분과 관련해서 내가 가진 기본기는 무엇인지 되돌아보고 싶어졌다. 많은 사람들에게 통용되는 주식투자 격언들과 이제까지 내가 수익 낼 수 있게 만들어 주었던 원칙은 사뭇 다르다. 나만의 투자 원칙을 소개하겠다.

① 계란을 한 바구니에 담아도 괜찮다

2007년 이후 주식투자에서 나는 소위 한 종목에 몰빵(?)해 왔다. 그러다 보니 주력 종목들이 내 머릿속에 명확하게 남아 있다.

아이리버, 케드콤, 코오롱생명과학, 이수앱지스, 크리스탈지노믹스, 이수앱지스, 씨트리 그리고 다시 이수앱지스 순으로 주식을 보유하고 있다. 나는 평균 1~2년 동안 한 종목만을 집중적으로 분할매수한 후에 때가 되면 전량 매도했다.

이런 성향만 보면 나는 사람들이 말하는 주식투자의 기초인 분산투자에 충실하지 않는 셈인데, 한 종목에 집중투자하다 보니 과거에는 스트레스가 상당히 심했다. 하지만 요즘에는 투자금액이 커졌음에도 불구하고 마음이 편하다. 리스크 관리차원에서 앞으로는 서너 종목으로 확장할 생각도 있다. 하지만 분산투자만으로는 성과를 내기 어렵다는 것이 내 지론이다.

분산투자에 대해 불신을 가지고 있다는 뜻은 아니다. 분명 분산투자라는 것은 모든 투자자들에게 반드시 필요한 요소다. 하지만 평범한 직장인이 주식투자를 통해서 자산증식을 이루고자 했을 때에는 반드시 '푼돈'에서 '목돈'으로 점프하는 단계가 필요하다. 흔히 말하는 퀀텀점프˙가 이에 해당한다.

◆ **퀀텀점프**
사업의 구조나 방식 등의 혁신을 통해 기업의 실적이 단기간에 비약적으로 호전되는 경우를 말한다.

분산투자라는 것은 투자자가 맞닥뜨리는 투자의 위험성에 대해서 이를 회피하기 위한 수단이다. 다시 말해 투자의 안정성을 담보하기 위한 보증 수단인 것이다. 하지만 이는 단지 정량적으로 판단하는 기준에 따른 것이라 할 수 있다. 왜냐하면 한두 종목에 집중적으로 투자한다 해서 여러 종목에 투자하는 사람보다 반드시 더 많은 위험에 노출되었다고 볼 수는 없기 때문이다. 한두 종목이기 때문에 보다 깊이 있게 모니터링할 수 있고 보다 적극적으로 리스크에 관여하거나 이를 회피할 수도 있다.

또 주식시장이란 것은 때를 사는 것이니만큼 시장여건이 좋을 때와 안 좋을 때를 함께한다. 따라서 여러 종목에 분산투자했다고 해서 자산가치가 동시에 하락하는 위험성을 회피할 수는 없다. 사실 모든 일에는 위험이 따른다. 그리고 이러한 위험만을 생각한다면 우리가 할 수 있는 일은 거의 없다. 그러므로 어느 정도 자산증식이 이루어질 때까지는 한 종목 집중투자를 고려하지 않을 수가 없다.

하지만 집중투자를 구체적으로 제안하기는 어렵다. 투자방식은 개인의 성향과 열정, 신념과 철학에 기인한다고 볼 수 있기 때문이다. 주식투자에서는 매사에 교과서적으로 생각하고 모범생처럼 행동해서는 한계가 있다. 너무 일반적인 이론을 모두 준수하려다 보면 얻을 수 있는 것이 없기 때문이다. 차라리 어느 정도 자산이 크다면 주식시장 안에서의 분산투자보다 다른 안전자산에 투자하는 공분산(여러 자산 가격의 변동성이 가지는 상호 변동성) 투자가 바람직할 것이다.

② 소문은 소문이고 뉴스는 뉴스일 뿐이다

투자 초기에는 3개월 정도 종목을 꾸준히 분할매수해서 6개월 이내에 시세차익에 따른 수익이 나기를 기대했다. 하지만 현실적으로는 8개월 내내 분할매수만 하거나 그 이상의 기간 동안 분할매수한 적도 많다. 코오롱생명과학의 경우에는 2년 6개월가량을 보유했고 분할매수 기간만 2년이었다.

여기에는 장점도 있다. 나는 대체로 장기 분할매수하다 보니 즉흥적인 소문이나 뉴스와는 무관하게 투자하는 편이다. 근거할 만한 소문에 사서 모멘텀이 발생한 이후 파는 것도 나쁘지 않으나, 소문은 소문일 뿐이다. 나는 소문 이상의 것, 즉 사업계획상의 성과에 따라 투자를 결정하는 편이다.

③ 악재에 사고 호재에 팔면 피곤해진다

매번 악재에 사서 호재에 파는 것은 사실상 상당히 피곤한 일이다. 하지만 보다 문제가 되는 것은 투자자들이 스스로 악재와 호재를 예측할 수 있다고 오판하는 것이다. 가령 악재라 예상했던 일이 주식시장에서는 주도세력의 해석에 따라 악재가 되기도 하고 호재가 되기도 한다. 게다가 악재라 하더라도 이것이 30분짜리 악재인지 하루짜리 혹은 한달짜리 악재인지 정확히 알 수도 없다. 그러다 보니 데이트레이딩 같은 단기투자에서는 이런 식의 투자를 일삼다가 손절을 반복하는 경우가 의외로 많다. 단지 잘 맞아 떨어졌을 때의 쏠쏠한 수익만을 생각하며 무모한 짓을 되풀이하는 것이다.

나는 2016년 12월 박근혜 전 대통령의 탄핵 이후를 주식시장의 호재로 보았다. 그리고 그때부터 계속해서 투자해오던 종목을 공격적으로 추가매수했다. 탄핵이라는 대형 악재의 소멸로 불확실성이 제거되었고 이후 새로운 대통령 선출로 종합주가지수는 신고가를 갱신하고 있으나 주식시장의 양극화는 해소되지 않고 있다. 주식시장의 호황에서도 몇몇 개별종목들은 여전히 바닥주가를 보여주고 있는 것이다. 하지만 이러한 상황이 지속되지는 않는다. 항상 그렇지만 언제 그랬냐는 듯이 주식시장의 상황은 매번 달라지기 때문이다.

④ 매수는 천천히 하고 매도는 빨리 하라

실제로 내가 실천하고 있는 가장 중요한 기본기에 해당한다. 하지만 지속적으로 실적이 증가하는 성장주라면 매도를 늦추는 게 좋을 수도 있다. 가령 셀트리온이나 메디톡스처럼 매출액과 영업이익, 순이익이 매년 증가하는 회사라면 주가도 실적 따라 지속적으로 상승한다.

하지만 실적이란 것이 지나고 나면 뻔해 보이지만 다가오기 전에는 알 수 없다는 점에서 매우 유감스럽다. 게다가 일부 성장주의 주가는 3~4년 뒤의 실적을 반영했다 싶을 정도로 너무 앞서가 있다. 그러다 보니 현실에서는 어려운 점이 많다.

올바른 종목선정과 기다림이 주식의 기본기

이런 식으로 기본기를 기술하다 보니 다소 장황해진 듯하다. 모든 것을 다 생략하고 내가 생각하는 기본기를 한 마디로 말하자면 '올바른 종목선정과 기다림'으로 압축될 수 있다.

올바른 종목선정이란 재무적으로 3년 내에는 문제가 없어야 하고, 기업가치 대비 주가가 저렴해야 하며, 대주주 지분율이 안정권에 있어야 하고, 매출액이 증가하는 성장주이면서 영업이익률이 높은 구조여야 한다.

게다가 투자자로서의 기다림이란 분기·반기·연간 단위로 꾸준히 종목을 모니터링하면서 저가 내지 지속적인 분할매수로 대응하고 필요하다면 추가매수도 해야 한다.

우리가 살아가는 세상은 모든 위험을 회피하려고 하는 것만큼 위험한 일은 없다고 한다. 안목과 확신을 가지게 되었다면 위험관리 범위 내에서 위험을 불사할 수도 있어야 한다. 내가 말하는 위험이란 그래봐야 좀 더 기다려야 하는 상황이다.

매매 성향에 따라
투자 성향도 달라진다

투자 철학에 따라 달라지는 장기와 단기 투자

주식투자는 보유기간에 따라 크게 장기투자와 단기투자로 나뉘며 단기투자는 다시 초단타매매(Scalping), 단타매매(Daytrading), 스윙(Swing) 등으로 나누어진다. 이는 단순히 보유기간의 차이에 의한 분류라기보다는 투자철학과 기법의 근본적인 차이에서 유래되는 것으로 볼 수 있다. 기업가치를 보고 투자하는 경우 장기투자의 양상을 띠고, 기술적 분석을 통해 투자하는 경우 단기투자의 양상을 띠기 때문이다.

데이트레이딩만 하더라도 시중 서적에서부터 학술논문에 이르기까지 수많은 기법이 난립하고 있으나 이들의 체계를 전부 소개하거나 정의하지는 않겠다. 다만 일반 투자자들이 선호하는 데이트레이딩 기법에 대해서만 살펴보고자 한다. 참고로 나는 기술적 분석(차트분석)이라는 것에 대하여 관심이 없어진 지 매우 오래되었기에 기억도 가물가물하다. 게다가 특별한 비법마냥 회자되는 모든 것들에 대하여 부정적인 시각을 가지고 있다. 세상에 공짜는 없으며, 만약 공짜가 있다면 대체로 더 큰 대가를 치룰 일이 많기 때문이다. 지금까지의 경험을 토대로 볼 때 나는 단기투자에서 거의 수익을 내지 못했다. 오히려 거래세와 수수료는 매번 나오니 마이너스였다. 또한 소중한 시간도 많이 잃었다.

시행착오는 최소화하는 것이 으뜸이다. 죽을 때까지 시행착오만 하면서 살 수 없으니 말이다. 여기서 살펴보는 데이트레이딩은 누구나 한 번쯤 거쳐갈 수 있는 과정이기에 어느 정도 이해할 필요가 있다. 간접경험도 경험의 일종이니 말이다.

단기 차익을 노리는 데이트레이딩

통상 데이트레이딩은 주식과 채권의 하루 가격 움직임을 이용해서 매매 차익을 내는 것을 목적으로 하여 이루어지는 거래이다. 다만 최근에는 짧은 시간에 주식을 사고팔아 순간의 차익을 남기는 거래 형태를 지칭하고 있다. 시세흐름을 계속 지켜보다가 주가 움직임이 빠른 주식을 포착해서 매입한 뒤 단기 차익을 챙기고 빠져나오는 것을 반복하기 때문에 주로 HTS를 이용한다. 불과 하루 만에 이익을 얻을 수 있기 때문에 가격의 등락폭이 두드러질 때 눈에 띄게 된다.

데이트레이딩은 말 그대로 데이(매일)+트레이딩(거래한다)의 의미로, 3~5%

내외의 작은 이익을 위해 하루에도 몇 번씩 사고파는 투자를 일컫는다. 또한 이들처럼 매일 사고파는 행위를 하는 투자자들을 데이트레이더라고 한다. 데이트레이딩의 단점은 스캘핑만큼은 아니더라도 거래세(0.3%)와 수수료가 가랑비에 옷이 젖는 것처럼 계속 지출되기 때문에 겉으로는 수익을 내는 것 같아도 실제로는 마이너스일 가능성이 매우 높다. 보통 오전 9~10시, 오후 2시 반~3시 반 등 변동성이 큰 특정 시간대에서만 거래하는 사람들도 있으나 매일 주식 거래 시간 내내 호가창을 모니터링해야 하는 단점이 있다. 동시에 장점이라면 급등락 종목에 대한 빠른 대처와 승률이 높다면 매일 일정 수익이 누적되어 적은 돈으로도 큰돈을 불릴 가능성이 있다는 것이다.

데이트레이더의 3종류

민첩한데다가 주식시장에 대한 직관력 등이 타고나야 하지만 결과적으로 노력에 비해 성공하기 힘든 방법 중 하나이다. 데이트레이더에도 3가지 분류가 있는데 스캘퍼, 데이트레이더, 스윙트레이더이다. 이처럼 다르게 불리는 것은 이들의 매매형태에 다소 차이가 있기 때문이다.

① 손실도 초단타, 수익도 초단타! 스캘퍼

스캘퍼(Scalper)는 데이트레이더 중에서 가장 공격적인 유형으로 먹이를 발견하면 동원 가능한 모든 자금을 투입해 공격한다. 여기서 스캘핑(scalping)이란 원래 '가죽 벗기기'란 의미로, 북미 인디언들이 적의 시체에서 머리가죽을 벗겨 전리품으로 챙겼던 행위에서 유래되었다고 한다. 마치 주식시장에서 아주 얇은 가죽을 벗기듯 3~5틱 혹은 1~3% 등 특정 호가 틱을 정해놓고 초단타로 매매하는 방법을 말한다. 초단타인 만큼 손실도 초단타, 수익도 초단타이다.

예상으로 걸어 놓은 틱을 벗어나는 순간에 매도하고, 치고 올라오는 순간에 매수하는 기법을 말한다. 이는 매매가 체결되는 순간 수시로 빠져나가는 거래세(0.3%)를 생각하면 세금으로 나가는 비용보다는 수익이 높을 때 매도해야 한다는 뜻이다. 인터넷에서 어떤 이의 매매일지를 본 적이 있는데 하루 수익금이 70만원인데 반해 거래세는 700만원이나 되는 경우가 있었다. 거래세가 0.3%라는 것을 감안하면 당일 매도금액이 23억원이나 되었다는 소리다. 스캘퍼는 통상 변동성에 투자하는 사람으로 변동성이 큰 장이나 하락장에서 주로 활동한다.

이들은 '몰빵'은 기본이고 미수나 신용도 서슴지 않는다. 거액을 쏟아붓기 때문에 빠른 시간 내에 승부를 내야 한다. 따라서 매수주문을 낸 지 몇 분 또는 몇 초 만에 되파는데 수수료를 제하고 2%만 남아도 처분에 나선다. 미수와 신용을 동원하면 5배까지 주문을 낼 수 있으므로 성공하면 10%의 수익을 올릴 수도 있으나 반대로 실패하면 손해도 막심하다. 데이트레이딩의 종주국인 미국에서 스캘퍼의 매매는 시장 교란의 원인으로 지탄받기도 하지만 때로는 예술이라며 칭송받기도 한다.

② 리스크 관리가 최우선, 데이트레이더

데이트레이더는 스캘퍼보다는 덜 공격적이다. 장중 흐름에 따라 공략에 나서긴 하지만 신용이나 미수를 즐기지는 않는다. 이들의 투자에서 최고원칙은 리스크 관리이다. 이익을 내는 게 목적이긴 하지만 위험천만한 모험을 감수하진 않는다. 따라서 매수할 때도 철저히 분할매수하고 매도할 때도 분할매도한다. 또한 당일 매수한 종목은 철저히 당일 매도한다. 매수한 종목이 가격제한폭까지 치솟고 상한가 매수 잔량이 쌓여도 하루 상승에 만족하는 투자자들이다.

③ 급반등 종목을 찾아내자! 스윙트레이더

스윙트레이더(Swing Trader)가 스캘퍼나 데이트레이더와 구분되는 것은 당일 매도원칙을 고집하지 않는다는 점이다. 스윙트레이더는 데이트레이딩과 모멘텀 투자를 병행한다. 이들은 단기 급반등할 수 있는 종목을 찾는 데 상당한 노력을 기울이며 여기서 단기는 통상 1주일을 지칭한다. 이들은 스캘퍼와 데이트레이더에 비하면 투자기간이 다소 길기 때문에 목표수익률과 손절매 폭도 다소 큰 편이다. 매입 후 아래 5%, 위 10%가 그들의 인내 범위라고 한다. 상한가 종목에 과감하게 매수주문을 낼 수 있는 이들이다.

보통 데이트레이딩을 시작한 투자자는 스윙트레이더에서 데이트레이더, 스캘퍼로 점차 변하게 되는데 어느 쪽이 높은 수익률을 냈는지 알 수 있는 통계자료는 없다. 분명한 것은 미국에서 자살이나 총기난사 등 사회적 물의를 일으킨 주식투자자 대부분이 스캘퍼라는 점이다.

추세 전환점을 노리는 포지션트레이딩

위에서 소개하는 단타매매와는 별개로 '포지션트레이딩'이라는 개념도 있다. 일명 추세매매라고 하는데 매수 후 보유기간을 데이트레이딩보다 길게, 심지어는 몇 달간 가져가는 매매를 말한다. 즉 특정 추세가 무너지기 전까지는 계속해서 보유하다가 추세 전환점에서 매수·매도를 하는 투자방식이다. 개인마다 포지션의 맥점을 찾는 방법은 모두 다르지만 이동평균선이나 볼린저 밴드⁺ 또는 피보나치⁺ 등을 활용하여, 상승추세가 이어지는 한 홀딩을 유지하고 상승추세가 무너지면 매도하며 하락추세가 끝나면 다시 매수하는 방식을 말한다. 단기투자자의 시각에서 본다면 데이트레이딩이나 포지션트레이딩이나 크게 다를 바 없는 비슷한 원리라고 할 수 있겠다.

◆ **볼린저 밴드**
주가는 상한선과 하한선을 경계로 등락한다는 이론에 따라 주가 변동에 따른 상하밴드의 폭이 움직이게 하여 주가의 움직임을 판단하는 주가지표

◆ **피보나치 이론**
엘리어트 주가 파동 이론의 기초가 되는 이론으로 연속한 두 수의 합이 그 다음 수가 되는 구조의 수 배열을 말한다.

데이트레이딩, 섣불리 시도하지 말아야 한다

지금까지 트레이딩 기법에 관해 이야기하였다. 개인적으로는 잦은 매매를 좋아하지 않는데도 이렇게 다양한 투자기법들을 열거한 이유는 독자들이 여러 방식들에 대하여 직간접적으로 이해했으면 하는 마음 때문이다. 다양한 시도를 통해서 스스로에게 알맞은 기법을 정착시키는 데 참고가 되었으면 한다.

수많은 투자자가 그러했듯이 나 역시 데이트레이딩을 경험했고 정신적으로나 육체적으로 소모적인 결과만을 얻었다. 잦은 트레이딩을 통해서는

수익을 낼 수가 없었는데 여기에는 여러 가지 함정이 있기 때문이다. 이는 다음에 언급하기로 하자.

주식 외의 지식도 투자에 도움이 된다

세상에는 주식투자 말고도 관심을 갖고 배워야 할 것들이 많다. 지금의 내가 우리 사회를 보다 폭넓게 이해하고 통찰력 있게 볼 수 있는 요인으로는 주식투자가 기여한 것도 적지 않을 것이다. 하지만 이뿐 아니라 다양한 직업군에서 얻은 여러 가지 직무경험과 유관분야와의 협업 등을 통해서도 눈을 뜨게 된 것들이 많다. 사회생활을 하면서 부딪치는 시행착오를 줄이기 위한 노력들이 있었고, 보다 근본적인 한계상황에 직면했을 때는 결국 자기계발을 통해서 이를 극복할 수 있었다.

가령 고만고만한 위치에 있는 스스로를 내버려둔다면 더 이상의 발전은 없을 것이고, 매너리즘에 빠져 온갖 불평이나 늘어놓고 살 수밖에 없을 것이다. 사실 젊은이들에게 우리 사회가 딱 그러기에 좋은 현실이다. 나 또한 그랬으니까 말이다. 송충이는 솔잎을 먹고 살아야 하는데 나의 현실은 풀잎을 먹고 있었다. 난 내 분수에 맞게 살고 싶었고 불평이나 늘어놓으며 살기 싫었기에 내가 할 수 있는 자기계발에 몰두했다. 누구나 본인이 할 수 있는 자기계발 수단이 있을 것이다. 알리바바 회장이 "35살이 넘었다면 가난에 대해서 남 탓을 하지 말라."고 하지 않았던가.

각자의 투자 방정식을 찾아서

각자의 투자방식에 대해 내가 딱히 강요할 수 있는 것은 없다. 이러한 기법이나 방식들을 토대로 스트레스는 최소화하고 수익은 최대화할 수 있는 각자의 투자 방정식을 찾으면 된다. 그러므로 각각의 방식들에 대해서 충분히 음미해볼 필요가 있다. 통상 단기투자가 기술적 분석이나 매매 기법과 궤를 같이 한다면 장기투자는 기본적 분석이나 가치투자 같은 방식들과 함께할 것이다.

내가 어떤 방식에 가장 매력을 느끼고 있는지를 생각해 보라. 그리고 매력적 수단으로 꾸준히 수익을 낼 수 없다면 어찌할 것인지도 생각해 보라. 많은 사람들이 여러 가지 이유로 단기투자를 선호한다. 그리고 그게 통하면 다행이다. 사실 나는 단기투자로 꾸준히 수익을 내는 사람이 과연 있을지 강한 의문을 가지고 있다. 아마 특정 종목에 대해 아주 많은 물량을 가지고 있다면 가능할 수도 있을 것이다. 그러나 주식시장에서 일어나는 많은 일들에 대해 잘 모르겠고 그다지 알 필요도 없다.

주식투자에서 내가 하는 일이란 적당히 매력적인 종목을 고르고, 적절한 가격대에 사고, 충분히 오를 때까지 기다리는 것이 거의 전부이다. 매수시기를 기다리고 매도시기를 기다리다 보면 사실상 주식투자의 성공요인은 기다림이라는 것을 깨닫게 될 것이다.

직장인 투자자도
가치투자자가 될 수 있다

주식은 요령과 기법의 분야가 아니다

주식투자는 본질적으로 기법의 영역이 아닌 듯하다. 나의 주식투자에서 딱히 내세울 만한 기법도 사실 없다. 물론 기술적 분석이 중요하지 않은 것은 아니다. 나도 여전히 종목을 선정하고 투자시기를 고려할 때 차트분석과 같은 기술적 분석도 상당히 참고하고 있다.

이는 주가의 흐름상 저가 구간에서 충분히 매수하고 싶기 때문이다. 저가매수라는 것은 투자심리에 있어서 매우 중요하다. 그러므로 가격 메리트가 충분하다고 생각하는 종목에 대해서도 진입 시기가 적당한지, 얼마나 기다리면 될 것인지 등 기술적 분석을 보는 것이다.

하지만 이러한 예측들은 통상 잘 들어맞지 않기 때문에 기다림과 엄청난 인내력을 필요로 한다. 단기간에 수익이 나지 않기 때문에 장기투자로 갈 수밖에 없는 셈이다.

만약 단기투자로 수익을 낼 수만 있다면 나는 장기투자를 계속하지 않을 것이다. 설사 장기투자를 목적으로 진입했더라도 단기간에 주가가 급등한다면 나는 시세차익을 확정하기 위해 즉각 매도할 확률이 크다. 주식이든 부동산이든 자본이득, 즉 시세차익이라는 것은 기회가 왔을 때 과감히 매도하고 수익을 확정하는 것이 중요하다. 시기에 대한 예측은 종종 빗나가기 때문이다. 하지만 최적의 시기를 놓치는 경우가 다반사지 일찍 오는 경우는 거의 없다.

이런 것들을 종합해 보면 나는 가치투자 방식에 근거해서 장기투자를 하고 있다고 생각한다. 이론 체계도, 경험도, 기법도, 모두 혼재된 내 멋대로의 방식이지만 이런 방식으로 나는 주식시장에서 수혜를 받고 있다. 그러나 당신이 단기투자에 소질이 있다고 생각한다면 그에 맞는 매매를 해도 될 것이다.

가장 빠른 수익을 내는 길, 가치투자

이제는 기업의 가치에 믿음을 둔 주식투자 방법인 가치투자에 대해서 알아보자. 흔히 가치투자를 지향하는 주식 현물 투자자들을 가치투자자라고 부르는데, 여기서 내포하는 가치라는 말은 생각만큼 쉬운 의미가 아니다. 기업의 가치를 구성하는 요소에는 순자산가치, 성장가치, 수익가치와 기타 무형의 가치들이 있는데 이를 하나하나 분석하고 종합해서 단일 수치로 나타내는 것이 쉽지 않기 때문이다. 이에 따라 가치투자자들도 순자산가치에 중점을 두고 투자하는 자산가치형 투자자, 성장가치에 중점을 두고 투자하는 성장가치형 투자자 등 다양하게 나누어진다.

기업의 가치에 투자하는 자산가치형 투자

◆
청산가치
현재 시점에서 기업의 영업활동을 중단하고 청산할 경우 회수 가능한 금액의 가치

자산가치형 투자는 흔히 말하는 청산가치◆의 준거가 되는 순자산가치를 말한다. 하지만 분산투자와 마찬가지로 나는 자산가치형 투자에는 전혀 관심이 없다. 사실 투자기업의 회계장부를 들여다본다 하더라도 이를 하나하나 나누고 분석해서 자산가치를 재평가할 능력이 없기도 하다. 하지만 이를 확인하고 검토할 생각이 있다하더라도 주가가 이를 반영해주는 시간을 기다릴 자신이 없기 때문이다. 즉 분산투자보다 집중투자를 선호하듯이 자산가치보다는 성장가치를 중요하게 생각하는 것이다.

분산투자가 수익성보다는 안정성을 담보했던 것처럼 순자산가치는 기업의 안정성을 담보하는 기준일 뿐이다. 굳이 자산가치형 투자를 하겠다고 마음먹고 매년 기업 실적이 꾸준해서 시중금리 이상의 배당소득을 기대할 수 있다면 이를 고려해 볼 수도 있으나, 그렇다 하더라도 왠지 마음이 끌리지 않을 듯하다.

기업의 미래에 투자하는 성장가치형 투자

성장가치형 투자는 순자산처럼 정량적으로 들이댈 기준이 다소 애매한 편이다. 일반적으로 기업의 성장성을 따질 때에는 매출 실적의 증가율을 기준으로 본다. 하지만 매출 증가율만으로 성장가치를 평가하는 것은 무리일 수 있다는 생각이 든다. 현재의 성장가치라는 것은 결국 미래의 수익가치로 이어질 거란 기대를 담보하기 때문이다. 따라서 내가 생각하는 기업의 성장가치란 수익가치를 내포한 것을 의미한다.

그러다 보니 성장가치를 기대하는 기업이라면 사실상 해당 분야에서 1등 기업이기를 바란다. 이는 시장진입의 배타성은 물론이고 사실상 독과점적 지위를 의미한다. 게다가 영업이익률이나 순이익률 또한 20%는 넘어야 할 것이다.

내기가 아닌 투자를 하라

가치투자의 창시자라고 하는 벤저민 그레이엄은 처음으로 주식의 가격이 회사의 가치와 관계가 있다는 것을 알아냈고, 회사의 가치는 회사가 벌어들이는 돈과 회사가 가지고 있는 순자산가치에 따른다고 보았다. 벤저민 그레이엄 이전에 주식은 그저 하루하루 시세가 변동하는 투기 대상일 뿐이었다. 하지만 벤저민 그레이엄 이후에 수많은 가치투자 추종자가 생겼고 주가는 기업의 가치를 따른다고 믿는 가치투자자들이 주류로 떠올랐다고 한다. 가치투자자들은 회사 지분의 일부를 사서 회사를 소유한다는 마인드로 투자하고 비교적 장기투자를 한다. 가치투자에 있어서 가장 중요한 요소는 안전마진으로 회사 주가와 실제 기업가치의 괴리율이다. 괴리율이 클수록 안전마진도 크고 이를 가치투자자들은 중요한 투자 기회로 본다.

예전에 나는 가치투자를 상당히 진부하다고 생각했다. 이는 너무나 많은 시간을 필요로 하는데다 투자자로서 딱히 할 일이 없다고 느꼈기 때문이다. 하지만 나는 어느새 가치투자를 지향하는 투자자가 되어 있었다. 물론 처음부터 이러한 방향설정을 갖고 있었던 것은 아니다. 단지 주식투자를 하면서 해서는 안 되는 것들을 하나씩 소거하다 보니 지금의 투자방식에 이르게 된 것이다. 결국 나는 단기투자에서 수익 낼 수 없다는 사실을 인정했다. 그리고 반드시 수익이 나는 주식투자를 하고 싶었다. 그러다 보니 주식투자에서 '시간'을 양보할 수밖에 없었다. 여기서 시간을 양보한다는 것은 말 그대로 수익이 날 때까지 기다릴 수 있어야 한다는 것을 말한다. 대신 '수익'만큼은 절대로 양보하지 않겠다는 의지를 불태웠다.

물론 내가 온전한 형태의 가치투자를 하고 있는 것은 아니다. 경험을 바탕으로 이것저것 버무려진 나만의 가치투자를 시도하고 있다. 하지만 내가 시간에 대한 투자를 하고 있다는 사실 하나만큼은 확실하다. 주식투자에 정답은 없다. 단지 꾸준히 수익 내는 사람만이 하나의 모범사례를 제시할 수 있을 것이다. 매번 시합에서 이길 수 있는 권투선수는 있어도 매 라운드에서 한 대도 맞지 않을 권투선수는 없다고 한다. 가치투자를 한다는 것은 시합에서 매번 이기는 권투선수가 되고자 하는 것이다. 반면 단기투자에서 매번 수익 낼 수 있다고 생각하는 투자자는 시합에서 한 대도 맞지 않으려는 권투선수와 같은 맥락이라 할 수 있을 것이다.

돈을 가장 빨리 벌 수 있는
방법은 장기투자다

돈을 벌 수 있는 가장 빠른 길인 장기투자

이번 장에서는 장기투자와 단기투자에 대한 생각들을 추가해 보고자 한다. 수익을 내지 못했던 2007년 이전까지 나는 단기투자만을 고집했다. 딱히 이유가 있어서라기보다 단기에 빨리 돈을 벌고 싶었기 때문이다. 그러나 주식투자에서 꾸준히 수익을 내고 있는 2010년 이후의 나는 장기투자를 각오하고 주식을 매수하기 시작했다.

물론 누구나 단기에 수익을 내고 싶어 한다. 하지만 장기투자를 각오해야만 하는 이유가 있다. 그것은 바로 반드시 돈을 벌어야 하는 이유 때문인데, 단기투자로는 이 '반드시'라는 부분을 자신할 수 없었기 때문이다. 지금이라도 당장 단기에 수익을 낼 수 있는 방법이 있다면 내가 지루하다 못해 때로는 지긋지긋하다고 느껴지는 장기투자를 고집할 이유가 없을 것이다.

운이 따른다면 단기에 큰 수익을 낼 수도 있다. 그런 행운이 온다면 그냥 즐겁게 받아들이면 된다. 하지만 오랫동안 주식투자를 하면서 깨달은 사실은 단기투자로 성공하기는 어려울 뿐더러 성공한다 하더라도 늘 부작용이 나타나니 항상 경계해야 한다는 것이다. 가령 한 번의 주가상승으로 졸부라도 되었다면 다행이다. 보통 부동산 졸부는 상당기간 그대로 부(富)를 유지할 수 있으나, 주식투자에서는 단기투자로 졸부가 되기 어렵다. 단기성과는 수익에 대한 집착을 키우고, 이를 통해 스스로 조급해지다 보면 다음 투자에서는 실수할 가능성이 커진다. 또한 주가는 매일 오르내리기 때문에 주식시장에서 종종 단기투자로 수익을 낼 수 있을 것 같기도 하다. 그러나 기본적으로 주식시장은 많은 시장참여자들이 수익을 공유할 만큼 잦은 시세를 주지 않다 보니 수익 낼 기회를 포착하는 것이 쉽지 않다.

결국 장기투자든 단기투자든 성공투자의 핵심은 수익의 연속성에 있다. 주식시장이든 개별 주가든 상황이 좋을 때가 있고 나쁠 때가 있으며 그저 그럴 때도 많다. 그렇기 때문에 단기투자를 하면 할수록 빈번하게 수익을 확정해야만 하고 이로써 더 많은 리스크에 노출된다고 볼 수 있다.

자꾸 내 기준에서 이야기를 하다 보니 단기투자를 부정하는 입장에 서게 되는데 이쯤에서 결론을 내리고자 한다. 나는 단기투자에서 성과가 있으면 좋지만 그걸 자신할 수 없기에 장기투자를 각오하며 주식을 매수할 뿐이다. 하지만 주식투자에서 장기투자와 단기투자를 나누는 것은 종목선정에서부터 매수 방식과 투자자로서의 마음가짐까지 거의 모든 것들이 근거가 될 수 있다. 때문에 사실상 장기투자가 의미하는 바는 단순히 투자기간 이상의 것이며 성공 확률도 훨씬 높아진다는 사실을 알 수 있다.

최고의 조건을 갖추고 있는 직장인 투자자

결론적으로 직장인들에게 딱 맞는 투자법은 사실상 장기투자라고 할 수 있다. 또한 단기투자로 수익 나지 않는 대부분의 투자자들에게도 '그간 단기투자로 달라진 게 없다면 이제는 장기투자를 해보는 수밖에 없지 않느냐.'라고 말하고 싶다. 이 부분에 대해 나는 절대적인 기준에서 장기투자가 낫다고 고집하려는 게 아니다. 내가 추구하는 현실세계에서 이상적인 자산 증식을 위해서는 주식투자 외에도 발생되는 기본소득이 있어야 하기 때문이다. 그래야만 어느 정도 자산의 증식 속도를 체감할 수 있다. 웬만한 투자 금액과 어설픈 전업투자로는 기초생활을 유지하는 것도 어렵고, 가처분소득을 충당하기도 힘들기 때문이다.

단기투자의 함정이란 단기간에 일정한 소득을 올리려는 데 있다. 매월이나 매분기를 기준으로 매매한다면 확실히 단기투자라 할 수 있을 것이다. 주식시장의 특성상 매월 수익을 내는 것은 불가능해 보인다. 또한 그러려고 애쓸수록 본업에서의 경쟁력 상실이 우려된다. 단기투자가 반드시 전업투자를 의미하는 것은 아니나 이런 이유들 때문에 감히 단기투자를 권할 수 없는 것이다. 다들 그런 것처럼 주식투자 또한 믿는 구석이 있어야 한다. 그 믿는 구석 중 하나가 바로 다른 소득원이다. 이 부분을 충분히 고민한다면 단기투자를 지양할 수밖에 없을 것이다.

인내심도 수익률에 한몫한다

나처럼 주식투자에 특별한 재능이 없는 직장인이라면 더욱 단기투자를 지양해야 한다. 그리고 이러한 생각들이 있었기에 나는 주식시장의 수혜자가 될 수 있었다. 당신이 충분히 준비가 되면, 게다가 충분히 승산이 있다면 그때 가서 단기투자를 해도 된다. 하지만 그전에는 감히 단기투자를 삼가라고 말하고 싶다.

먼저 장기투자에서 자산을 일궈 놓은 다음에 단기투자하라. 영화 〈레옹〉에서 킬러 수업을 하는 장면을 보면 초보킬러 수업은 원거리에서 시작하지만 프로킬러가 될수록 근거리에서 조용히 해치우는 수업 내용이 나온다. 내 생각에 주식투자라는 것도 장기투자부터 시작해야 하고, 그 결과 돈도 충분히 모이고, 실력도 능숙해졌을 때에는 단기투자를 해도 좋을 것 같다. 그때 가서 원한다면 말이다.

마냥 기다리는 것 같은 장기투자는 순간 지긋지긋할 때도 많지만 이에 순응하다 보면 투자자로서 생각의 길이가 길어진다는 것을 느끼게 될 것이다. 그리고 이를 느낄 때쯤이면 자산도 상당히 늘어나 있음을 체감할 것이다.

주식의 기본적 분석과 기술적 분석

주식의 내재가치를 분석하는 기본적 분석

흔히 주식투자에서 많이 이용되는 분석으로는 기본적 분석과 기술적 분석이 있다. 기본적 분석(Fundamental Analysis)의 어원에 대해 찾아보니 '주식의 내재가치를 분석해 미래의 주가를 예측하는 방법'으로, 전통적인 증권분석 방법이라 '기본적'이라는 이름을 얻었다고 한다. 또한 기술적 분석을 하기 위해서도 기본적 분석은 필수라고 할 수 있다.

기본적 분석의 전제는 크게 두 가지로 나눌 수 있는데 첫째로 주식회사의 주가는 내재가치와 괴리되어 움직일 수 없다는 것, 둘째로 주가는 내재가치를 따라가려는 속성이 있다는 것이다. 이로 인해 실제 주가가 그 기업의 내재가치보다 낮게 형성되어 있을 때 주식을 매수해서 주가가 내재가치와 같거나 더 높을 때 판다면 평균적으로 수익을 낼 수 있다는 것이 기본적 분석의 핵심 명제이다.

그리고 기본적 분석은 크게 질적분석과 양적분석으로 나뉘는데, 질적분석은 수치로 쉽게 표현하기 어려운 정치상황, 경기, 산업동향, 노사문제, 정부의 경제정책, 주식회사의 성장성, CEO의 능력, 수익성 등을 다각도로 따지는 것을 말한다. 양적분석은 주식투자와 관련된 통계자료, 산업자료, 재무제표, 손익계산서 등의 수치로 표현되는 자료를 분석하는 것을 말한다.

기본적 분석의 한계점

어느 기법이 그러하듯 한계점도 분명 있다. 첫째, 재무제표의 데이터는 적시성이 떨어진다. 기본적 분석이 기업의 내재가치를 구하는 것인 만큼 재무제표는 기본적 분석에서 가장 핵심이 되는 자료인데, 매 분기마다 한 번씩 총 1년에 4번밖에 발표되지 않는다.

둘째, 주가와 내재가치의 차이가 지나치게 오랫동안 따로 움직일 수 있다. 극단적인 예로 기본적 분석 결과 매우 저평가된 주식이라서 매수했더니 내가 병원에 입원해서 죽을 날만 기다리고 있을 때가 되어서야 내재가치로 수렴할 수도 있다는 것이다.

셋째, 내재가치를 평가하는 사람의 주관이 상당히 많이 개입될 여지가 있다. 기본적 분석에서 말하는 내재가치는 기업의 미래 발생수익까지 예상하여 그것을 현재가치로 할인하게 되는데 이 과정에서 평가자는 검증하기 어려운 수많은 가정을 도입해야 한다.

기본적 분석 지표에는 EPS, EV/EBITDA, PBR, PER, ROE와 같은 것들이 있다. 이런 지표들은 보통 팍스넷이나 HTS, 포털 사이트의 금융 페이지에서도 웬만큼 파악이 가능하다. 이들은 친절하게도 기업선별 잣대인 자기자본이익률(ROE), 주가순자산비율(PBR), 주가수익비율(PER) 등을 모두 제공하고 있으며, 지난 몇 년간의 재무제표까지 보기 쉽게 모아 놓았다. 이를 이용하여 기본적 분석을 하는 방법은 이후 설명하겠다.

종목명 (종목코드)	넥슨지티 041140	넷마블게임즈 251270	엔씨소프트 036570	펄어비스 263750	컴투스 078340
현재가	11,800	146,500	395,000	228,800	171,900
전일대비	▼150	▼2,000	▼11,000	▼6,200	▼1,600
등락률	-1.26%	-1.35%	-2.71%	-2.64%	-0.92%
시가총액(억)	4,174	124,564	86,659	27,607	22,117
외국인취득률(%)	2.09	26.87	47.05	6.71	29.44
매출액(억)	133	5,817	7,273	276	1,257
영업이익(억)	13	1,118	3,278	152	496
조정영업이익	13	1,118	3,278	152	496
영업이익증가율(%)	136.39	6.39	772.57	-31.57	1.20
당기순이익(억)	8	842	2,751	136	398
주당순이익(원)	22.61	874.17	12,516.76	1,265.21	3,096.83
ROE(%)	-2.18		18.58		22.20
PER(배)	26.34	53.88	31.81	46.18	14.57
PBR(배)	2.92	8.16	4.45	29.90	3.37

출처: 네이버 금융(finance.naver.com)

기본적 분석은 주로 현물거래에서 기업의 가치와 가격을 평가하여 저평가되어 있는 주식을 매수하는 방법으로 많이 사용된다. 하지만 이러한 정보가 개인 투자자에게 유용한지는 미지수다. 선물·옵션시장과 외환시장에서 개인은 정보수집능력에 한계가 있을 뿐만 아니라 정보를 분석하는 능력에서도 뒤처지기 때문이다.

주가를 예측하는 전통적 방법, 기술적 분석

다음으로는 차트분석이라고 하는 기술적 분석(Technical Analysis)에 대하여 살펴보자. 이는 주가와 거래량의 과거 흐름을 분석하여 미래의 주가를 예측하는 전통적인 증권분석 방법으로, 과거 주식의 가격이나 거래량 같은 자료를 이용하여 주가 변화의 추세를 발견해내어 미래의 주가를 예측한다.

주가는 시장의 수요와 공급에 의해서 결정된다는 가정 아래에서 출발하며, 일반적으로 주식거래의 과거자료를 차트 등의 수단으로 정리해서 주가 변화 추세를 찾아내고 이를 이용하여 미래의 주가를 예측하는 것이다. 주가는 항상 반복하여 변화하는 속성이 있기 때문에 재무상태가 나쁜 기업의 주식이라도 주식의 매매시점을 잘 포착하면 투자수익을 올릴 수 있다는 것을 전제로 한 분석으로, 과거의 주가나 거래량 정보를 이용하여 일정한 추세가 시작되는 시기를 결정하는 데 그 목적이 있다.

기술적 분석의 한계점

기술적 분석은 과거의 주가 추세나 패턴이 반복하는 경향을 가지고 있다고 하나 과거의 경제상황이나 고객의 심리변화 등이 미래에도 반복해서 나타난다는 것은 비현실적인 가정이라는 점, 과거의 동일한 주가양상을 놓고 어느 시점이 주가 변화의 시발점인가 하는 해석이 분석가에 따라 다를 수 있다는 점, 투자가치를 무시하고 시장의 변동에만 집착하기 때문에 시장이 변화하는 원인을 정확히 분석할 수 없다는 점 등이 한계점으로 지적되고 있다. 이러한 분석방식은 시장 전체에 대해서 투자성과를 예측한 다음 투자성과가 있는 것으로 결론이 나오면 다음에는 개별종목의 주가 분석에 들어간다. 초기에는 도표를 그려서 분석하였으나 현재는 컴퓨터를 이용한 통계적 분석을 포함하는 등 다양하게 발전하고 있다.

많은 데이트레이더들이 차트분석에 기반한 투자를 중시하는데 요즘은 데이트레이딩하는 사람들도 웬만큼 기본적 분석을 통해서 종목을 선정한 후에 단타매매를 한다고 한다. 나 또한 초보 시절에 차트 공부를 많이 하고 이리저리 적용해 봤지만 결과적으로 별다른 소득 없이 정신적으로 피폐해지는 결과만을 수없이 경험했을 뿐이다.

결론은 둘 다 필요하다

결론적으로 주식투자를 잘 하려면 기본적 분석과 기술적 분석이라는 두 가지 요소가 모두 필요하다. 주식투자를 오랫동안 하다 보면 한두 번 정도는 부도라든가 감자 또는 최악의 경우 상장폐지와 같은 쓰라린 경험을 당해 본 적이 있을 것이다. 이는 다소 운이 없어서 그렇다고 할 수도 있겠지만 본질적으로 내막을 따져보면 애초에 그럴 만한 가능성이 농후한 종목에 투자했기 때문일 것이다. 따라서 이는 기본적 분석을 간과한 것이라 할 수 있겠다. 그러므로 투자종목을 선택함에 있어서 이들 두 가지 도구를 모두 활용해야 한다. 이후 두 가지 요건을 모두 충족하는 스크리닝(screening, 검사) 작업이 필요한데 이러한 접근을 통해 투자종목을 선정하는 자기만의 노하우를 만들 수 있다.

기술적 분석과 기본적 분석의 실전 활용법

인터넷만 보더라도 두 가지 분석법을 모두 활용하는 사람들이 매우 많다. 기본적 분석을 통해 대세를 읽고, 기술적 분석을 통해 시장 진입 시점과 청산 시점을 판단하기도 한다.

기술적 분석은 주가와 거래량의 흐름을 분석해 미래의 주가를 예측하는 방법이므로 실전에서는 대단히 유용한 면이 있다. 다양한 패턴을 생각하지 않더라도 기존에 형성된 강력한 저항선과 지지선은 어지간한 외부 충격 없이는 쉽게 돌파되거나 이탈하지 않는다고 한다. 주가 그래프에서 더 이상 주가가 상승하지 않는 저지선을 저항선, 더 이상 하락하지 않는 저지선을 지지선이라고 한다.

그러나 대량 거래가 수반되며 강력한 지지선과 저항선을 돌파하는 흐름이 생길 경우에는 새로운 추세가 형성될 수도 있으므로 맹신은 금물이다. 기술적 분석이나 기본적 분석 모두 가격과 시기에 있어서 정확히 진단하고 예측한다는 것은 있을 수 없는 일이기 때문이다. 결론적으로 이런 말들을 종합해 보면 주가라는 것은 이럴 수도 있고 저럴 수도 있다는 얘기다.

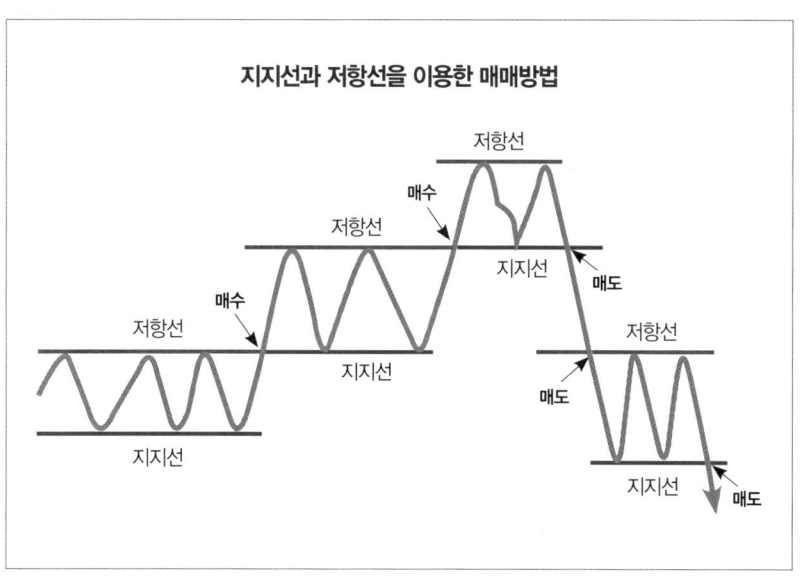

그러므로 기본적 분석과 기술적 분석의 어느 한쪽이 맞고 어느 한쪽은 틀리다고 주장하는 태도는 편협한 것이라 할 수 있다. 기본적 분석을 통해 거시적 시장의 흐름을 분석하고 과거 데이터를 통해 유사한 상황에서 어느 정도의 움직임이 진행될 것인가를 시나리오로 구상할 수 있다. 그리고 기술적 보조 지표들을 통해 사전에 정해진 수치가 나타날 때 시장에 진입하거나 진입한 포지션을 회수할 수 있다. 기본적 분석의 결과를 맹신하거나 고정된 것으로 판단할 때, 또는 기술적 분석의 위험 신호를 외면할 때 투자자는 큰 위기에 노출될 수 있기 때문이다. 그렇기에 기본적 분석을 바탕으로 기업의 가치를 파악하고 대략적인 매매 시기를 판단하며 여기에 기술적 분석을 가미하여 시장의 미시적인 움직임에 대응하는 것이 정석적인 방법으로 통용되고 있다.

기본적 분석과
기술적 분석 활용하기

여기서는 기본적 분석과 기술적 분석에 대해 내가 어떻게 활용하는지 다루어 보도록 하자. 사실 이러한 내용들은 이 책의 여기저기에 직간접적으로 녹아들어가 있기 때문에 이 부분에서는 최대한 간단히 정리할 생각이다.

기본적 분석 활용법

먼저 기본적 분석에 있어서는 투자회사의 사업내용이 먼저 투자자의 마음에 끌려야 한다. 이는 일종의 사업 비전같은 것을 말하는데 이를 느끼는 것은 투자자마다 개인차가 크다. 게다가 이 부분에서는 상당부분 학습효과라는 것도 작용한다. 일반적으로 투자자가 투자기업의 비전을 느끼는 것은 대체로 성장산업일 가능성이 크다. 과거에는 대마불사라 해서 재벌과 같은 대기업 계열사에 대한 투자를 많이 하기도 했다. 이처럼 기본적 분석이라는 것은 투자자 개개인의 인식에 따라 크게 달라지는 것이다. 그리고 이러한 인식은 새로운 지식의 습득과 과거의 학습효과에 의해서 상호작용한 결과라고 볼 수 있다. 나 역시 산업동향을 파악하기 어렵다는 이유로 경기관련주◆에 해당하는 IT 업종에 선뜻 투자하지 않는 것도 개인의 인식에 따른 주관적인 선택이다.

◆ **경기관련주**
경기민감주, 경기수혜주, 경기주도주 등의 명칭으로 불리며 경기와 밀접한 관련이 있어 경기의 변동에 따라 큰 영향을 받는 종목을 말한다. 자동차, 항공, 정보기술(IT) 등이 여기에 속한다.

기본적 분석에서 중요한 것은 재무제표 같은 기업 자체의 건전성 여부도 있지만 소속 업종의 동향이나 업황의 개선 여부, 경쟁업체와의 비교우위 등도 갈수록 중요하다. 그리고 이러한 기본적 분석은 하루아침에 이루어지는 것이 아니라 관련 자료를 꾸준히 탐독하고 모니터링하며 고민해 보았을 때 남들보다 나은 식견을 가질 수 있다.

이 부분은 나도 아직 갈 길이 먼 분야라고 생각한다. 여전히 대기업이나 그룹 계열사에 투자했을 때 심리적으로 안정감을 느낀다. 대표적으로는 코오롱생명과학이 그러했다. 이런 종목들은 종종 대주주의 활동이 언론에 노출되기 때문에 대주주의 성향을 파악할 수도 있지만 경영상 기업이 도덕적인 문제에 직면했을 때 사회적 비난도 보다 크게 받는다. 대기업에 투자하는 것은 마치 연대 보증인을 세워둔 것과 같은 느낌이다.

위에서 언급한 내용들이 실제 내가 주식투자에서 활용하는 기본적 분석들이라 할 수 있다. 그리고 이러한 것들은 직접적 활용이라기보다는 지속적으로 모니터링하며 체크하는 행위에 가깝다. 또한 재무적 지표에 해당하는 것들은 3부의 종목선정의 원칙에서 자세히 다루니 여기서는 언급하지 않을 생각이다. 이는 내가 주식투자에서 재무비율을 그다지 활용하지 않기 때문이다.

나는 어떤 종목을 처음 들여다볼 때 시가총액과 총 주식 수 그리고 재무상태 3가지(자산총계, 부채총계, 자본총계)와 손익계산서 3가지(매출액, 영업이익, 당기순이익)를 집중적으로 살핀다. 이들만 꼼꼼히 들여다보아도 좋은 종목인지 아닌지는 직관적으로 알 수 있다. 이왕이면 금액수치를 직접 들여다보는 것이 보다 확실히 알 수 있고 비율이 안겨다줄 수 있는 왜곡도 제거할 수 있다. 재무비율이나 지표에 대한 개념이 궁금하다면 이는 인터넷을 찾아보는 것이 내 설명보다 훨씬 나을 거라 장담한다.

장기투자자가 활용하는 기본적 분석이나 기술적 분석이라는 것은 어느 한 시점에서 모든 결과를 장담할 수 있는 것들이 아니다. 이는 시계열상으로 볼 적에 극히 일부에 해당하는 순간이기 때문이다. 따라서 이러한 것들을 지속적으로 모니터링하고 변화하는 것들을 고민하며 살펴볼 필요가 있는 것이다.

기술적 분석 활용법

이 부분 또한 실전 활용에 있어서는 아주 심플하다. 왜냐하면 많은 이들이 가까운 시기의 주가를 예측하려 하기 때문에 기술적 분석이 복잡해지고 다양해지는 것이다. 급등 종목이 상승하는 패턴들은 너무나 다양하기 때문에 기술적 분석은 사실상 이현령비현령(귀에 걸면 귀걸이, 코에 걸면 코걸이라는 뜻으로 동일한 사실이 해석에 따라 뜻이 달라진다는 의미)에 가깝다고 할 수 있다. 그리고 이들 패턴은 주도세력들의 입장에서 가장 효율적인 상승패턴이라 이해하는 것이 보다 바람직할 것이다. 그러므로 급등주 패턴을 포착하고 진입하기 위해서 기술적 분석을 하는 것이 전혀 틀렸다고 볼 수는 없지만 상당부분 틀릴 가능성이 높다. 기본적 분석을 전제로 하지 않았기 때문에 패턴만으로는 유사한 종목들이 무수히 많다.

게다가 급등 패턴이라는 것도 단기적으로는 절대적이라 말할 수 없다. 주도세력들이 얼마든지 상황 변화에 따라 우회 전술을 쓸 수도 있기 때문이다. 그러므로 실적가치와 같은 기본적 분석과 시간적인 안배까지 고려해서 투자한다면 기술적 분석도 아주 유용한 수단이 될 수 있다.

가령 차트분석에서 월봉과 주봉만 보고 투자한다고 생각해 보라. 이는 결과적으로 투자확률을 매우 높일 수 있는 방법임에도 불구하고 대부분 이를 뒷전으로 미룬다. 다들 단기 수익을 쫓는 데만 급급하기 때문이다. 사실상 이런 단기적인 태도를 바꾸지 않고는 백날 천날 노력해서 기술적 분석의 대가가 된다 한들 당신의 계좌는 불어나지 않을 것이다. 또한 기술적 분석의 시각으로만 본다면 모든 주식은 급등 패턴을 하고 있을 때가 아주 많을 것이다. 이에 반해 기업가치가 전제되지 않는 주가 급등은 일시적인 현상일 뿐이다. 반면 기술적으로는 다소 부담스럽더라도 기업가치가 상승하는 주가는 지속적으로 상승하는 경우가 많다.

이런 사실들을 종합해 보면 기술적 분석은 호불호의 선택이라 생각해 볼 수 있다. 그러므로 이 책에서 기술적 분석을 통해서 매수나 매도의 시기를 판단하는 방법을 기대하였다면 이는 큰 오산이다. 나는 오랜 시간 동안 매우 힘들게 저가에 분할매수해서 단지 평균매수가보다 고가에 매도하는 전략을 가지고 있을 뿐이다. 그리고 이를 위해 기본적 분석과 기술적 분석을 병행하고 있다. 하지만 내가 활용하는 기술적 분석은 거래량 바닥이 진바닥을 보여주고 있는 형태라든가 월봉이나 주봉상 남들이 크게 선호하지 않을 만한 심심한 형태의 주가를 살펴보고 고르는 것이다. 그리고 예전과 조금 달라진 것이 있다면 이제는 바닥주가를 통과하는 장기하락 형태보다는 바닥주가를 이미 통과했거나 지속적으로 우상향하는 형태의 종목에서 가치투자를 하고 싶다는 것이다.

나는 이미 분할매수하며 장기투자로 기다리는 연습을 충분히 해보았다. 그때는 가진 자산이 없어서 전적으로 월급으로만 분할매수했기에 1~2년 동안 분할매수를 진행할 만한 장기하락 종목을 선택했던 것이다. 이처럼 스스로 연습하며 자신에게 부합하는 최적의 투자방식을 찾아보기를 권하는 바이다. 이는 전문지식을 필요로 하는 일이 아니다. 단지 투자자의 결의만 있으면 된다.

체계적 위험과
비체계적 위험

위험에도 여러 가지 종류가 있다

오랫동안 주식투자를 해오면서 여러 형태의 위험을 맞닥뜨렸는데 돌이켜 보니 그중에서 가장 두려웠던 상대는 체계적 위험이 아니었나 싶다. 이는 과거에도 그러했고 언제 다가올지 모르는 미래에도 마찬가지이다.

일단 위험의 발생 원인이 내부냐 외부냐에 따라 '체계적' 위험과 '비체계적' 위험으로 구분할 수 있다. 체계적 위험이란 시장체제에서 발생하는 외부적 위험으로 이에 영향을 미치는 요인으로는 경기변동, 인플레이션, 사회·정치적 환경 등의 거시적 변수가 있다. IMF 외환위기 당시 수많은 기업이 도산하였는데 이러한 것이 대표적인 체계적 위험에 해당한다. 한편 비체계적 위험이란 시장체제와 관계없이 개별적, 내부적 특성으로부터 야기되는 위험을 일컫는다. 예컨대 빌딩화재로 인한 피해가 발생하거나 엘리베이터 등 각종 설비가 고장 나는 경우가 이에 해당한다.

체계적 위험은 사회체제와 관련된 것으로 이를 투자자가 통제하거나 회피할 수 없다. 반면 비체계적 위험은 화재에 대비하여 보험에 가입하는 등 개인의 노력이나 분산투자를 통해서 이를 통제하거나 회피할 수 있다. 계란을 한 바구니에 담지 말라는 격언처럼 포트폴리오를 구성하는 자산수가 많을수록 비체계적 위험은 통계학적으로 줄어든다. 다시 말해 체계적 위험은 불가항력으로 다가오는 위험이라 피할 수 없고, 비체계적 위험은 개인적인 처지에 따라 오는 위험이라 어떻게 대처하느냐에 따라 피하거나 줄일 수 있다.

IMF 외환위기와 리먼 사태를 기억하자

그런데 살다 보면 그렇게 이분법적으로 딱히 나눌 수 없는 부분이 있다. 다소 억지스러울 수는 있으나 생로병사를 예로 들면 '생로'에 해당되는 부분은 불가항력적이라는 측면에서 체계적 위험이라 볼 수 있고, '병사'는 개인의 의지와 노력을 통해서 어느 정도까지는 비체계적 위험으로 만들 수도 있다. 즉 비체계적 위험으로부터 완전히 자유로울 수는 없으나 개인의 역량에 따라 웬만큼 늦출 수는 있는 것이다.

주식투자자의 입장에서 볼 때 개별주식의 위험은 다음과 같이 체계적 위험과 비체계적 위험으로 구성되어 있는데 이를 모두 합하면 총 위험이 된다.

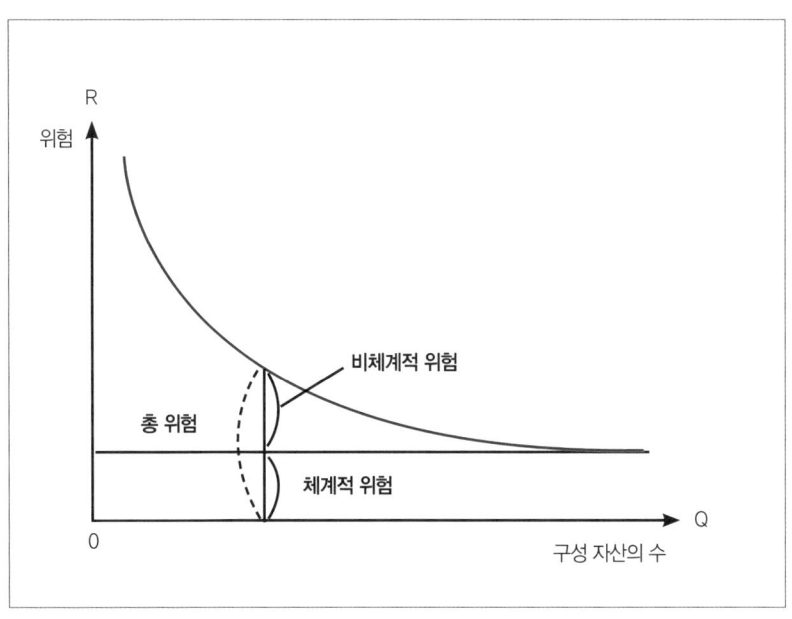

총 위험 = 체계적 위험(분산 불가능 위험) + 비체계적 위험(분산 가능 위험)

 이와 같이 주식의 위험을 크게 분산 가능한 위험과 분산 불가능한 위험으로 분류할 때 분산투자를 통하여 제거할 수 없는 위험을 체계적 위험(systematic risk)이라 말한다. 이는 시장 전체의 변동에 의한 위험으로 이에 영향을 미치는 요인은 경기변동, 인플레이션, 경상수지, 사회·정치적 환경 등 거시적 변수들이다. 일반적으로 분산투자가 가능한 상황에서는 비체계적 위험보다 체계적 위험을 투자의사 결정변수로 고려하게 된다.
 반면 비체계적 위험은 경영진의 변동, 파업, 법적소송, 새로운 해외진출 계획 등과 같이 어느 특정 기업만이 가지는 사건이나 상황의 변동 등에서 발생되는 위험이다. 투자자는 여러 개의 주식으로 포트폴리오를 구성함으로써 이 같은 비체계적 위험을 축소시키거나 제거시킬 수 있다. 즉 한 주식으로부터의 불리한 상황을 다른 주식으로부터의 유리한 상황으로 상쇄시킬 수 있다.

과거 IMF 외환위기나 리먼 사태와 같은 체계적 위험에서도 주식시장에 참여하고 있었기에 체계적 위험의 실체에 대해 어느 정도 경험했다. 그것이 들이닥칠 때는 신호가 동반된다. 예를 들면 IMF 외환위기 시절의 살인적인 고금리와 인원 감축이다. 그에 따른 서민 생활고와 평생직장 파괴라는 근로 기반의 변화 그리고 기업들의 고강도의 자산매각과 손쉬운 인력 구조조정 등으로 기존 사회 시스템이 붕괴되어 정치·경제, 사회·윤리 등에 많은 변화가 있었기에 많은 이의 기억 속에 IMF 외환위기는 트라우마로 남아 있다. 당시 주식시장의 주식들은 기나긴 침체기 동안 쓰나미에 떠내려 온 쓰레기 같은 종이 쪼가리와도 같았다.

체계적 위험이라는 용어는 2009년, 시골의사 박경철의 《시골의사의 주식투자란 무엇인가》라는 책에서 처음 보았다. 이는 내가 경험했던 두려움의 실체를 알게 되었다는 측면에서 상당히 고무적이었다. 당시 기억을 더듬어 보면 시스템상으로 겪게 되는 총체적이면서 불가항력적인 위험을 체계적 위험이라 하였고 일반 기업들이 개별적으로 당면하는 부도나 상장폐지와 같은 위험들을 비체계적 위험이라 했다.

그런데 비체계적 위험이란 것은 개별 기업과 개별 투자자들 각자의 몫인 만큼 이를 논외로 치더라도 시장 참여자라면 누구나 겪을 수밖에 없는 대재앙과도 같은 체계적 위험에 대해서는 그 중요성을 아무리 강조해도 지나치지 않을 것이다. 왜냐하면 한번 주식시장에 발을 담근 주식투자자라면 누구나 이러한 체계적 위험에 직접적으로 노출되었다고 볼 수 있기 때문이다. 언뜻 체계적 위험이라고 하니 주식시장에서 전문가들이 경고음을 충분히 알려 줄 것 같으나 실상은 그렇지 않다. 시작은 이슬비에 옷 젖듯이 슬금슬금 진행되다가 '어어, 이게 아닌데' 싶으면 두 번 다시 재기할 수 없을 정도로 엄청난 손실을 당할 수 있다.

직장인 투자자가 위험을 최소화하는 방법

그렇다면 체계적 위험이 다가오는 것을 어떻게 알고 대응할 것인가. 누군가 사전에 이를 알려준다면 미리 주식시장을 외면할 수 있을 것이다. 하지만 그게 아니라면 투자손실을 최소화하는 방안과 어떻게 이를 극복해 나갈 수 있을 것인지 심도 있게 고민해봐야 한다. 앞으로 다가올 위기는 언제 어떤 형태로 나타날지 알 수 없을 뿐더러 항상 새로운 위기는 과거의 그것보다 훨씬 위태롭고 두렵기 때문이다. 이와 관련해서 변변치는 못하지만 나만의 노하우가 있다. 그렇기에 그런 날이 온다면 왠지 이를 회피할 수도 있을 거라는 생각도 든다. 나는 항상 이러한 위험을 의식하고 있으며, 언제든 조만간 새로운 위기가 찾아올 수 있다는 긴장감을 항상 유지하고 있기 때문이다.

여기에서 말하는 나의 노하우라는 것은 다소 식상한 것들이다. 그중 하나는 평소에 성실하게 직장생활을 하는 것이다. 그리고 검소하고 절제된 소비생활을 유지하면 갑자기 불어온 위기도 느긋하게 지켜보고 대응할 수 있다는, 어찌 보면 원론적인 대안이다. 만약 IMF 외환위기와 같은 위기 상황이 다시 도래한다면 이번에는 좀 더 준비된 상태에서 기꺼이 맞이해 보리라는 마음도 있다. 위기를 새로운 기회로 전환해서 이를 도약의 발판으로 활용할 수 있을 것 같은 자신감도 깔려있다.

사실 우리에게 다가올 체계적 위험에 대해 구체적으로 제시할 수 있는 대응책이 없다. 위기에는 원칙적인 해답밖에 없기 때문이다. '가난은 나라님도 구제하지 못한다'라는 속설처럼 과거의 체계적 위험은 각자도생의 문제에 가까웠다. IMF 외환위기 당시 줄도산이 났던 기업들을 생각해 보자. 지금도 우리나라는 수출경제에 대한 비중이 매우 크다. 이로 인해 국제 금융이나 대외환경 등 외부 위험에 대한 노출 또한 매우 심하다고 할 수 있다.

사실 체계적 위험에 노출되었을 때의 해결책은 간단하다. 그것은 바로 우리 사회의 모든 세대가 안정된 소득원을 유지하는 것이다. 그러므로 투자자는 주식투자 이전에 안정적인 일자리를 절대 포기해서는 안 된다. 그리고 이를 유지하기 위한 노력도 게을리 해서는 안 된다.

최악의 시나리오에 대한 대비, 장기투자

주식투자에서도 '버티기'라는 것은 훌륭한 대안 중 하나이다. 하지만 주식투자자가 버티기에 돌입해서 장기전을 치르고자 할 때는 상당한 마음의 준비가 필요하다. 그리고 그 대상이 되는 투자종목은 어려운 시기를 이겨낼 만큼 탄탄한 재무상태를 유지하고 있어야 한다. 투자자나 기업들 모두에게 어려운 시간일 수 있다. 그리고 버티는 기간 동안에는 자산가치 하락이라는 평가손실을 회피할 수도 없다. 만약 처음부터 체계적 위험의 크기를 가늠할 수 있었다면 손절 이후에 재매수를 고려해도 좋았을 것이다. 하지만 현실은 항상 그리 간단하지 않다. 작은 위험인 줄만 알고 있었다가 큰 위험으로 확대되는 경우가 많기 때문이다. 1997년 IMF 외환위기나 2008년 리먼 사태의 경우에도 작은 신호음으로부터 비롯되었다. 하지만 시간이 한참이나 지나고 나서야 그 심각성을 인지하게 된 것이다. 이런 경우에도 상대적으로 장기투자가 안전하다. 애초에 장기적인 안목으로 종목을 선정하다 보니 당연히 재무상태가 양호한 회사를 고를 수밖에 없기 때문이다.

2008년 아이리버 사건 이후 내가 주식투자에서 실제 어떤 접근방식으로 투자했는지 기억을 더듬어 보겠다. 2008년 초에 나는 우리나라 주식시장에 상당한 조정이 이어질 것 같다고 생각했다. 그런 까닭에 매우 보수적인 시각을 가지고 아이리버를 주당 약 4,000원대에서 분할매수했다. 당시 재무상태를 볼 때 쉽게 망할 회사가 아닌 것만큼은 확실했기 때문이다. 그리고 1년이 넘는 분할매수 기간 동안 종합주가지수도 크게 하락했고 아이리버도 주당 1,500원 이하까지 하락했다. 하지만 2009년 4월이 되니 아이리버는 제법 반등을 했고 보유수량을 모두 매도해서 짭짤한 수익을 올릴 수 있었다.

여기서 특별한 기법은 없었다. 단지 버티기 하나로 투자수익을 올린 셈이었다. 제아무리 강력한 체계적 위험도 버티기 하나로 극복한 것이다. 이는 아주 작은 성공이었으나 나에겐 대단한 성공이라 할 수 있었다. 생애 첫 장기투자였기 때문이다. 그리고 이러한 버티기 투자의 이면에는 안정된 일자리에서 정규직으로 일하고 있었던 바가 크다고 할 수 있다. 분할매수하는 동안 아이리버는 내가 예상했던 것보다 훨씬 깊숙이 하락했다. 반 토막이 넘는 1,500원까지 폭락하던 시절에는 앞이 깜깜했기도 했다. 이처럼 주가하락은 섣불리 예측해서는 안 되는 일이기에 단기간에 물타기하는 것은 매우 조심해야만 한다. 그리고 이후 2010년 초 코오롱생명과학에 같은 방식으로 투자했다. 이때는 리먼 사태같은 체계적 위험은 없었지만 계속해서 하락하는 종목에만 투자하다 보니 주가의 바닥을 통과하는 시간들을 버텨낸다는 것이 매우 고통스러운 일이라는 것을 절실히 느꼈다. 하지만 결과는 매우 만족스러웠고 나는 이를 통해서 더욱 단단해질 수 있었다.

우리는 모든 위험을 회피하려 한다. 그러다 보니 우리는 너무나 많은 판단과 결정을 해야만 하고 이로 인해 좋은 기회조차 놓치고 만다. 작은 위험을 매번 회피하고자 하는 노력은 몹시 무모한 짓이다. 게다가 이러한 예측은 종종 빗나가기 마련이므로 대체로 효율적일 수가 없다. 결국 주가하락이라는 위험을 매번 회피하기보다는 묵묵히 버텨내는 것이 상대적으로 훌륭한 전략이 될 수 있다.

나만의 장기투자 전략!

2013년 이후에 내가 계속해서 투자하고 있는 이수앱지스도 마찬가지이다. 나는 지금까지 장기간 바닥주가를 통과하는 주식을 오랜 시간 동안 버티면서 분할매수를 시도했다. 하지만 주식투자 좀 해본 사람들이라면 이에 대해 반신반의할 것이다. 그도 그럴 것이 이수앱지스는 2012년도부터 2017년까지 제대로 시세 한 번 내지 못한 채 장기 횡보하고 있기 때문이다. 아마 기술적 분석을 들이대며 매매했던 단기투자자들은 인내력이 다해서 대부분 손절했을 가능성이 크다. 게다가 이런 장기 횡보 패턴은 장기투자자들조차 불안하게 만든다. 따라서 이수앱지스처럼 장기간 주가가 하락하거나 횡보하는 종목은 기업의 존속성 측면에서 특별한 위험이 없다 하더라도 주가 자체로 투자자들에게 엄청난 불안감과 위험을 안겨다 준 것이나 다름없다. 그러다 보니 나는 반드시 장기투자를 하라고 권하지 못한다.

2017년 내내 나는 이 종목에 집중투자를 해놓고 버티기를 진행 중에 있었다. 2017년 하반기에는 꽤 많은 양을 보유하고 있었다. 과거의 이수앱지스는 최악의 시기를 모두 이겨내고 주가는 대략 6,000원선을 바닥으로 버텨내고 있었다. 이 상황에서 이수앱지스가 2008년과 같은 체계적 위험을 마주한다면 바닥주가는 3,000~4,000원을 확인했을 수도 있다. 하지만 2017년은 이를 논할 시기가 아니었다. 내가 보기에 이 종목의 주가는 이미 스트레스 테스트*를 통과했다고 생각했기 때문이다. 그리고 나도 이 기간을 같이 버텼다고 생각하고 있다.

◆
스트레스 테스트
실현 가능성이 있는 사건이나 악재에 대해 금융시스템의 취약성을 측정하는 테스트. 금융시스템의 안정성을 평가하는 테스트의 일종

결론적으로 말해서 내가 투자한 회사에 별다른 문제가 없는 상태에서 주가가 너무나 실망스럽다면 이는 기회라고 생각할 수 있다. 지난 수 년 동안 주가가 하락해서 오랜 시간 동안 당신을 괴롭혀 왔다면 이는 결국 반등이 머지않았다는 반증이다. 그러므로 성장하는 기업에 장기간 저가에 분할매수하는 투자행위는 어떠한 상황에서도 절대적으로 안전하다고 할 수 있을 것이다.

직장을 다니면서 집필을 시작한 지 어느새 4년이 흘렀다. 그리고 2018년 초, 나의 투자는 성공적으로 진행 중이라고 말할 수 있다.

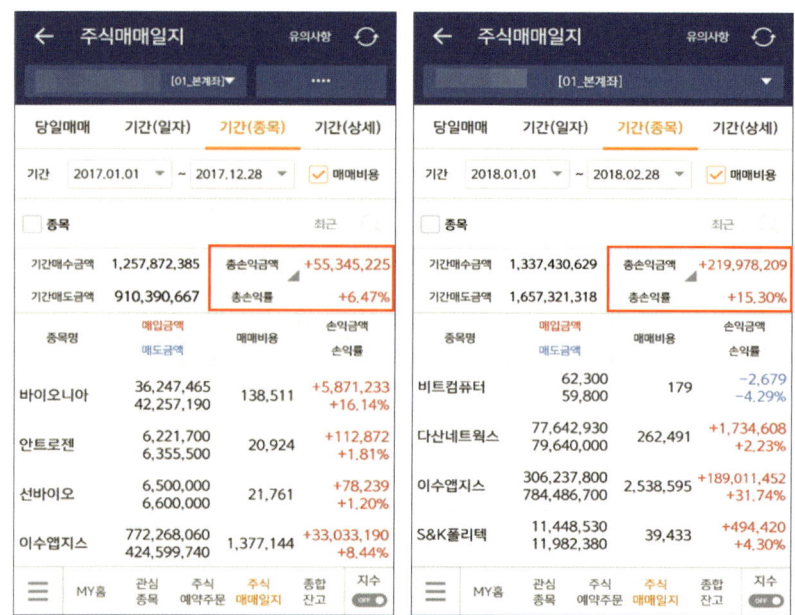

　　왼쪽의 매매일지에서 볼 수 있듯이 2017년도에는 약 5,500만원의 수익을 달성했다. 하지만 심적으로 매우 힘든 한 해였다. 최대 2억원에 이르던 평가손실이 10월에 와서야 플러스로 전환했기 때문이다. 그리고 해를 넘긴 2018년도에는 2월 말까지 확정수익 2억원을 넘어섰고, 평가수익 또한 2월 말 기준으로 3억원 정도에 이르게 되었다.

기초자산과
금융상품의 상관관계

금융상품, 투자수익을 판매합니다!

'금융상품'이란 은행, 보험, 증권 등의 금융기관에서 운용하는 예금과 적금, 부금, 어음, 채권 등과 같이 투자나 이익을 목적으로 판매하는 상품을 말한다. 금융상품(financial instruments)은 기업회계 기준상의 계정과목을 말하는 것으로서 금융기관이 취급하는 정기예금·정기적금·사용이 제한되어 있는 예금 및 기타 정형화된 상품 등으로 단기적 자금운용 목적으로 소유하거나 기한이 1년 내에 도래하는 단기금융상품과 단기금융상품에 속하지 않는 정기예금 등의 장기금융상품으로 구분하고 있다.

금융상품을 분류하는 가장 일반적인 방법은 금융기관별로 판매중인 상품을 분류하는 것이다. 은행, 상호저축은행, 증권회사, 보험사, 기타 금융기관(농·수협 중앙회, 우체국, 새마을금고, 신협 등)별로 취급하는 상품을 분류하는 방법이다. 이러한 방법은 금융상품의 판매사별로 상품을 파악하는 것이기 때문에 투자자의 입장에서 간단하게 상품의 종류를 이해할 수 있는 장점이 있다. 하지만 금융산업에 대한 규제완화로 금융기관들이 증권과 보험상품을 모두 판매할 수 있는 시대가 되어서 금융기관별로 상품을 분류하는 방법은 이제 낙후된 방법이다.

예를 들어 은행의 경우 정기예금, 정기적금, MMDA*와 같은 확정금리부 상품뿐 아니라 금전신탁이라는 실적형 상품도 판매할 수 있다. 또한 은행은 자산운용회사들이 만든 간접투자 상품인 펀드를 대행하여 팔기도 하고 보험사가 만든 보험도 팔고 있다. 증권사의 경우에는 주식 관련 상품을 팔고 있으며 가장 대표적인 상품에는 주식과 펀드가 있고, 보험사는 물론 보험을 판매할 것이다. 정리하면 아래와 같다.

◆
MMDA
Money Market Deposit Account의 약자이며 단기금융상품인 MMF(Money Market Funds)에 대응하기 위해 도입한 상품으로 은행이나 농협, 수협이 취급하는 저축성예금을 의미한다. 입출금이 자유롭고 각종 이체와 결제도 할 수 있으며 예금자보호법에 의하여 5천만원 한도 내에서 보호를 받을 수 있다.

- **은행** : 예·적금, 펀드, 보험, 대출
- **증권사** : 주식, 펀드, 보험
- **보험사** : 보험, 대출
- **상호저축은행** : 예·적금, 대출
- **우체국** : 예·적금, 공제, 펀드
- **새마을금고, 신협** : 예·적금, 공제, 대출 등

기초자산을 따라가는 파생금융상품

이와는 별도로 우리는 파생금융상품(financial derivatives)이란 것을 접할 수 있다. 이것을 이야기할 때면 '기초자산'이란 용어를 종종 듣게 된다. 여기서 기초자산(underlying asset)이란 선물 또는 선도, 옵션계약의 거래대상이 되는 상품을 말하며 대상자산이라고도 한다. 선물이나 옵션 등 파생금융상품에서 거래대상이 되는 자산으로 파생상품의 가치를 산정하는 기초가 된다. 파생상품에 따라 기초상품, 기초증권, 기초주식, 기초지수, 기초통화 등이 있는데, 이들을 포괄하는 개념이다.

여기서 파생(派生)의 사전적 정의는 '사물이나 현상이 본체로부터 갈려 나와 생기는 것'을 말한다. 즉 파생상품은 옥수수, 쌀, 주식 등과 같은 현물에서 유래된 것을 말하는데, 이렇게 파생상품 수익의 기준이 되는 현물을 옵션이라고도 한다.

금·은·곡물 등 일반상품을 대상으로 하는 상품옵션과 주식·채권·통화·주가지수 등을 대상으로 하는 금융옵션으로 구분하며, 특히 기초자산이 주식·채권 등 유가증권인 경우를 대상증권이라고 한다. 주식옵션의 기초자산은 옵션의 구입을 위해 사용할 수 있는 주식이며, 전환사채의 기초자산은 사채를 교환할 수 있는 주식이다.

그러므로 파생상품의 시장가치는 교환될 기초자산의 가치변화에 의해 직접직으로 영향을 받는다. 또한 선물계약의 경우 대상상품에 특별한 제한은 없으나 선물거래소에 상장되어 거래되기 위해서는 상품의 품질, 저장성, 가격구조, 가격변동의 정도, 헤징의 수요, 현물시장의 규모 등 여러 가지 조건이 고려되어야 한다.

다시 말해 파생금융상품은 기초자산의 가치변화에 따른 손실위험을 회피하거나 최소화하여 수익을 확보하도록 거래자에 맞게 각종 금융상품을 결합한 것을 말한다. 1972년 미국에서 국제통화체제의 '변동환율제' 전환으로 인한 환율이나 예상치 못한 금리의 변동에 따른 위험(risk)을 회피하기 위해 처음 도입되었다. 이는 금리·환율·주가 등의 변동으로 인해 발생될 우려가 있는 손실의 위험에 대해 헤지(hedge)◆하거나 위험을 최소화하고 수익을 낼 수 있도록 거래자가 요구하는 조건에 맞게 각종 금융상품을 결합시켜 완성한 금융상품이다.

◆ **헤지**
가격변동의 위험을 선물의 가격변동에 의하여 상쇄하는 현물거래로 가격변동이나 환위험을 피하기 위해 행하는 거래를 말한다.

파생상품이 위험한 이유

파생상품은 해당 거래의 기초가 되는 자산(underlying asset)의 가격변동에 따라 그 가격이 결정되며, 환율, 금리, 주가의 변동으로 기초금융자산의 가치가 달라짐에 따른 리스크를 회피하기 위하여 고안된 금융상품이다. 여기서 '파생'이라는 용어가 사용된 것은 파생금융상품의 가치가 외환, 채권, 주식 등 기초자산의 가치변동으로부터 파생되어 결정되기 때문이다. 따라서 파생금융상품은 자금의 차입과 대출, 주식이나 외환의 매매 등 전통적인 금융상품의 거래로부터 변형 발전된 상품이라 할 수 있다. 선물환, 선물, 옵션, 스와프 등과 이들을 대상으로 한 선물옵션, 스왑선물, 스왑옵션 등의 2차 파생상품 이외에 약 1,200개 종류의 파생상품들이 존재한다.

파생금융상품의 거래에는 위험을 회피하려는 투자자뿐 아니라 이러한 위험을 사들임으로써 이익을 얻으려는 투기자도 참여하게 된다. 따라서 파생금융상품은 위험회피 동기뿐 아니라 고수익을 창출하려는 투기적 동기가 금융계약의 형태로 결합되어 거래가 이루어진다. 파생상품은 현재 시점에서 이미 약정된 가격으로 차후에 현물을 주고받기로 하는 방식으로 거래가 이루어지는데, 이런 점들 때문에 투자자는 보다 많은 이익을 얻을 수도 있지만, 반대로 엄청난 손실이 날 수 있다. 파생상품 거래의 위험성은 232년 전통의 영국 베어링스은행이 파산한 사건으로 간략히 살펴보자.

1995년 베어링스은행의 싱가포르 주재 파생상품 거래담당 직원이던 닉 리슨은 불법거래를 통해 14억달러의 손실을 끼쳐 은행을 파산으로 몰고 갔다. 런던의 빈민가 출신으로 고졸 학력의 닉 리슨은 당시 경영진들도 잘 모르던 고위험의 파생금융상품 거래에 손을 대 엄청난 수익을 올렸다. 1993년에는 싱가포르지점 수익의 20%를 혼자서 벌어들여 베어링스의 최대 스타로 떠올랐고 최고경영진의 신임을 한 몸에 받아, 한때 30만파운드의 연봉과 수백만파운드의 보너스를 받았다.

주가 선물거래에서 큰 재미를 보았던 리슨은 1995년 일본 닛케이주가지수 선물에 일생일대의 도박을 걸었다. 그러나 그해 1월 고베 지진과 미국의 금리정책 변경으로 예측이 빗나가면서 14억달러라는 천문학적인 손실을 입었다. 이로 인해 232년 전통의 명문 베어링스은행은 한순간에 파산해 단 1달러에 ING에 매각되는 최후를 맞이하게 되었다. 1995년 베어링스은행 파산은 파생금융상품의 등장으로 훨씬 위험해진 국제금융 환경을 상징할 뿐 아니라 금융기관 내부의 감시체제 미비 등 국제금융계의 많은 문제점을 노출시킨 사건이었다.

누군가가 만들어 낸 상품이 아닌 기초자산에 투자하자!

파생상품을 계속해서 언급하는 이유는 내가 상품이란 것들을 무척 싫어하기 때문이다. 그렇기 때문에 주식투자는 기초자산에 대한 투자라는 점 그리고 기초자산에 대한 투자를 실물자산을 대하는 태도로 접근하였으면 하는 마음에서 기초자산과 금융상품에 대한 개념을 비교해서 살펴본 것이다. 그러다 보니 굳이 크게 관심도 없는 금융상품들을 설명하는 데 많은 지면을 할애했다.

사람들은 살아가면서 다양한 금융상품을 접하게 된다. 그런데 많은 사람들이 기초자산인 주식을 사는 것은 위험자산을 사는 일이고, 금융기관들이 파는 상품을 사는 것은 상대적으로 안전자산을 산 것이라고 생각한다. 또한 일부 투자자들 중에서는 주식으로 만족하지 못하고 위험회피라는 투자의 본질을 벗어 던진 채 큰 수익만을 노리며 도박처럼 레버리지를 극대화하기 위해 선물·옵션 같은 파생상품에 투자하거나 잘 알지도 못하는 금융상품에 너무 깊숙이 빠져든다.

기초자산에 대한 투자가 금융상품을 사는 것보다 낫다고 말하는 것이 아니다. 이 부분을 비유하면 개구리를 미지근한 물에 넣으나 뜨거운 물에 넣으나 결국 시간의 문제일 뿐 개구리가 죽는 것은 마찬가지일 것이다. 여기서 중요한 것은 개구리가 스스로 처한 상황을 잘 이해하고 알아서 대처해야 한다는 사실이다.

비록 실물자산은 아니지만 주식이 기초자산이라는 점을 곰곰이 생각하여, 기초자산이라는 믿음을 깨지 않을 만한 종목을 선정해야 한다. 그런 다음 적절한 분할매수와 무한대의 시간을 투자할 각오라면 생각보다 빠른 시일 내에 좋은 결과를 얻을 수 있을 것이다. 내가 보기에 대부분의 금융상품들은 본질적으로 개발자의 이익을 위해서 설계되고 판매된다. 적어도 이들 중 한두 개는 살아가는 데 어쩔 수 없이 필요한 상품들이겠지만 대개의 경우 그들의 이익을 위해 판촉될 뿐이다. 그리고 소비자들이 잘 모를수록 판매자들은 유리할 것이다.

스스로를 호구로 만들지 말자

2014년 11월에 들어서자, 언론에서는 온통 ELS 쇼크니 손실발생이니 하는 말들이 떠돌았다. 특히 현대중공업, SK이노베이션 등 조선·정유·화학주를 기초자산으로 하여 발행된 ELS는 이미 대부분 녹인* 상태라고 했다. 여기서 파생상품이 위험한 이유 중 하나는 흔히 말하는 '꼬리가 몸통을 흔든다'라는 의미의 왝더독(Wag the dog) 때문이다. 쉽게 말해 주객이 전도된다는 의미와 비슷한 상황을 말한다. 선물시장이 현물시장을 뒤흔든다는 개념의 이 붕어는 수식시장 외에 우리 사회 곳곳에서 볼 수 있는 현상들에 대해 사용된다. 나의 억측일 수도 있으나 조금 음모론적으로 생각해본다면 시간과 자금 면에서 우위에 있는 자들은 이익을 위해 얼마든지 의도

♦
녹인
원금 손실이 발생할 수 있는 수준. 평가기간 중 기초자산 가격이 기준점 미만으로 하락한 뒤 만기까지 상환 조건을 충족시키지 못하면 지수 하락률만큼 손해를 입는 것을 말한다.

적으로 왝더독을 발생시킬 수 있다.

　금융상품조차 그다지 내켜하지 않는 내가 파생상품을 반길 이유가 없다. 파생상품에 대해 부정적으로 언급한 이유는 잘 모르는 금융상품은 물론이고 본질을 벗어난 파생상품보다는 현물 주식과 같은 기초자산에 대한 투자로도 충분히 수익을 낼 수 있음을 강조하기 위해서다. 우리의 예측이 맞아야 수익을 내도록 만든 상품들은 우리를 모두 호구로 보는 상품일 가능성이 크다. 나의 예측과 상관없이 반드시 수익을 주는 자산에 투자해야 한다. 이것이 정보의 비대칭성으로부터도 자유로워지는 비법이다.

　그렇다면 괜찮은 금융상품은 없었던가. 나의 관심분야와 투자경험이 현물투자 위주로만 되어 있다 보니 주식 관련 상품들을 많이 알지는 못하지만 ETF나 BW(Bond with Warrant) 같은 상품들은 때에 따라서는 상당히 고무적으로 봐도 좋을 것 같다. BW의 경우에는 발행회사에 따라 쓰레기 같은 상품들도 많았으나, 2011년 8월경 코오롱생명과학에서 주주공모로 발행했던 분리형 BW는 내게 3배가 넘는 시세차익을 안겨주었다. 또 괜찮게 보는 상품 중 한 가지는 KODEX 중국본토 A50이라는 ETF 종목인데, 2014년 6월경 7,500원이었으나 2014년 11월에는 9,000원대까지 오르기도 했다. 이밖에도 코덱스 레버리지, 인버스, 골드, 은과 같은 ETF 상품들이 있으니 기본적으로는 괜찮은 상품들로 판단된다. 파생상품에 대한 언급은 이쯤에서 마무리하고자 한다.

　이번 글에서 애초에 내가 강조하고 싶었던 것은 주식이든 부동산이든 기초자산에 대한 개념을 정확히 알고 파생상품의 본질을 충분히 이해해야 한다는 것이다. 그리하여 시간 제약뿐 아니라 예측할 수 없는 조건들이 뒤따르는 파생상품보다 실물처럼 인식할 수 있는 기초자산에 대한 투자를 권유하기 위함이었다. 아무리 생각해 보아도 나 같은 일반 투자자에게 있어 가장 큰 무기는 시간일 수밖에 없다. 주식 또한 부동산처럼 실물자산으로 인식한다면 장부상 평가손실은 있을지언정 손실을 확정하는 순간까지는 손실이 아니다. 게다가 어느 누구도 만기를 강요하지 않는다. 금융상품이 아니기 때문이다.

부동산이 인기 있는 이유는
주식보다 안전해서가 아니다

왜 나는 부동산 대신 주식을 선택했을까?

앞서 말했듯이 나는 군대를 제대하고 2000년 6월 말 경기도 양평의 조그만 설계사무실에서 사회생활을 시작했다. 그로부터 7년이 지난 후에는 신도시를 건설하는 공기업에서 대규모 택지개발 사업을 관리하기에 이르렀다. 이 경험을 바탕으로 부동산 법무나 세무 같은 분야도 조금씩 공부했다.

2000년 초반 당시 내 주변 상황을 봤을 때 약간의 종자돈만 있었어도 땅을 사서 돈을 벌 기회는 무척 많았다. 하지만 누구나 그렇듯이 이런 하소연은 가정법 과거형으로 머물러 있다. 어찌 되었든 나는 투자에 있어서 오랫동안 주식 하나만을 고집해왔고 부동산, 특히 아파트는 막차라고 여기며 늘 부정적으로 여겼다. 그런 생각을 할 수밖에 없었던 가장 큰 이유는 땅이나 아파트를 살 만한 최소한의 종자돈이 없어서였다. 2000년 중반이 넘어서던 시기에도 언론에서는 연일 아파트가격의 상승을 보도했다. 그리고 그럴 때마다 언제가 될지는 모르지만 결국 누군가는 막차를 탈 것이라는 막연한 우려를 표하기도 했다.

부동산에 대한 부정적 마인드는 사실 IMF 시절과도 그 맥을 같이 한다. 나와 같은 93학번이나 그 언저리에 있던 학번들은 IMF 외환위기가 끝나가던 1999년도를 전후해서 사회로 진출했는데 이는 자발적으로 사회에 진출했다기보다 대학과 군복무를 마치다 보니 어쩔 수 없이 떠밀려 사회로 배출된 것이다.

여하튼 사회에 첫발을 내디딘 취업시장에서부터 우울했던 사회적 분위기가 묻어 나왔다. 첫 단추에서부터 고용불안의 직격탄을 맞은 것이다. 공공부문이나 민간부문에서는 구조조정이나 고용동결이 확대되다 보니 신규 채용이 급감했고 이때부터 대학원이란 곳은 취업대란의 피난처가 되었다. 대부분 원치 않는 군복무를 하는 것처럼 많은 이들이 원치 않던 대학원을 간 셈이다. 그리고 다들 아시다시피 허울 좋은 과잉학력의 시대가 출범하게 되었다. 전례 없던 청년 고용시장에서 불안감을 갖고 시작한 사회생활은 많은 청년들에게 경제 발전에 대한 부정적인 마인드를 갖게 했을지도 모른다.

불패 재테크로 등극한 부동산, 계속 이어질까?

2000년 후반에 들어서니 대출받아 집을 산다거나 아파트를 분양받는다는 말이 여기저기서 들리기 시작했다. 가정을 이룬데다 경제적으로 여유가 생겨서 그럴 수도 있고, 전세로 인한 잦은 이사가 번거로워서 그랬을 수도 있다. 하지만 그러한 선택의 이면에는 분명 아파트 불패 신화라는 사회 심리적 요소도 깔려 있었을 것이다.

지금까지 우리 사회의 성장과정을 돌이켜 보면 실물자산의 대표격인 아파트는 GDP 성장률은 물론이고 다른 모든 가격지수보다 월등히 상승해왔다. 그리고 이러한 배경에는 경제성장과 인구증가로 쾌적한 주거환경에 대한 실질 수요가 꾸준히 있어왔고, 투자대상으로서의 아파트 선호현상도 한 몫을 더하고 있다.

그런데 누구나 성공하고 있는 부동산으로 수익을 내지 못한다면 그만큼 슬픈 일도 없을 것이다. 지인은 IMF 외환위기 전에 대출받아 경기도 일산에 아파트를 샀는데 IMF 외환위기가 발생하자 아파트가격이 폭락했고 받아놓은 대출 때문에 잠을 이룰 수가 없었다고 한다. 결국 공포에 질려 아파트를 헐값에 팔았는데 당시에는 정말 우리 사회가 망하는 줄 알았다고 한다. 그러나 어떤 이는 과거 잠실 아파트가 1억원대였을 때 대출받아 사서 지금까지 소유하고 있다고 하니 정말 부러운 일이 아닐 수 없다.

주식과 부동산 중 무엇을 선택할까?

앞으로 주식투자와 아파트투자의 미래는 어떻게 될까. 이 또한 나의 생각을 말하고자 한다. 내겐 주식투자든 부동산투자든 미래를 예측할 만한 특출한 지식도 없고, 향후 인·디플레이션에 대비한 사전적 지식도 충분하지 않다. 다만 사람들의 기본적인 욕구 측면에서 본다면 어느 정도 방향은 정해졌다고 봐도 될 것이다. 각종 매체에서는 자체적인 예측 모델에 근거해서 아파트를 비롯한 부동산 전망이 어둡다고 밝혀왔다. 그럼에도 불구하고 서울의 아파트가격은 계속 오르고 있다. 물론 전국적으로나 지역적으로는 많은 편차가 있을 것이다.

내가 사는 내곡지구는 2014년 3억 5천만원(전용면적 59㎡)이던 전세가격이 2017년에는 5억 5천만원까지 올랐다. 2017년 초 7억원 초중반이던 실거래가는 2017년도 말에는 8억원을 넘어서고 있었고, 2018년 초에는 9억원에 매물이 나오기 시작했다. 사실 2017년 초만 하더라도 이러한 사실을 무시한 채 살아갔다. 이 정도의 가격상승은 내게 부차적인 요소라 생각했기 때문이다. 보다 중요한 것은 바로 나와 내 가족의 주거 안정성이었고, 당시에는 다소 가격부담이 있다하더라도 아내와 딸이 원한다면 이곳의 생활환경과 쾌적성을 기꺼이 살 계획이었다. 하지만 2018년 초에는 돈이 넘쳐난다 하더라도 현재의 매도가로 사고 싶은 생각이 아주 말끔히 사라졌다. 너무 비싸기 때문이다.

나는 주식투자자다 보니 여전히 아파트를 투자대상으로 보지 않는다. 특히 2017년 이후에 서울 아파트를 투자목적으로 샀다면 크게 먹을 것 없는 계륵과 같다고 생각한다. 왜냐하면 9억원의 아파트를 구입하기 위해서는 취등록세 등을 포함해서 대략 9억 3천만원이 들고, 1년 후에 매도한다면 금융비용을 넉넉으로 집값의 3%는 추가로 얹어야 할 것이다. 다시 말해 9억원짜리 아파트를 1년 후 되팔 때에는 최소 9억 6천만원 이상에는 팔아야 본전인 셈이다. 그러니 지금의 서울 아파트가격이 저리 뛰고 있는 것처럼 보이는 것이다. 내가 보기에 현재의 매물들은 1~2년 전에 서울 아파트를 투자 목적으로 산 아마추어들의 것일 확률이 높다.

만약 기회가 되면 3채 이상 보유한 후 주택임대사업이나 해볼까 하는 생각이 없었던 것은 아니나 이는 체계적 위험과 같은 시기에 헐값에 사들였을 때나 검토해 볼 만한 사안이다. 현재 전세보증금 1억원이 월세로 40만원도 안 되는 상황들을 감안하면 임대인들에게도 별다른 메리트가 없어 보이기 때문이다.

44세인 나는 아직도 집이 없다. 2010년 이후 나의 자산 증식 속도는 아파트가격 상승을 따라잡고 있으니 크게 문제될 거라 생각하지는 않는다. 2009년 싱글이었던 나의 순자산은 마이너스 2천만원이었으나, 2014년 결혼 당시 나의 순자산은 4억원에 이르렀고, 2017년 6월경 우리 부부의 순자산은 6억원 안팎이었다. 그리고 2018년 3월에는 12억원을 넘어서고 있다. 그간 아내의 월급도 모두 주식을 사는 데 썼다. 게다가 작년 6월에는 보다 적극적으로 주식을 사기 위해서 전세보증금도 주식투자에 쏟아 부었다. 아파트는 돈을 충분히 번 이후에 사기로 계획했기 때문이다. 그러다 보니 지금은 '주거 안정성'을 살짝 포기한 측면이 있다. 이는 더 나은 미래를 위한 것이다.

누구나 집 한 채는 있어야 주거 안정을 꽤할 수 있다. 그러다 보니 사람들은 다소 비싸더라도 좋은 집을 사려고 한다. 그리고 여기까지는 기본욕구에 해당하므로 크게 만류할 생각이 없다. 하지만 아파트를 투자목적으로 하여 탐욕을 부리게 된다면 아주 혹독한 대가를 치룰 수도 있을 것이다. 아파트를 투자라고 일컫는 이들도 있지만 직접 개발에 참여해서 부가가치를 만들어 내는 것도 아니고 남들이 하니까 시류에 휩쓸려서 충동구매를 하는 측면도 있는 것이다. 그것도 막대한 대출까지 동원해서 말이다.

모든 사람에게는 본인과 각 가정에 알맞은 쾌적한 주거공간이 필요하다. 2014년도에는 수익 공유형이나 손실 공유형 모기지와 같은 1~2%대의 정책자금들이 시중에 널려 있었다. 하지만 그 당시에는 신중하고 조심스러웠던 사람들이 지금은 오히려 쉽게 생각하는 면도 있는 것 같다. 자신감이 생긴 것이다. 하지만 이러한 것들은 보통 사람의 머리로는 일일이 예측하며 시장 변화에 장단을 맞추기가 어렵다. 집값을 예측하고 무리하게 투자한 사람이나 소값을 예상하고 무리하게 소를 키운 사람들 모두 힘든 경우가 많다. 다만 주식이 됐든 부동산이 됐든 매사 기본에 충실하고 가족과 소중한 시간을 함께하는 것이 먼저이고 최선이라 말하고 싶다.

부동산은 스스로 가치를 만들어 내지 못한다

유사 이래 인간의 욕구는 항상 의식주를 중심으로 발전해 왔고 이러한 욕구가 심해지면 사치와 향락으로 변질됐다. 누구에게나 좋은 집은 필요하다. 돈이 충분하다면 그에 맞는 집을 사고 그렇지 않다면 무리하지 않는 게 좋다. 부담이 가는 대출상환은 두고두고 허리를 휘게 할 뿐만 아니라 당신의 삶에서 웃음을 앗아갈 수 있기 때문이다.

단지 투자수단으로만 바라볼 때 아파트는 주식과 달리 스스로의 가치를 향상시키지 않는다. 대부분의 아파트투자는 단순히 매매를 통해서 차익거래를 추구할 뿐이다. 그리고 이러한 거래가 계속 이어질수록 정부는 세수가 늘어나게 되고 실수요자는 웃돈을 주고 아파트를 구매해야 하는 상황이 이어지는 것이다. 이는 시간이 흐르면 결국 후유증을 남길 것이다. 애초에 부동산은 실물자산으로써 실수요자들에게 돌아가는 것이 좋았을 것이다. 하지만 아파트 또한 대중들의 선호와 욕구와 따라 가치 상승과 하락이 수반되는 것은 어쩔 수 없는 일이다.

가령 강남의 아파트가격은 매번 하방경직성을 강하게 보이는 반면 기회만 되면 오르기를 반복해왔다. 이는 특정 지역의 아파트는 소비재가 아니라 자본재의 역할을 하고 있음을 보여주는 것이었다. 그리고 강남의 부동산이 그러한 특성을 가지고 있다. 지금까지 부동산이 인기 있을 수 있었던 가장 큰 이유는 가격의 하방경직성과 버티기만 하면 누구나 돈을 벌 수 있다는 경험론적 사실이다.

부동산은 분할매수가 불가능하다

만약 당신이 수십억원을 가진 자산가라면 분산투자 차원에서 아파트에 투자하는 것도 괜찮은 방법이다. 하지만 당신 혼자 힘으로 아파트 한 채도 살 수 없는 상황이라면 주식투자가 더 나은 대안이 될 수 있다. 당신이 자산가라면 전체적인 아파트가격이 떨어졌을 때 더 낮은 가격의 아파트를 한 채 더 사면 된다. 그리고 더 떨어지면 또 다른 한 채를 사는 것이다. 이런 식으로 장기적으로 분할매수를 해나간다면 누구나 아파트투자에서 성공할 수 있을 것이다. 전월세로 돌려놓고 버티면 되기 때문이다. 이러한 버티기는 실물자산이 주식보다 월등히 쉽고 장기적으로 시세차익을 얻을 가능성도 크다. 그러나 나는 자산가가 아니기 때문에 주식투자를 선택할 수밖에 없었다.

일반적으로 많은 사람들이 부동산이 주식보다 안전하다고 알고 있으나 현실적으로는 둘 다 위험하다. 결국 안전하다는 것은 위험관리 능력에 따른 것이고 사람에 따라 누구에게는 주식이, 누구에게는 부동산이 안전할 수도 있다. 부동산투자가 절대적으로 안전하고 누구나 돈을 벌 수 있다면 나 또한 부동산투자를 권하고 싶다. 하지만 나는 이미 주식투자에서 더 안전함을 느끼는 투자자가 되어버렸다.

회계를 알아야
주식을 잘한다던데

회계 공부, 크게 필요 없다

이번에는 회계에 대한 소재를 다뤄보고자 한다. 주식투자자에게 회계 공부는 어느 정도 필요할까. 회계실무를 잘 알면 주식투자에 많은 도움이 될까.

내가 이 글을 쓰는 의도 중 하나가 직장인 또는 일반인 투자자들에게 나 정도의 지식만으로도 주식투자에서 꾸준히 수익을 내는 데 아무런 문제가 없음을 보여주고자 하는 것이다. 이를 다르게 말하면 주식투자라는 것은 지식이나 정보의 의존성으로부터 어느 정도 자유로울 수 있어야만 수익을 낼 수 있다는 의미이기도 하다. 또한 이는 앞에서 언급했던 정보의 비대칭성과도 일맥상통한다. 빌 게이츠의 '인생이란 결코 공평하지 않다. 이 사실에 익숙해져라.'라는 말에서 우리는 전문성이나 정보 측면에서 다소 불리한 위치에 있더라도 얼마든지 수익을 낼 수 있다는 사실을 강조하고 싶다. 모르는 것은 필요한 만큼 조금씩 더 알아가면 된다. '아는 것을 안다 하고 모르는 것을 모른다고 하는 것, 그것이 바로 아는 것이다.'라고 했던 공자의 말씀처럼 일단 내가 이해하고 아는 수준에서 이를 다뤄보자.

회계는 전문가의 영역이다

사실 직장인들이라면 굳이 주식투자가 아니더라도 몸담고 있는 회사가 하는 일이 무엇인지 알고 있어야 한다. 조직구성에서부터 인사, 총무, 재무, 회계, 영업, 홍보, 마케팅 등 각 분야를 어느 정도 이해하고 있어야 협력과 소통을 이끌어 낼 수 있고 스스로 돋보일 기회도 포착할 수 있다. 그리고 그 중에서도 회계 분야는 가장 어려운 것 중 하나로 인식하고 있는데 주식투자에서는 기본 개념만으로도 충분하니 걱정할 것이 없다.

사실 일반 회사의 회계 담당자들도 의외로 회계를 잘못 알고 있는 경우를 종종 보았다. 이들도 단지 연속적인 프로세스에 맞춰 반복적으로 실무를 처리하다 보니 비전문가 수준에 머물러 있는 것이다. 다시 말해 회계를 깊이 있게 이해한다는 것은 확실히 전문가적 지식을 요구하는 것임에는 틀림없어 보인다.

우리는 specialist(전문가)나 generalist(다방면에 걸쳐 많이 아는 사람)란 말을 들어본 적이 있을 것이나. 이들 우리말로 어떻게 직역해야 할지 모르겠다. 의사라면 전문의나 종합의로 해석할 수 있고, 토목에서 토질 및 기초 기술사라면 specialist, 도로 및 공항 기술사라면 generalist라 할 수 있을 것 같다.

큰 의미에서는 둘 다 전문가인데 specialist는 세부(미시) 전문가, generalist는 종합(거시) 전문가쯤으로 이해하자. 그리고 여기서 말하는 회계가 바로 specialist의 영역인 것이다. 그러다 보니 어렵게 느껴질 수밖에 없다.

회사 업무에서는 전문가의 손길이 필요할 때가 많은데 세무조사 등의 문제라도 발생하는 경우에는 컨설팅 업체에 외부용역을 의뢰하는 경우가 흔하다. 하지만 회계의 개념을 정확히 이해해야 투자회사의 내부사정을 총체적이고 실체적으로 파악할 수 있다. 회사의 규모는 물론이고 겉만 그럴싸한 회사인지 정말 내실이 있는 회사인지 알아볼 수 있다.

나는 지금까지 회계용어나 개념을 인터넷 검색을 통해서 파악해오고 있다. 주식투자에서 알아야 할 내용은 그다지 많지 않기 때문이다. 아마 독자들도 여기서 부족한 내용들은 인터넷 검색을 통해 충분히 습득할 수 있을 것이다.

회사의 가계부 재무제표

일단 재무제표에 대해 알아보자. 이는 재무에 관한 제(=모든) 표들을 말한다. 즉, 회사 재무를 나타내는 제반의 것들인데 여기에는 재무상태표, 손익계산서, 현금흐름표 그리고 기타(자본변동표, 주석 등)가 있다.

우스갯소리지만 5년 전 자본금이 900억원 정도하는 특수목적법인 회계담당 부장이 재무제표란 말 자체를 모르는 경우를 본 적이 있다. 물론 세부적인 실무들이야 알고 있었을 테지만 말이다. 여기서는 재무제표 중 주식투자에서 눈여겨보아야 하는 재무상태표(구 대차대조표)와 손익계산서 위주로 언급할 계획이다.

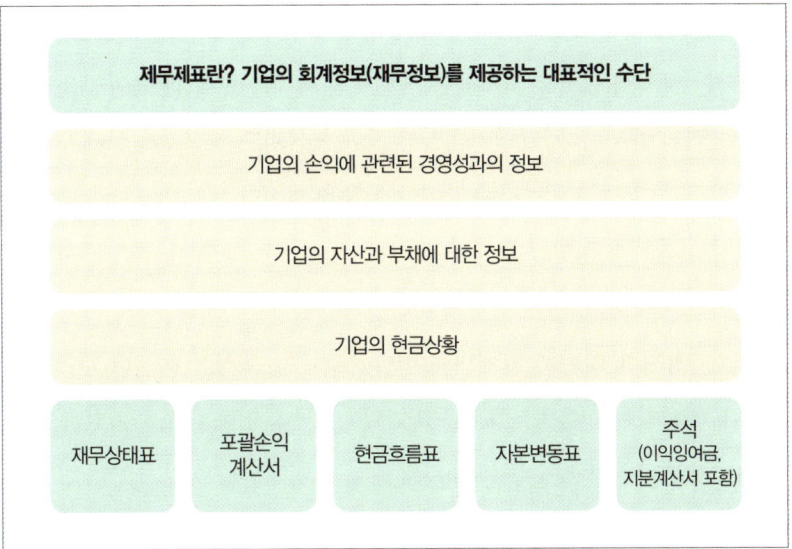

나는 현금흐름표를 거의 보지 않는다. 만약 이를 자세히 알고 싶다면 인터넷에서 '현금흐름표 보는 법'을 검색해 보면 자세히 나올 것이다. 다만 이를 부연하면, 주식투자를 할 때 해당 기업의 현금흐름까지 확인할 일이 있다는 것은 뭔가 꺼림칙한 경우일 때가 많다. 가령 영업이익이 경상이익이나 당기순이익으로 정상적으로 이어지지 않는다면 어디로 증발한다거나 매출인식에 대한 불신 등 회사의 신뢰도에 상당한 문제가 있다는 이야기이고 이는 실로 중요한 사안이다. 주식투자에 있어 신뢰에 의문이 드는 회사는 쳐다보지 않는 것이 투자자 개인의 건강과 가족의 안정을 지키는 최고의 방법이다.

2011년에 셀트리온이 회계논란으로 시끄러웠던 적이 있다. 지금은 회사도 잘 나가고 주가도 많이 올랐으나 지인이 그 당시에 셀트리온에 투자했다 수억원을 날렸다. 나뭇가지가 바람에 흔들리는 것이 아니라 내 마음이 흔들린다는 말처럼 일반 투자자들은 이런 논란에 직면했을 때 불안함을 이겨내기 어렵기 때문이다. 그렇기에 투명성이나 신뢰도 측면에서 문제가 있었다면 최소한 그 당시에는 피해 갔어야 좋았을 것이다.

여기서 간단히 정리하면 영업활동으로 인한 현금흐름이 크면 클수록 좋은 것이고, 나머지 것들은 상황에 따라 좋게 해석될 수도, 나쁘게 해석될 수도 있다. 하지만 명확히 기재되는 현금흐름표의 특성상 불신이 우려되는 기업에 대해서는 이를 확인해 볼 필요가 있다. 과거에는 물론이고 최근에도 회계장부에 몹쓸 짓을 하는 회사들은 항상 있기 때문이다.

① 재무상태표

예전에는 이를 대차대조표라고 했다. 왼쪽 차변에는 자산을, 오른쪽 대변에는 부채와 자본을 기입하고 이를 대조해서 보았기 때문이다. 여기서 '차변(자산) = 대변(부채+자본)'이 되고, 장부를 왼쪽과 오른쪽에 다 기입하다 보니 복식부기란 말로도 불린다.

여기서 중요한 것은 '자본'이 '자기자본'이고 바로 '순자산'이라는 점이다. 흔히 말하는 자산주, 저 PBR(주가순자산비율)주에 투자할 때 보는 부분이다. 통상 순자산이 많으면 좋으나 이를 획일적으로 제시하기는 어렵다. 부채와의 관계에 있어서 회사의 재무적 건전성을 침해할 일은 없어야 한다. 회사마다 또는 업종마다 부채의 성격이 다른 만큼 부채비율이 얼마 이하면 좋다

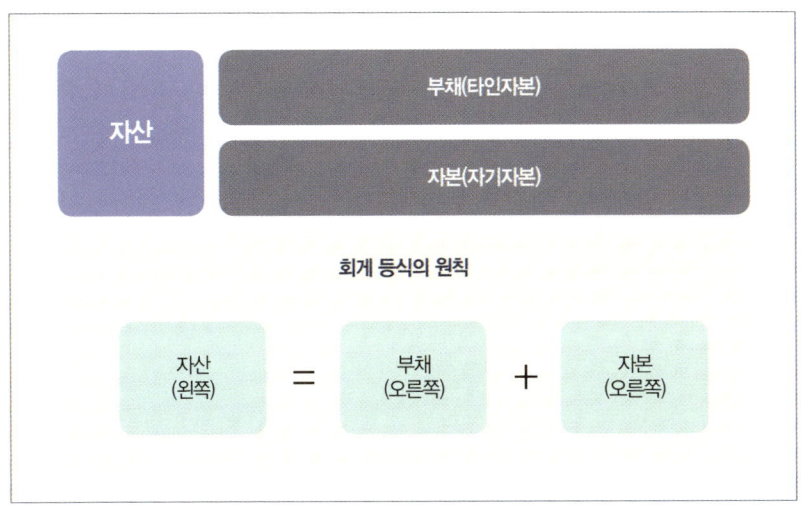

재무상태표의 구성

고 딱 잘라 이야기할 수는 없다. 그러다 보니 주식투자자는 지속적으로 고민하고 판단해야 한다. 내가 여기서 가장 중요하게 생각하는 것은 적자 회사의 실적이 턴어라운드할 것을 예상하고 투자했을 경우이다. 이때는 최대 당기순손실액(추정)이 3년 연속 지속되더라도 순자산에 미치는 영향이 미미해야 한다. 사실 이거 하나만 알아도 재무상태표를 보는 이유는 충분하다. 이 부분의 리스크만 해소되면 투자자로서 허용할 수 있는 부채합계와 자본합계의 균형이 폭넓어진다.

그렇다면 재무상태표의 순자산에 대한 신뢰도는 어떨지 들여다보자. 나같은 일반 투자자가 자번이나 내면의 세부항복늘이 모두 합당한지 이를 따져 보기는 어렵다. 자산재평가를 할 수도 없고, 관련 자료를 요구하기도 그렇고, 이를 검증할 여력도 없다. 하지만 우리나라도 국제회계기준이 도입되었으므로 과거보다는 확실히 믿을 만한 것이 되었다. 그럼에도 불구하고 연구개발 비용처리를 자산으로 인식하는 회계처리 방법도 있으니 투자종목의 특성에 맞게 들여다볼 필요가 있다.

현재 국내 증시에 상장된 중국 주식들의 재무요약에 대해 국내 투자자들은 신뢰할 수 없다며 비웃고 있지만, 과거에는 우리나라도 이와 별반 다를 게 없었다. 최근 2015년도에도 대우조선해양의 회계 조작 사례가 있었으니 이런 고의적인 경제사범에 대해서는 낙하산 인사들이나 관련 회계법인까지 책임을 물어야만 중국보다는 나은 사회라고 할 수 있지 않을까.

② 손익계산서

사실상 내가 가장 주안점을 두고 있는 것이 바로 손익계산서인데 현재가 아닌 1~3년 뒤 미래의 손익계산을 추정해 보는 것이다. 주식투자가 지향해야 할 끝은 바로 '실적'이기 때문이다. 손익계산은 크게 매출액 → 영업이익 → 당기순이익의 3단계로 구성된다. 주식투자에서 필요한 회계는 이를 디테일하게 이해하고 분석하기보다는 시간을 두고 회계연도상 손익계산서의 흐름을 예측할 수 있는 것이어야 한다. 그렇다 보니 회계 자체보다는 사업내용과 영업활동이 잘 진행되고 있는지를 모니터링해야 하고 이러한 결과로써 미래의 실적이 반영된 미래의 손익계산서를 확신할 수 있어야 한다. 그리고 그런 확신이 설 때 주식투자자로서 올인할 수 있는 것이다. 위에서 주식투자의 끝은 바로 '실적'이라고 했는데 그 이유를 살펴보자.

매년 영업이익 100억원을 번 회사의 경상이익이나 세후 순이익까지 모두 100억원이라 가정해보자. 여기서 만약 주주배당을 지급할 때 배당금을 차감한 금액만큼 지급하지 않는다면 100억원이 재무상태표의 순자산에 그대로 반영될 것이다. 바로 이익잉여금인 것이다.

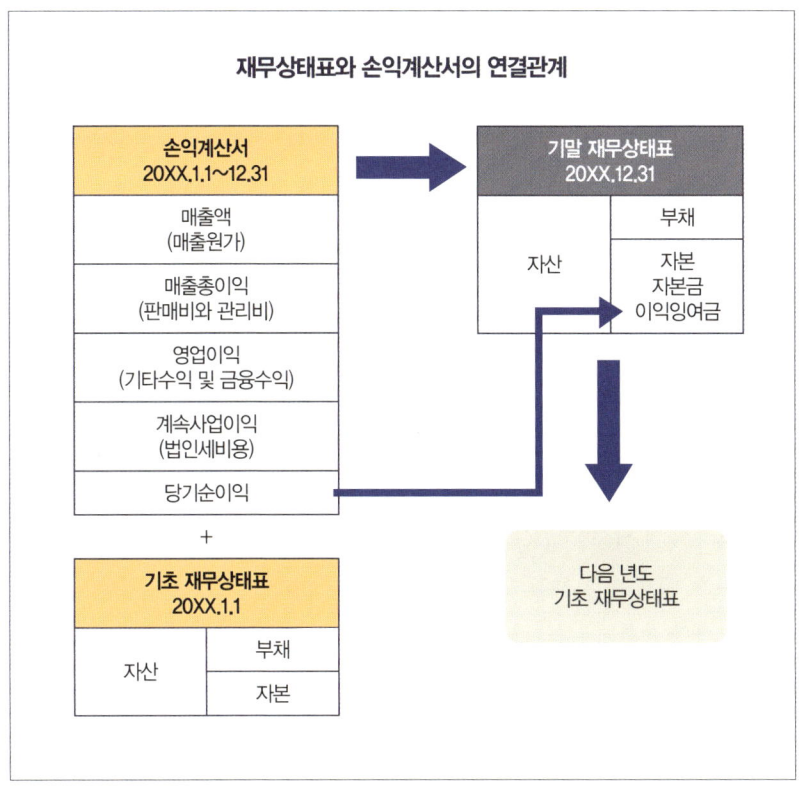

이렇게 기업 실적은 손익계산에 반영되고 이는 기업 청산가치의 바로미터인 재무상태표의 순자산으로 직결된다. 물론 여기서 배당을 주게 되면 순자산 증가폭은 줄어들지만 기준금리 대비 배당수익을 챙길 수 있다. 여하튼 회계연도상 매년 실적이 증가하면 주가는 여기에 가속도를 더해서 이

를 반영하게 된다. 그리고 이것 또한 주가의 속성이다. 주인과 산책나온 개처럼 성장하는 실적주의 주가는 시장을 뒤로 한 채 너무 앞서가는 경향이 있다. 다만 성장속도를 감안하더라도 주가는 수년 뒤의 실적을 선반영해서 앞서가고 있기에 투자할 엄두가 나지 않는다. 이런 종목은 종목선정에 대한 로망 내지 롤모델로만 남기 십상이다.

회계의 기본과정만 하더라도 이 밖에 많은 내용들이 있으나 이쯤에서 마무리하고자 한다. 주식투자에서는 이 정도 수준에서 고민하는 것이 필요하며 회계 자체에 흥미를 가지고 있다거나 좀 더 알고 싶다면 그때그때 수시로 알아보면 된다.

너무 거창하게 생각하지 말자

주식투자에 회계 공부가 필수는 아니다. 보통은 재무 하이라이트 정도를 이해할 수 있으면 충분한데 이는 지극히 상식적인 수준이다. 그러므로 회계지식이 필요하다기보다 회사의 사업내용을 충분히 이해하고 향후 매출액이나 이익률이 어떻게 전개될 것인지를 잘 추정하고 모니터링하는 것이 보다 중요하다. 그것이 바로 미래의 실적이 되기 때문이다. 주식투자는 궁극적으로 미래 시점의 기업 실적을 예상하고 그 가치를 사는 것이다. 이는 손익계산에 반영되고 다시 재무상태표로 이동한다.

회계사들이 주식투자에서 무조건 수익을 내는 것이 아닌 것처럼 주식투자에서 회계는 상식 수준이면 충분하다. 일반적인 수준에서 이를 간단하고 명쾌하게 이해하고 있으면 된다. 오히려 투자자 입장에서는 회계상 전문지식이 필요할 일이 없어야 한다. 주식투자자가 회계 분야의 전문지식이 필요할 정도의 회사에 투자하는 거라면 이는 고도의 전문가이거나 아니면 그냥 잡주에 투기하는 행위에 가깝기 때문이다. 여기서 전자에 해당하면 컨설팅을 받아 볼 문제이고 후자라면 습관을 바꾸어야 할 문제이다. 회계실무를 다룰 직원으로 취업할 것이 아니라면 실적가치를 이해할 수 있을 정도의 개념파악이면 충분할 것이다.

참고로 나는 부채비율과 같은 각종 재무비율을 잘 들여다보지 않는다. 이는 후행 지표일 뿐만 아니라 각 항목의 직접 금액을 들여다보는 것이 보다 직관적으로 느껴지기 때문이다. 미래 실적을 추정할 때 또한 마찬가지이다.

❶ 원칙 세우기 _
굳은 원칙이 수익률 10%의 선을 넘긴다!

❷ 종목 선정하기 _
효자 종목으로 수익률 20%를 달성하라!

❸ 아웃풋 이끌어내기 _
30%의 수익률을 달성하는 기다림의 기술

Stock market investment for 1 hour a day

3부

30% 수익률 달성하는 3단계 투자 시스템

1

원칙 세우기

곧은 원칙이 수익률 10%의 선을 넘긴다!

애널리스트도 아닌 내가 주식을 말한다

남들 연봉 한 번 받을 때 두 번 받는 직장인 투자자

아내와 함께하면 좋고 대출과 함께하면 더욱 좋다

전업투자자와 부업투자자는 어떻게 다른가?

주식투자에도 건강이 필요하다

주식보다 연봉부터 올려라

하루에 1시간만 투자하면 족하다

돈이 보이는 신문기사와 소문들

주식투자자에게 비판적 사고는 덕목이다

애널리스트도 아닌 내가
주식을 말한다

내가 남들보다 모른다는 사실을 인정하고 시작하자

주식투자에 있어서 난 그리 많이 아는 편이 아니다. 개별종목에 대한 사항이든, 주식시장 동향이든 남들보다 아는 바가 많지 않다. 또한 수익을 내는 데 있어서 특별한 비법이 있는 것도 아니고, 수익 창출에 대한 해법도 마찬가지다.

스무 살에 시작된 나의 주식투자는 처음 15년 동안은 단순한 매매를 반복하면서 주식투자라는 것을 흉내만 내고 있었다. 그러다 보니 제대로 된 수익을 내본 적도 없다. 물론 한두 번 정도는 소 뒷발질로 쥐를 때려잡듯이 투자원금의 두세 배가량의 수익을 낸 적도 있었다. 하지만 이는 아주 일시적이었고 소액투자였기 때문에 가능했던 일이다. 그리고 이마저도 일회성으로 끝났고 다시 수익을 토해내기를 반복하다가 결국 원금까지 까먹는 일이 되풀이되었다.

어렸을 때는 아는 것도 별로 없고 부족하니까 서툴러서 그런 거라 생각했다. 그러다 보니 항상 내 탓이라 생각하고 주식투자의 비법을 알아내기 위해 열심히 매달렸던 것 같다.

돌이켜 보면 과거에는 언론이나 증권사 그리고 시중에 나와 있는 주식 서적들조차 단타매매를 부추기는 경향이 있었고 가치투자에 대한 서적은 거의 없었다. 정보의 속도가 빨라진 오늘날에도 양질의 소식들을 분별해내는 일은 여전히 어렵지만 알고자 하는 정보나 노하우는 블로그나 카페와 같은 인터넷 공간에서 쉽게 찾아볼 수 있다. 그럼에도 불구하고 투자종목의 미래주가를 확신한다거나 이를 예측하는 것은 여전히 어려운 문제다.

이미 투자한 회사를 모니터링하며 기다리는 동안에도 실망스러운 소식들은 꾸준히 쏟아지는 경우가 많다. 당초 회사 IR(투자자들에게 기업의 정보를 제공하는 문서)이나 뉴스 등을 통해 발표된 사실들이 지연되는 것은 물론이고 과거 청사진이 대표이사의 립 서비스에 불과했음을 깨닫는 경우는 더욱 허다하다. 기술개발 성과는 물론이고 예정된 임상시험이나 매출에 대한 전망에 이르기까지 그간 언론이나 소식통을 빌어 그들의 입으로 말했던 예상치가 상상 이상으로 지연되거나 빗나가는 일들 또한 부지기수인 것이다. 경영진이라고 하는 사람들은 사실상 타고난 거짓말쟁이이거나 사기꾼에 가깝다고 할 수 있다. 그들이 말하는 회사 전망에 대한 예측은 단지 그들이 바라는 희망사항이다 보니 나 같은 일반 투자자들은 한숨만 늘어가는 것이다.

내가 투자했던 종목들의 경우도 그러했다. 대표이사의 인터뷰 자료나 뉴스, 증권사 리포트 등을 검색해 보면 실망스러운 것들이 한두 개가 아니었다. 더군다나 이러한 일들이 1~2년 사이에 부지기수로 반복되었다. 그들은 꾸준히 적극적으로 거짓말을 홍보해왔던 것이다. 그렇다고 해서 그들을 혹독하게 비난할 수는 없다. 그렇게 따지면 이 세상 거의 모든 이들이 죄다 거짓말쟁이가 되고 사기꾼이 될 것이기 때문이다. '세상을 지탱하는 힘은 거짓말이다.'라는 말이 있는 것처럼 그들은 단지 조직 내에서 고용의 대가를 받고 본연의 역할에 충실했을 거라 생각하며 투자자로서 침착함을 유지해 본다.

이러한 사실들을 종합해 볼 때 주식투자에 대한 선택과 판단에 대한 책임은 어쩔 수 없이 투자자 본인에게 주어진다. 그러다 보니 주식투자가 어렵다는 사실은 정보가 없던 예전이나 지금이나 크게 달라지지 않는 것이다.

영원한 진리는 없다

오랜 시간을 두고 정립된 기초학문 분야를 제외하고는 우리가 알고 있는 많은 사실들이 시간이 지나면서 새로운 사실들로 쉽게 대체되는 경우를 볼 수 있다. 과거에는 짜고 맵고 자극적인 것은 전적으로 다 나쁘다고 했는데, 몇 년이 지나서는 고추의 매운 성분이 좋다고 하더니 이제는 다른 한쪽에서 짠 것도 좋다고 한다. 그러다가 2014년경 국내 어느 대학 연구에서 고추의 매운맛이 암 발생을 촉신할 수도 있다는 연구결과를 발표했고, 2017년 초에는 영국의 어느 대학에서 맵게 먹으면 수명이 늘어난다는 연구결과가 나오기도 했다.

투자종목의 주가에도 영향을 줄 수 있는 이런 사실적 오류들은 주식시장에서 더욱 비일비재하다. 처음에는 현혹될 수밖에 없지만 시간이 지나면서 자연스레 걸러지기 마련이므로 투자자들은 특정 사실을 받아들이는 데 있어서 항상 신중하고 유연한 태도가 필요하다. 주가라는 것이 시간에 따라 변해가듯 우리가 알고 있는 사실들도 시간에 따라 종종 변해갈 수 있기 때문이다.

내가 몸담고 있던 도시개발 업종에서도 시대적 가치가 달라지면서 패러다임이 변할 때마다 많은 것이 변해왔다. 사회의 성장 또한 시행착오를 겪으면서 정반합의 과정을 통해 발전을 거듭하는데 이는 시민들의 의식수준이 높아짐에 따라 사회적 가치나 욕구가 상승하고 다양해지기 때문이다. 그러다 보니 정부기관에서는 각 분야의 선진 모델들을 벤치마킹해서 정책적으로 우리 실정에 맞게 도입하곤 한다. 공공재에 해당하는 부문은 정부가 이를 반영하여 선도하는 것이다. 이렇게 상위법령에서부터 행정예규들이 바뀌다 보면 업무 지침도 새롭게 변하게 되는데 나이가 들수록 이를 따라가는 것이 버겁다. 알아야 할 것이 많아지고 머릿속에는 새로운 지식들이 끊임없이 유입되어야 하는데 학습능력은 예전 같지 않기 때문이다.

이런 상황에서 종종 바쁜 업무에 치이다 보면 '에라 잘 모르겠다'거나 '아주 버겁다'라는 한계상황에 봉착하기도 한다. 하지만 이를 인정하고 받아들이는 순간 새로운 시각이 싹튼다. 보다 넓은 시각과 사고의 확장이 이루어지는 것이다. 사실 복잡한 일들을 하나하나 꼼꼼하게 하려다 보니 확인할 것도 많고 버거운 것이다. 게다가 슬슬 나이까지 들어가면 눈도 침침해지고 체력도 떨어지는 데다 학습능력도 저하되어 간다.

그럼 이를 어떻게 인정하고 받아들일 것인가. 사람마다 차이가 있겠지만 '적절히' 또는 '대충' 잘하는 것이다. 보다 적은 시간을 투입하고도 잘할 수 있으려면 핵심을 파악하는 능력이 뛰어나야 할 것이다. 가령 복잡한 일일수록 모든 것을 한꺼번에 해결하려 하지 말고 중요도에 따라 우선순위를 정하거나 협의를 통해 조정하는 등 효율적인 방안을 모색할 수도 있다. 또한 일손이 부족하다면 다소 아쉬운 소리를 하더라도 주변 동료들의 도움을 구할 수도 있을 것이다. 어떻게든 기존의 것보다 나은 방안을 찾기 위해 강구하다 보면 더 나은 방법들을 찾을 수 있는 것이다. 어차피 직장이란 곳은 혼자서 일할 필요가 없는 곳이기 때문이다.

이러한 태도는 주식투자에서 쉬는 것도 좋은 투자라고 말하는 것과 비슷한 맥락이라 볼 수 있다. 시장여건을 무시하지 말고 기회가 올 때에만 적당히 투자하는 것도 하나의 대안이다. 대부분의 투자자들은 너무나 열정적이라서 복잡한 주식시장을 이겨내려고 부단히 노력한다. 그러다 보면 실패가 반복되는 것이다.

모르는 것을 인정하니 자연스레 가치투자가 시작되었다

주식투자에서 본격적으로 수익이 났던 것은 '나는 잘 모른다'라는 사실을 인정하고 두 손 두 발 다 들기 시작하면서부터다. 비대칭성으로 일컬어지는 일반 정보뿐 아니라, 경기 순환의 국면, 업황의 개선 여부 그리고 시중의 자금동향이나 세력의 의도 등 나는 너무나 많은 것들을 모르고 있다. 그리고 모르다 보니 단기적인 예측들을 포기할 수밖에 없었고 큰 그림만을 생각하게 되었다. 또한 단기적인 예측들을 포기하고 나니 잦은 매매를 할 필요도 없어진 것이다. 그냥 본업에 매진하면서 1년이든 2년이든 목표하는 가격이 도래할 때까지 느긋하게 기다리면 되었다.

사실 느긋하게 기다린다는 것은 거짓말에 가까운 표현이다. 길게 보고 여유있게 투자하리라 마음을 굳게 먹었음에도 불구하고 팔고 싶은 마음을 꾹 참고 기다릴 때가 많다. 게다가 주가가 장기간 박스권에 갇혀 있을 때면 특유의 오기로 계속해서 분할매수해 나갔다. 기본적 분석을 통해 내렸던 내 판단이 틀린 것이 아니라면 주가가 아무리 실망시켜도 이를 버텨내야 했다. 옛말에 우공이산이라 하지 않았던가.

이런 식으로 시간이 흐르고 몇 번의 검증을 거치다 보니 꾸준히 수익을 낼 수 있겠다는 자신감이 조금 들었다. 그리고 나면 주식시장의 그 많은 종목들을 일일이 들여다볼 이유가 없어진다. 단지 몇 종목만 상대해도 꾸준한 수익을 낼 수 있기 때문이다. 사실 우리 일반 투자자들은 수시로 너무 많은 종목들을 상대하면서 알려고 한다. 주식시장은 나와 같은 일반 투자자가 그 속을 알 수도 없을 뿐더러 애널리스트들조차 소속 분야에서 그들의 입장에 따라 필요한 예측을 할 뿐 그 누구도 정확히 모른다. 이곳에서는 사후약방문과 같은 사건들이 비일비재하고 어떤 경우에는 귀에 걸면 귀걸이, 코에 걸면 코걸이라는 이현령비현령 같은 일들이 수시로 벌어진다. 그러므로 알아야 돈을 번다는 생각부터 일부 버려야 한다. 몰라도 충분히 돈을 벌 수 있기 때문이다. 뭔가를 알고 투자한다는 것은 예측을 전제로 투자한다는 것이고 이는 예측이 틀릴 때마다 손실을 반복할 수밖에 없다는 것을 의미한다. 그렇기에 나는 내 방식대로 내 갈 길만 나아가는 주식투자를 하고 있다. 주식시장에서 수많은 곰들이 재주를 부리도록 놔두고 나는 아주 은밀히 나의 수익만 챙겨나가는 것이다.

사실 주가라는 것은 언제든지 오를 수도 있고 내릴 수도 있다. 이 또한 주가의 속성이니 이를 긍정적으로 인식하고 이래도 좋고 저래도 좋다는 여유 있는 투자 마인드가 있어야 한다. 그래야만 변동성을 활용할 줄 아는 입장에 서게 되고 변동성의 수혜자가 될 수 있는 것이다. 나는 주식투자에서 아는 것이 부족하므로 나의 예측은 항상 빗나갈 수 있다. 하지만 장기적으로 볼 때 주식투자에서의 수익만큼은 양보할 수 없었다. 여기서 핵심은 아주 간단하다. 주가라는 것은 오르지 않는다면 기간이나 가격 조정을 거친다는 사실이다. 그러므로 내려도 좋고 오르면 더욱 좋은 상황을 유지하는 것만이 승자의 방식이다.

나는 아직도 주식투자에 대해서 잘 모른다. 단지 수익을 낼 수 있을 뿐이다. 나의 비법이란 종목을 선정하고 난 이후에 지속적으로 분할매수하면서 시간을 감내하고 버텨내는 것이 거의 전부이다. 가끔은 추가매수할 재원을 추가 조달하는 것도 또 하나의 일일 뿐이다.

이 책의 3부는 '30% 수익률 달성하는 3단계 투자 시스템'이라는 다소 거창한 제목으로 시작하고 있다. 현재 나의 주식투자는 아주 단순해졌지만 지나온 과정에서는 수많은 고민과 생각들이 있었다. 그리고 그러한 것들을 여기에 담고 있다. 내가 실행하는 투자원칙들은 교과서에서 볼 수 있는 정석의 것들도 있는 반면, 상식을 벗어나는 일탈의 것들도 포함하고 있다.

들쭉날쭉하지만 2010년 이후 나는 주식시장에서 매년 수익을 내고 있으며 연평균 30% 이상의 수익률을 유지하고 있다. 투자 원금이 커지면서 지금의 나는 매년 10%의 수익만 내도 대단히 만족할 수 있는 상황이 되었다. 주식투자에서는 매년 일정한 수익률을 담보할 수 없다는 것을 충분히 이해하고 있을 뿐만 아니라 지금은 매년 10%의 수익률만 확실해도 스스로 만족할 수 있기 때문이다.

만약 내가 해온 주식투자의 방식들을 하나의 알고리즘으로 담을 수 있다면 그럭저럭 일반인 투자자들이 모방해도 좋을 만한 하나의 투자 시스템이 완성될 수도 있을 것이다. 하지만 나의 투자방식을 따라할 수 있는 사람들이 많을 거라고는 생각하지 않는다. 남이 하는 것은 쉬워 보이지만 막상 해보면 매우 어렵게 느껴질 수 있기 때문이다.

이 글에서는 내가 겪은 투자사례들을 거짓없이 보여주고자 한다. 내가 전하는 진정성있는 스토리가 투자자들에게 작은 재미와 팁을 더할 수 있다면 더할 나위 없이 반가울 것이다. 내 글을 읽고 난 후 한 가지 확실한 것은 나보다 똑똑한 수많은 투자자가 주식시장에서 자신감을 얻을 수 있을 거란 사실이다.

남들 연봉 한 번 받을 때
두 번 받는 직장인 투자자

스트레스도 단기투자의 대가인가요?

앞서 말했듯이 나는 대체로 직장생활을 하면서 시간이 날 때마다 주식투자를 했다. 그러던 중 직장생활이 여의치 않다거나 다른 이유로 할 일이 없어지면 하루 종일 데이트레이딩에 매달렸다. 2001년도 초반이었던가, 눌림목에 있던 코스닥 종목을 600만원어치 샀는데 이후 단타를 몇 번 하다 보니 2주 만에 1,500만원으로 불어나기도 하였다. 그러나 그런 행운은 잠시뿐이었다. 데이트레이딩에 매진하면 할수록 기대했던 수익은 고사했고 원금까지 까먹는 데에는 두세 달이면 충분했다.

어느 정도 원금이 손실나면 더 이상 오기를 부리지 않았다. 단타에서 손절과 손실을 반복하다 보면 어느 순간 짜증이 나기 시작했고 분풀이로 매매하는 나를 확인했기 때문이다. 대체로 원금에서 반 토막이 나기 이전에는 패배를 인정하고 데이트레이딩을 그만두었던 것으로 기억한다. 하지만 그 이후에도 2007년까지는 주로 차트에 기반해서 단기투자를 일삼았다. 하지만 지금에 와서 생각하면 왜 그런 짓들을 반복했는지 모르겠다. 여하튼 그때까지 나는 단기투자로 항상 손실을 보았으나 굳이 남들과 조금 다른 점이 있었다면 원금이 반 토막 나기 전에 데이트레이딩을 포기하고 매매를 접었다는 사실이다.

종자돈 없는 상황에서 주식투자 성공? 로또나 다름없다

다행스럽게도 20대에는 종자돈이 별로 없었기 때문에 큰 손실을 볼 일도 없었다. 그러다 2007년에 안정적인 직장을 들어가게 되었고 이후 주식투자를 다시 시작했다. 결과적으로 보면 좋은 직장에 들어가면서부터 더 나은 주식투자를 한 셈인데, 실은 그 시기에 주식투자에 대한 생각이 달라져서 장기투자를 다짐했고 이때부터 수익을 볼 수 있었다.

그럼에도 약간의 문제는 있었다. 34살이던 나이에 비해 내가 가진 종자돈이 너무 적었다. 나는 단돈 수백만원을 주식에 투자해서 수천만원을 벌 수 있으리라는 확신을 갖고 있지 않았다. 적어도 내가 수천만원을 벌기 위해서는 수천만원이 필요하고 수억원을 벌기 위해서는 수억원의 종자돈이 있어야 한다고 생각했다. 주식투자를 함에 있어서 나를 과대평가하지 않은 것이다.

여기서 종자돈은 안정적인 직장을 통해 어느 정도 해소할 수 있었다.

2006년에 토목분야 기술사를 취득하여 2007년도에 지방 공기업에 입사했기 때문이다. 그전에 나는 수도권의 작은 설계사무실에서만 일을 했으니 여기서 말하는 좋고 안정적인 직장이라는 것은 상대적으로 그렇다는 것이다. 좀 더 좋은 직장을 다니게 되자 은행에서는 연봉의 120%까지 마이너스 통장을 개설해 주었고 나는 주저없이 한도 5천만원의 마이너스 통장을 개설했다. 그리고 이를 종자돈 삼아서 맘껏 분할매수를 할 수 있었다. 레버리지를 활용했던 것이다. 마이너스 통장은 대출한도 범위 내에서 얼마든지 자유롭게 쓰고 갚을 수 있었으니 월급이 나오는 한 두려울 게 없었다. 작은 직장에서는 꿈도 꿀 수 없었던 금융상품이었다.

자본주의 사회에서 자산을 증식하고 싶다면 반드시 자기자본이나 타인자본이 필요하다. 예를 들어 사업성이 아주 뛰어난 아이템을 가지고 있는 사람들이 투자자를 모집하기 위해 주식을 발행하는 것도 마찬가지이다. 하지만 나는 자기자본을 확충할 방법이 없었다. 그렇기에 마이너스 통장이라는 우량부채를 활용할 생각이었던 것이다.

세상에는 빚내서 주식투자하지 말란 말들이 너무나 많다. 하지만 세상을 자세히 들여다보라. 우리나라에서 성공한 슈퍼개미나 덕망있는 사업가들 그리고 재벌 총수에 이르기까지 필요한 자들은 모두 빚을 내서 활용하고 있다. 우리는 교과서적으로 빚(타인자본)이라는 것을 아주 싫어하지만 그렇게만 생각하면 절대로 기회를 잡을 수 없다. 물론 이 부분에 대한 고민이 없을 수는 없었다. 하지만 우리가 우려하는 문제는 사용자에게 있는 것이다. 내가 활용하기에 따라서 나의 마이너스 통장은 우량자산이 될 수 있기 때문이다. 나는 이를 장기투자 목적의 저가 분할매수에 적극 활용하기로 결심했다. 시간이 흐른 지금도 이 부분에 대한 생각은 변하지 않았다.

우리는 기회만 된다면, 우량부채로 우량자산을 살 수 있어야 한다. 항상 문제가 되는 것은 안 좋은 시기에 부실한 부채를 끌어다가 부실한 자산을 사들이는 것이다. 그러고 나면 상환능력에 문제가 생기고 만다. 이 모든 위험성을 극복할 수 있는 것이 바로 좋은 직장, 즉 좋은 일자리인 것이다.

비빌 언덕이 있어야 주식투자가 쉬워진다

소도 비빌 언덕이 있어야 비빈다고 했다. 누구는 한 번 실패해서 노숙자가 되었고, 누구는 칠전팔기해서 성공했다고 한다. 부모가 무슨 일을 하고, 재산과 출신, 학력은 어떠하며 결과적으로 사회적 네트워크가 어떤지에 따라 자녀들의 미래가 결정된다고도 한다. 하지만 이런 것들을 기대할 수 없다면 스스로 비빌 언덕을 구축하며 살아야 한다. 한 번 실패로 망한 사람도 있지만 10번 실패해도 다시 일어선 사람도 있다.

과거 20~30대에 내가 비빌 수 있는 언덕이란 기본적으로 직장 밖에 없었다. 직장소득은 자기자본으로 꾸준히 유입되는 근원적인 현금흐름이다. 월 200만원이든 300만원이든 근로소득은 살아가는 데 있어서 가장 기본이 되는 원천소득인 것이다.

나는 직장 운이 없었기에 20대에는 월급이 100만원이었던 적도 많았다. 시간이 한참 흐르고 좀 더 좋은 직장에 들어갔던 30대 중반이 되어서야 연봉이 5천만원을 넘어섰다. 그러나 다시 좋은 직장을 그만두고 서울로 올라와서 조그만 회사에 다니고 있다. 내가 다니던 좋은 직장은 서울에서 너무나 멀리 떨어진 곳에 있었고 결혼할 아내는 서울에 있었기 때문이다. 여기서 좋은 직장을 그만둘 수 있었던 배경에는 가족은 함께 살아야 한다는 생각도 있었으나, 아내의 직장도 탄탄했기 때문에 맞벌이를 같이 할 수 있었기 때문이다. 무엇보다 좋은 직장에 있는 동안 주식투자로 어느 정도 자산을 증식해 놓았기에 가능한 일이었다.

사람이 원하는 일을 도전하기 위해서는 최소한 한두 가지 믿는 구석이 있어야 한다. 주식투자에서도 마찬가지다. 나는 한때 좋은 직장이라는 믿는 구석이 있었기에 주식투자에서 버티기에 성공할 수 있었다. 여러분도 부모의 자산이나 영향력, 또는 특출난 재능 등을 물려받지 않았다면 반드시 좋은 직장을 구하려는 노력을 먼저 한 이후에 투자하라고 당부하고 싶다. 믿는 구석이 하나도 없다면 단 한 번의 실수만으로도 초라한 인생으로 전락할 수 있기 때문이다.

젊은 시절에는 어느 곳에서든 성실히 일하면 될 거란 나의 예상이 우리 사회에서는 통하지 않았다. 유감스럽게도 작은 곳에서는 작은 하늘만 바라볼 수 있었다. 하지만 현실에서 다니는 직장을 바꾸기는 어렵다. 여기서는 어떤 식으로든 직장이나 자기계발을 위한 노력이 주식투자보다 우선이라는 것을 말하고 싶다. 믿는 구석이라는 인프라를 보다 탄탄하게 구축해 놓아야 한다.

매날 정해진 수익이 늘어오는 수식투자를 상상해보자

다시 나의 이야기로 돌아와보자. 내가 주식투자로 자산을 불릴 수 있었던 것은 안정적인 직장에 들어간 이후부터다. 매달 예상 가능한 급여소득은 장기간 꾸준히 분할매수할 수 있는 원천이 되었다. 게다가 마이너스 통장으로는 지속적으로 저가매수를 감행했다. 하지만 주식투자에서는 생각보다 오랜 시간을 기다려야 하는 경우가 많다. 그렇기 때문에 투자금액이 목표금액에 도달할 때까지 좋은 직장은 거의 필수적이라고 할 수 있다.

매년 '연봉'이라 일컫는 근로소득과 주식투자에서의 시세차익(일명 양도소득)이 있었기에 나는 꾸준히 자산을 늘릴 수 있었다. 그리고 불어난 나의 자산은 다시 주식투자로 이어졌다. 그러다 보니 나는 주식에 투자하는 내내 상당한 짠돌이일 수밖에 없었다. 가령 월급이 300만원이면 고정지출을 최소화한 상태에서 매달 최대한의 분할매수를 지속해야 했기 때문이다. 사실상 나는 소득의 거의 전부를 주식투자에 올인하는 투자방식을 고수했다.

이런 식으로 몇 달 동안 분할매수하는 것은 기본이고, 1~2년을 분할매수하는 경우도 있었다. 매달 주식투자로 수익을 낼 자신이 전혀 없었던 반면에, 연간 단위로는 반드시 수익을 낼 수 있어야 한다고 생각했기 때문이다. 반드시 수익을 낼 수 있다고 생각하는 기간의 기준을 1년 정도로 정했고 이 시간 동안 꾸준하게 분할매수를 진행했다. 주식의 평가수익이 마이너스일 경우에도 분할매수는 계속되었다. 남들이 보기에 내가 사는 주식들은 별 볼 일 없어 보여도 대체로 1년에 1번씩은 소폭이라도 상승하며 시세차익을 내주었기에 매도할 기회도 늘 있었다.

이렇게 하다 보니 나는 매년 연봉을 두 번쯤 받는 직장인이 되어 있었다. 이는 자산증식에 있어서는 상당히 고무적인 일이었다. 자산증식의 속도가 눈에 띄게 빨라졌기 때문이다.

만약 내가 회사만 다녔다고 가정하자. 대략 연봉 5,000만원이면 실수령액이 4,400만원이고 여기서 연간 기본지출 2,000만원을 차감하면 가처분소득이라 할 수 있는 순소득은 2,400만원이 남는다. 그리고 이것을 십년간 모아야 2억 4,000만원이 되는데 이렇게 살다가는 경제적 자립은커녕 평생 집 한 채 장만하기도 버거울 것이다. 그런데 이와는 별개로 매년 주식투자에서 시세차익이 발생하다 보니 이는 고스란히 가처분소득으로 더해졌고 평균적으로 매년 1억원씩 자산이 증가하는 효과를 안겨다 준 것이다.

10%를 목표수익률로 삼자! 13월의 월급으로 돌아온다!

앞으로도 주식투자에서 매년 반드시 수익을 낼 수 있다고 장담할 수는 없지만 1~2년 이상을 내다보는 장기투자를 하다 보니 2010년 이후에는 매년 직장인 연봉만큼의 수익이 발생한 것은 사실이다. 내가 만약 단기투자를 일삼는 전업투자자였다면 매달 300만원을 번다 해도 스스로의 생활비를 제하고 나면 크게 남는 것이 없었을 것이다. 이는 하루 벌어 하루 먹고 살아야 하는 신세와 다를 바가 없다. 그리고 이조차도 고수의 실력이 있어야 가능한 일이다.

연간 주식투자에 활용할 수 있는 투자금액이 3,000만원이라면 매년 10%만 목표로 잡아도 연간 300만원의 수익을 얻을 수 있다. 여기서 중요한 것은 매달 직장을 통해서 받는 월급과는 별도의 소득이라는 데 의의가 있다. 전업투자자만큼의 시간을 쏟아 붓지 않아도 얻을 수 있는 수익인 것이다. 게다가 이는 근로소득 이외의 가처분소득이 되기 때문에 고스란히 자산증식으로 더해질 수 있다는 점에서 더욱 의미 있는 일이라 할 수 있다. 하지만 보통의 직장인들이 이런 방식으로 주식투자의 세계를 너무 산술적으로 계산하다 보면 이는 근본적으로 데이트레이딩 같은 접근방식과 다를 바가 없어진다. 주식투자는 1차 함수와 같은 직선의 방정식이 연출되는 공간이 아니다. 주가는 마치 롤러코스터같은 고차 함수의 그래프처럼 변동성을 지니고 있기 때문이다. 주식투자에서의 수익률은 단기적으로 시간과 정비례하지 않는다. 주가와 시간은 직선의 방정식이 아니라 곡선의 방정식을 그리고 있기 때문이다. 주가는 시간에 비례하지도 무관하지도 않다. 예측할 수 있는 것은 아무것도 없다.

나는 보통의 직장인들에게 나처럼 대출을 활용하라거나 가용한 범위 내에서 투자금액을 최대한 늘리라고 말할 수 없다. 그러므로 나처럼 무리한 투자를 해서는 안 될 것이다. 보통의 투자자들에게 있어서 레버리지를 극대화한다는 것은 아주 나중의 일이 되어야 한다. 이는 오랜 경험을 쌓아온 내가 실행하면 과감한 투자일 수 있으나 검증되지 않은 보통의 사람들이 따라하면 투기나 다름없기 때문이다.

설령 여러분들이 나처럼 주식담보대출을 받고, 전세보증금까지 쏟는 과감한 투자를 했다면 하루하루 맘 편히 잠들 수 있을 것인지 오히려 의문이다. 하지만 나는 대체로 잘 자고 잘 지낼 수 있었다. 물론 고비가 없었던 것은 아니다. 예상치 못했던 위기의 순간이 있었고 주변의 도움을 받아 해결했으나 이로 인해 상당한 스트레스를 받았다. 하지만 꾸준히 분할매수해온 종목의 주가는 오르기 시작했으며 이로 인해 큰 수익을 얻을 수 있었다. 그리고 2018년 3월, 3억원이었던 주식담보대출을 모두 상환했다.

지난 8년간 직장인 투자자로서 여기까지 오게 된 나의 경험을 통해 여러분들도 성장해 나갈 수 있기를 바란다. 대단한 성공방정식이 있는 것은 아니지만 나름 8년째 수익을 내고 있다는 것을 감안하면 나의 글에서 반드시 얻어갈 만한 힌트가 있을 거라 생각한다.

아내와 함께하면 좋고
대출과 함께하면 더욱 좋다

대출, 부동산은 되는데 주식은 왜 안 돼?

여기서는 내가 생각하는 '대출'의 본질적인 부분을 말하고 싶다. 우리는 항상 대출을 조심해야 하는 것으로 배워왔다. 심지어는 주변 사람은 물론이고 가족 간에도 금전거래를 해서는 안 된다고 말하고 있다. 이는 전적으로 맞는 말이다. 하지만 어느 사회나 산업이 유지되고 돌아가는 것을 자세히 들여다보면 모든 것들이 금융을 기반으로 하고 있다. 그리고 여기에는 수신이란 것과 여신이란 것이 존재한다. 마치 세상을 지탱하는 힘이 '거짓말'이라고 하는 것처럼 내가 보기에 우리 사회를 지탱하는 힘은 바로 '대출'이다. 그리고 대출 같은 금융권의 통제는 정부의 의지 아래에서 이루어지고 있다. 때로는 인위적인 경기부양을 위해 부동산 같은 자산시장의 가격

상승을 유도하고 이를 위해 대출이 권장되어 왔다. 그러다 보니 많은 사람들이 집을 장만할 때는 아낌없이 대출을 사용한다. 이는 정도의 문제이지 주변에 대출 없이 집을 사는 사람이 거의 없다.

그런데 주식투자에서의 '대출'은 마치 악마의 저주처럼 여겨지고 있다. 하지만 나는 이미 10년 전부터 이 부분에 대해서 혼자 고민해 보았다. 도대체 무엇이 잘못이란 말인가. 우리는 소수의 자본이 독점하는 자본주의라는 경제체제와 다수결의 논리가 지배하는 민주주의라는 정치체제 안에서 살아가고 있다. 그러다 보니 대다수가 손실을 보는 주식시장에서도 극소수의 승리자가 되려고 노력하는 것이다. 소수에 해당하는 나는 투자에서 어떻게 하면 대출을 잘 쓸 것인가를 고민하는데, 다수의 투자자들은 대출 자체에 대해서 우려를 표하고 있다. 물론 손실 나는 투자자라면 대출을 해서는 안 될 것이다.

투자자 스스로가 준비되지 않았다면 대출은 절대 금물!

여기서의 핵심은 대출 자체의 문제가 아니다. 내가 보기에 이는 수익이 나는 투자를 반복하는가, 아니면 손실이 나는 투자를 반복하는가 하는 문제와 직결된다. 그리고 대출이란 이러한 투자자의 판단하에 이루어져야 하며 당연히 상환 계획과 능력을 모두 고려해야 한다. 하지만 한 가지 확실한 것은 당신이 세속해서 수익이 나는 투자자가 아니라면 절대로 대출로 투자하는 습관을 가져서는 안 된다는 것이다. 어차피 결과는 뻔하기 때문이다.

부부와 함께해야 진정한 투자이다

주식투자는 올바른 투자습관에 의해 그 성패가 결정된다고 볼 수 있다. 나는 올바른 습관을 체득하기 전까지는 차라리 싱글로 지내는 것이 낫다고 스스로를 몰아친 적도 있었다. 이는 손실 나는 주식투자의 어려움이 어떤 것인지 잘 알고 있었기 때문이다. 혼자일 때의 어려움은 나 혼자 어렵게 지내면 끝나는 것이지만, 가정을 이루고 나서의 어려움은 가족 전체를 어려움에 빠트릴 수 있기 때문이다.

그리고 올바른 투자습관이 몸에 배었다고 생각되면 아내와 공유하며 투자할 수 있어야 한다. 만약 당신의 주식투자가 떳떳한 것이 아니라면 당연히 하지 말아야 할 것이다. 또한 가계에서의 재테크는 반드시 부부가 함께 해야 하는 것이다. 실은 재테크뿐 아니라 집안의 모든 일들은 부부가 함께 고민하고 해결하는 것이 맞다. 그러므로 아내가 주식투자를 반대한다면 안 하는 것이 좋다. 왜냐하면 당신이 아직 손실 나는 투자자이기 때문에 아내가 반대하는 것이다. 주식투자로 까먹지만 않아도 이미 평균보다는 잘 하고 있는 셈이다.

반면 부부가 함께하는 주식투자라면 유리한 점도 많다. 바로 여유롭게 투자할 수 있다는 것이다. 그러다 보니 멀리 보고 분할매수하는 일도 더욱 편해진다. 이는 기다림 또한 용이하게 한다.

참고로 나는 이미 결혼 전에 주식투자로 아파트 전세보증금을 마련할 수 있었고 매년 수익 나는 주식투자를 하고 있었기에 아내가 이를 반대한 적이 없었다. 대출을 통한 주식투자 또한 마찬가지이다. 하지만 내가 추진하고 있는 주식투자가 정말 합당한 것인지 스스로를 되돌아볼 때도 있다. 이런 과정상의 고민이나 결정들에 대해서도 모두 아내의 동의를 얻으며 진행하고 있다.

전업투자자와 부업투자자는
어떻게 다른가?

매매꾼이 아닌 투자자가 되어라

'가난이 앞문으로 들어오면 행복이 뒷문으로 도망간다.'라는 속담처럼 돈이 없으면 한시도 살지 못하고 행복도 장담할 수 없다. 음성적인 통계를 포함하면 전업투자자와 부업투자자를 모두 합해서 일반 투자자들이 800만 명 시대라고 한다. 그렇다면 이번에는 전업과 부업이라는 투자행태를 어떻게 볼 것인지 이야기해 보고자 한다.

투자는 본디 보다 많은 돈을 벌기 위해 돈을 투입하는 행위라고 한다. 다시 말해 돈을 투입하는 시간이 어느 정도 전제되어야 진정한 투자의 의미를 갖는다. 예를 들면 '금에 투자한다.' 또는 '상가에 투자한다.'거나 '토지에 투자한다.'라고 하지 '경마에 투자한다.' 또는 '도박에 투자한다.'거나 '노름에 투자한다.'라고 말하지 않는다. 따라서 일반 투자자에게 주식투자는 소정의 자본을 투입하고 일정기간 동안 이를 잊고 지낼 수 있는 부업의 특성이 되어야 한다. 다시 말해 결과가 바로바로 나와야만 먹고살 수 있는 전업투자자라면 이는 사실상 투자자가 아닌 '매매꾼'이라 할 수 있겠다.

또한 도박이나 노름처럼 정상적인 투자가 아닌 매매 중독과 같은 투자 습관은 그런 심리를 악용하는 전업 프로세력의 먹잇감이 되기 십상이다. 짧은 시간의 투자라면 투자자는 대부분 실패하고 주식중개인이나 이를 노리는 프로세력들만 돈을 벌게 되는 것이다. 그들이 자꾸 전업투자니 단타매매니 하며 부추기는 이유 또한 거기에 있다. 그러므로 많은 돈과 충분한 시간, 사기성 기질과 풍부한 경험을 가진 프로세력이 될 수 없다면 본질에 부합되는 부업투자를 외면한 채 굳이 전업투자를 하겠다는 발상 자체는 매우 위험하다.

하지만 주변을 둘러보면 의외로 전업투자자들이 많다. 말 그대로 먹고사는 일을 해결하기 위해 주식투자를 하는 사람들인데, 이들에게는 다소 불편한 이야기를 하려 한다. 전업투자를 절대로 하지 말라는 얘기다. 그리고 그 이유를 설명하고자 한다.

전업투자자들은 선택한 종목이 단기간에 주가가 올라서 곧바로 차익을 남길 수 있다는 전제하에 매매를 한다. 하루에 몇십만원이라도 꾸준히 벌면 회사 다니는 월급쟁이들에 비해 수입도 낫다고 스스로를 정당화한다. 유혹은 늘 달콤한 법이고, 착각은 자유지만 과연 그럴까? 우선 나의 경우에도 20년 이상 주식투자를 해오고 있으나, 지금껏 주변에서 전업투자로 성공했다는 사람을 본 적이 없다.

부업투자자가 전업투자자보다 심리전에 뛰어나다

주식투자는 일종의 심리전이다. 심리전이라 하는 이유는 투자자의 주식 매매의 심리에 '여유가 있느냐 없느냐'에 따라 승패가 나누어지는 경우가 많기 때문이다. 대개 주가가 떨어지면 투자자들은 커다란 공포감에 휩싸인다. 공포의 강도는 여유자금 대비 투자금액이 클수록 강하다. 더욱이 생활비를 주식투자 수익으로 충당해야 하는 전업투자자의 경우에 이러한 압박감은 더욱 무서운 공포로 다가올 것이다. 공포심은 '주가는 상승과 하락을 반복한다.'라는 기본적인 상식마저도 순간 망각하게 만든다. 그러고는 공포로부터 빠져나오기 위해 들고 있던 주식을 투매하도록 유혹한다. 이른바 손절매◆이다. 여유가 없으면 지는 것이다. 이는 주식투자에 있어서 아주 중대한 상식이다.

◆ **손절매**
주식 종목의 주가가 앞으로 하락할 것으로 예상되고, 단기간에 가격 상승이 예상되지 않을 때 가지고 있는 주식을 매입 가격 이하로 손해를 보고 파는 행위

한편 전업투자자들은 항변할 것이다. 우리가 바보냐고, 그렇게 주먹구구식으로 투자하는 줄 아느냐고 말이다. 보통 이럴 때 이들이 내세우는 것이 바로 '욕심 없는 목표수익률'이다. 목표수익률을 이야기하는 전업투자자들은 대부분 단타 또는 스캘퍼(초나 분 단위로 매매하는 초단타 매매) 방식을 선호한다. 이들의 목표수익률은 대개 1~5% 수준이다. 목표한 수익률을 만족시키면 바로 매도하고 나오는 방법이다. 이러한 논리는 그럴 듯하고 쉬워 보이며 나름 매력적이다. 하지만 이 논리의 뒷면에는 3~5% 하락하면 무조건 팔아버리는 '욕심 없는 손절매'라는 부분이 표면에 나타나지 않았다. 결국 전업투자자의 투자방식은 상승장에서 단기적으로 수익을 낼 수 있는 가능성

이 있지만, 상승과 하락이 반복하는 주식시장에서는 절대 성공할 수 없다. 이는 이미 수학적 확률이나 주변에서 경험으로도 쉽게 확인할 수 있다.

또한 1~5%의 수익률을 목표로 분주히 HTS 모니터 앞에서 하루를 소진하다 보면 금전적 손실 이외에 더욱 큰 것을 잃게 된다는 것을 곧 깨닫게 된다. 우선 하루하루의 주가 등락이 가정생활에 직간접적으로 영향을 준다. 이는 가족이 없다고 하더라도 마찬가지다. 그간 사회생활로 형성된 인간관계가 자연스럽게 닫히게 된다. 주변의 전업투자자들을 만나 보면 하루 종일 모니터 앞에 앉아서 스트레스를 받고, 이들은 어느 순간부터 사회생활을 하는 친구들을 만나는 것도 꺼려한다. 이렇듯 전업투자의 길은 너무나 외롭고 쓸쓸하다.

반면 부업투자자는 전업투자자보다 상대적으로 여유로운 상황에 처해 있다. 단순히 시간의 여유를 말하는 것이 아니다. 사실 시간적 여유는 전업투자자들이 있다면 더 있다. 일단의 상황에서 보다 유리한 것이다. 그러나 부업투자자들은 이미 기본소득을 확보하고 있다는 점에서 전업투자자들과는 출발점이 다르다. 투자자 본인의 투자여건과 상황을 보다 유리하게 구축할 수 있는 것 또한 주식투자자가 가져야 할 능력 중 하나이다. 나이 드신 전업투자자들이 등산이나 여행 또는 소일거리를 일삼으며 마치 부업투자자처럼 투자하는 이유도 마찬가지이다.

하지만 부업투자자들이 보다 유리한 가장 중요한 이유는 바로 시간에 대한 투자를 할 수 있다는 것이다. 이는 전업투자자는 단기투자를 하고, 부업투자자는 중장기투자를 한다는 전제하에 성립되는 이야기이다. 만약 매일 틈을 내서 단타를 하는 부업투자자가 있다면 이는 최악의 케이스라 할 수 있을 것이다. 반면 부업투자자들 중에는 자기 업종이나 분야에서 전문성을 인정받거나 대단히 해박한 이들도 많기 때문에 주식투자에 유리한 측면도 있다.

주가라는 것은 종종 럭비공처럼 원치 않는 방향으로 튀는 속성이 있다. 때문에 전업투자자들은 매번 많은 변수들을 헤치고 나가야 하는 어려운 상황에 직면하게 된다. 이런 경우에는 주가를 주도하는 세력들조차 운용자금을 충분히 확보해 놓지 못했다면 곤란한 상황에 처할 것이다. 반면 나와 같은 부업투자자는 지속적으로 분할매수하며 원칙적인 대응을 이어갈 수 있다.

이는 쉬운 일은 아니다. 솔직히 말하면 아무나 할 수 있는 일은 아닐 거라 생각한다. 이 또한 숱한 연습과 인내가 필요한 일이기 때문이다. 우리가 사회생활을 하면서 겪는 골치 아픈 일들 중 일부는 시간이 지나야만 풀리는 경우도 있다. 해결하려고 이리저리 건드리면 오히려 더 꼬일 수 있다. 단지 내버려둬야 해결되는 것이다. 하지만 제풀에 지쳐 이러한 시기를 버티지 못하고 이탈하는 이들도 많다.

이와 마찬가지로 투자라는 것도 충분히 기다릴 수 있어야만 한다. 단기적으로 주가를 해석하고 예측하려는 행위는 전문적인 투자자들일수록 시도하지 않으려 한다. 부질없는 행위라는 것을 너무나 잘 이해하고 있기 때문이다. 그래서 시간에 대한 투자를 하는 이들이 주식투자에서 성공할 수 있다. 그리고 이런 측면에서 볼 때 부업투자자들이 월등히 유리한 입장에 있는 것이다.

믿기지 않는다면 일단 해보는 것도 추천한다

사회는 지금 '취업대란'이라고들 한다. 대학을 졸업한 유능한 젊은이들이 갈 직장이 없다. 그런데 전업투자는 누구나 원하면 가능하다. 진입장벽이 없기 때문이다. 얼마나 희소식인가. 그러다 보니 전업투자를 아예 하나의 직업으로 인식하는 경향까지 생겨났다. 하나둘 모여 투자동아리를 만들거나 전업투자자가 되어 사회생활을 시작하는 사람들을 종종 볼 수 있다. 함께 모여 투자하자는 구인 광고가 나오기도 했다. 하지만 열려 있다고 모두 길이 아니다.

여기서 전업투자의 무용성을 아무리 강조해 봐야 한계가 있을 것이다. 오히려 시간과 비용이 허락하는 선에서 전업투자를 직접 체험해 보는 것도 추천한다. 이 또한 나쁘지 않을 것이다. 나도 한때 그러했으니까 말이다. 때로는 칼에 직접 베어 본다거나, 뜨거운 불에 직접 데어 보고 아는 것도 매우 중요하다. 그렇지만 도박사들이 절대 도박을 하지 말라고 권하는 것처럼 결과는 이미 정해져 있다는 것을 망각해서는 안 된다.

장기투자를 행하는 부업투자자가 되자

이번에는 각도를 약간 달리해서 전업투자는 단기투자, 부업투자는 장기투자라는 등식에 대한 이야기를 하려 한다. 반드시 그렇다고 할 수는 없으나 일반적으로 전업투자자는 단기투자를 하고 있을 것이다. 그리고 나는 이 책에서는 전업투자와 단기투자를 모두 지양해야 할 대상으로 보고 있다.

그렇다면 부업투자를 하면 모두 해결된다는 것인가? 전업투자자 중에 전문투자자도 있겠지만 일반적으로는 생계형 단기투자자라는 이미지가 떠오른다. 그리고 부업투자자라고 하면 왠지 초보자같은 뉘앙스가 느껴지는 것은 어쩔 수 없는 일이다.

그렇다 보니 부업투자라는 말은 그다지 좋은 이미지로 다가오지 않는데, 문제는 부업투자자도 단타를 할 수는 있다는 것이다. 하지만 이는 역시나 안될 일이다. 주가는 상승과 하락을 반복하는데 하락할 때마다 손절이라는 이름으로 손실을 확정해 버리면 주식투자의 게임은 실패로 끝날 수밖에 없다. 이게 바로 단타의 함정이다. 스스로 신이 되고자 하지 말아야 한다.

그럼 장기투자자에게 보유기간 동안의 주가하락은 손실이 아닌가라고 반문할 수도 있다. 장부상으로 볼 때는 평가손실이 맞다. 그리고 이는 초보투자자일수록 엄청난 스트레스로 다가온다. 하지만 우리가 살아가는 세상에서 스트레스를 비켜갈 수 있는 일은 거의 없다. 당초 종목선정에 있어서 중대한 문제가 발생하지 않는 이상 장기투자자들에게 주가하락은 기회로 작용할 뿐이다. 단기투자자는 주식을 수시로 팔아야 하는 반면, 장기투자자는 원치 않는 시점에는 결코 보유주식을 내다 팔지 않기 때문이다.

단기투자와 장기투자의 차이점이 뭐냐고 묻는다면 원치 않는 시점이라도 팔아야 한다면 단기투자이고, 원치 않는 시점에는 팔지 않고 기다릴 수 있다면 이는 장기투자라 할 수 있을 것이다.

주식투자에도
건강이 필요하다

당연한 말이지만 건강은 성공의 척도이다

사실 마흔이 가까워지는 무렵부터는 체력이 예전 같지 않고 왠지 건강이 위협받고 있음을 느끼게 되었다. 서른여덟 살이던 2012년도에는 자연환경 기술사를 하나 더 취득하기로 결심하고 공부를 시작했다. 대략 1년의 시간이면 충분할 것 같아서 책을 사고 자료를 수집했다. 그리고 주중에는 부모님이 계시는 영암의 도서관, 주말에는 결혼 전 아내가 있었던 서울을 왕래하며 공부했다.

그러나 8개월째 공부를 하다 보니 문제가 생겼다. 이듬해 5월부터 두통에 시달리기 시작했는데 도저히 집중할 수 없었던 것이다. 이는 단순히 아픈 것이 아니라 신경성 홧병이 겹친 탓이었다. 계획된 시간과 노력을 투입하고 목표한 학습량을 마쳤음에도 불구하고 최신의 출제 경향이나 흐름을 따라잡을 수 없었던 것이다. 그렇다고 포기할 수는 없었다. 한의원에서 침 맞고 부항을 떠가며 마지막까지 준비했다. 그리고 아는 만큼 성실하게 응시했으나 예상대로 낙방하고 말았다.

시험이 끝났음에도 나는 두 가지 후유증에 시달려야만 했다. 시험이 끝난 두 달 뒤부터 뒤통수에서는 원형탈모가 나타나기 시작했고 엉덩이에는 종기가 만성으로 곪아 터지기를 반복한 것이었다. 한마디로 몸이 예전 같지 않았다. 2013년에 50원 크기로 시작한 원형탈모는 500원 크기만큼 커지더니 결국 2014년에 병원을 다니면서 완쾌했다. 하지만 불행히도 엉덩이 종기는 지금까지도 종종 재발하고 있다. 며칠 동안 신경을 많이 써서 피로가 누적된다거나 오랜 시간 앉아서 일을 하다 보면 여지없이 종기가 커지곤 한다. 젊은 시절에는 넓은 의미의 건강관리보다는 좁은 의미에서의 체력관리에 방점을 두었다. 하지만 마흔이 넘은 지금에서야 본격적으로 건강관리가 필요하다는 사실을 실감하고 있다.

주가가 떨어졌을 때 타격을 받는 것은 통장만이 아니다

주식투자에서의 건강관리는 아주 중요하다. 특히 전업투자자는 매일매일 주식시장을 모니터링하는 과정에서 극한의 스트레스에 노출될 수 있다. 이들은 전업으로 직장을 대신하기 때문에 그만큼 수익을 더 내야 한다는 압박감에도 사로잡혀 있을 것이다. 질병이라는 것은 대체로 일상생활에서 비롯되는데 주식투자자들은 일상생활에서 주식에 대한 관심이 훨씬 크다. 가끔 일어나는 투자수익은 항산화 물질처럼 면역세포를 보호하는 역할도 하겠지만 자주 발생하는 투자손실은 독성 물질처럼 면역세포를 열심히 파괴할 것이다. 주식투자자들이 매일 수익을 낼 수만 있다면 이보다 건강에 좋은 일 또한 없을 것이다. 하지만 그럴 수는 없으므로 손실을 확정짓는 횟수를 줄이는 장기투자를 함으로써 스트레스를 완화하는 것이 상책이라 할 수 있다.

투자자의 건강이 나빠지게 되면 데이트레이딩 같은 단기투자자들에게는 악영향을 줄 수 있다. 하지만 그보다 주식투자로 인한 극심한 스트레스와 잘못된 생활습관으로 건강이 나빠질 확률이 높다. 주식투자로 건강을 잃어서는 안될 일이다. 당신은 반복적인 단기투자로 행복한 노후를 꿈꿀지도 모른다. 하지만 이러한 단기투자는 재무상 손실은 물론이고 건강상 손실까지 떠안을 확률이 크다. 차라리 서서히 가는 것이 낫다. 노년의 소일거리라는 생각으로 장기투자를 준비하는 편이 나은 것이다. 사실 급할 이유는 없다. 비록 더디지만 꾸준히 수익만 날 수 있다면 일상생활에 즐거움까지 더해 줄 것이다.

요즘은 패스트푸드나 인스턴트와 같은 가공식품뿐 아니라 온갖 식재료에 화학 첨가물이 들어가 있어 젊은 층에서도 암 발병률이 높다 하니 나도 식습관과 생활습관에 많은 주의를 기울이고 있다. 아내와 나는 대체로 식성이 비슷해서 평소 현미 잡곡과 청양고추, 양파, 마늘, 당근 등을 즐겨 먹는다. 대체로 얼싸한 맛들을 좋아하나 보니 이러한 것들을 거의 매일 곁들여 먹는다. 또한 주말이면 아내와 함께 자전거를 타거나 청계산을 오르기도 한다. 아내는 4킬로미터 정도 되는 거리를 걸어서 퇴근하고 있으며, 나는 일주일에 세 번씩 40분 동안 턱걸이를 185개 하고 있다. 또 요즘은 탁구와 배드민턴을 섞어놓은 패드민턴이라는 것을 아내와 해보니 그 재미가 쏠쏠하다.

스트레스를 다루는 방법

주식투자에서의 건강관리는 두 가지 측면에서 바라볼 수 있다. 하나는 위에서처럼 투자습관을 바꿔서 주식투자 자체의 스트레스를 최소화 하는 것이고 다른 하나는 평소 건강관리를 끌어올려서 주식투자 스트레스에 대한 내성을 키우는 일이다. 특히 주식투자 자체의 스트레스를 최소화하는 방법에는 장기투자 외에도 여러 가지가 있을 것이다.

과거에는 다우존스나 나스닥의 등락 결과에 따라 내가 보유한 주식의 주가가 하락할까봐 밤새도록 잠을 못 이룬 적도 많았다. 물론 예전에는 미국 증시와 국내 증시가 같이 움직이는 커플링 현상이 아주 심했기 때문에 더욱 그러했을 것이다. 시간이 흐른 지금도 미국 증시와 국내 증시는 여전히 커플링이 발생하고 있다. 하지만 지금은 다우존스나 나스닥의 등락 때문에 숙면을 방해받는 일은 거의 없다. 당시에는 중장기투자를 지향하고 있었으나, 한편으로는 조급함도 가지고 있었기에 그만큼 더 큰 스트레스를 받았던 것이다.

사실 2014년 이전에는 투자금액이 커질수록 마음의 흔들림도 심했다. 장기투자를 한다고 해도 하루하루 주가등락에 상당히 큰 스트레스를 받았다. 장기투자를 추종하고는 있었지만 결혼 전이다 보니 투자수익에 대한 내 마음은 항상 조급했기 때문이다. 투자자에게 조급한 마음이 조금이라도 내재되어 있으면 종목선정에도 고스란히 반영된다. 그러다 보니 더욱 불안할 수밖에 없는 것이다. 게다가 또 하나의 문제가 있는데, 수천만원을 투자할 때와 수억원을 투자할 때는 심적 중압감, 다시 말해 마음의 무게가 달라진다는 사실이다. 물론 지금의 나는 이런 부분들에서 상당히 자유로워졌다. 지금은 수십억원을 투자한다하더라도 아무렇지 않을 것 같다. 실제 이 글을 쓰는 몇 년 사이 내 보유자산은 수억원에서 이미 십억원을 넘어선 상태이다. 이는 전문가들처럼 내가 주식시장을 잘 알고 있어서가 아니다. 내가 하는 주식투자는 전혀 조급하지 않으며 이제는 멀리 보고 안정적으로 투자할 만큼 생각의 길이가 길어졌기 때문이다.

여기서 생각의 길이가 길어졌다는 의미는 주식투자에서 조급함이 사라졌기 때문에 보다 멀리 내다보고 장기투자를 할 수 있다는 것을 의미한다. 주식투자에는 많은 변수들이 작용하기 때문에 단기적으로 예측할 수 없다. 당신이 단기적으로 예측하려 할수록 수익과 건강은 동시에 멀어져 갈 것이다. 주식투자에서의 올바른 투자습관이란 그것 자체로 건강에 무리를 주지 않을 뿐만 아니라 결과적으로 수익까지 안겨다주는 것이다. 그러므로 주식투자를 위해 적극적인 건강관리도 중요하지만, 올바른 주식투자가 최상의 건강관리 비법임을 말하고 싶다.

주식보다
연봉부터 올려라

주식보다 더 확실한 투자처, 직장

다시 한 번 말하지만 첫 번째가 직장이고 그 다음이 주식투자이다. 혹시라도 현실에서의 욕구불만이나 좌절감을 만회하기 위해 주식투자에 집착하게 된다면 이는 더 큰 불행을 야기할 것이다. 모든 사람에게 여건이라는 것은 대단히 중요한 요소이기 때문이다. 가령 같은 자질을 지닌 사람이라도 성공과 실패는 종이 한 장 차이일 수 있다. 작은 차이지만 여건 하나에 따라 성패가 갈릴 수 있는 것이다.

회사마다 다르기는 하겠지만 대체로 직원들의 연봉에는 직급별로 상한선이라는 것이 정해져 있다. 부장급이라면 대기업의 경우 대략 8,000~9,000만원, 중견기업은 6,000~7,000만원, 중소기업이라면

4,000~6,000만원 정도 될 것이다. 물론 업종이나 직무수행능력에 따라 달라지겠지만 어찌되었든 그 이상 오르기 힘든 한계연봉이라는 것이 있다. 그리고 그 자리에서 더 성장하고 싶다거나 그 이상의 연봉을 원한다면 임원으로 승진하거나 중소기업의 경우에는 자신의 사업체를 차리면 된다. 하지만 사업 또한 리스크가 크기 때문에 아무나 할 수는 없다.

대부분의 사람들은 직장을 다니면서 월급을 받는 것을 선호한다. 그리고 틈틈이 종자돈을 만들어서 재테크를 궁리한다. 여기서 성공적인 주식투자를 원한다면 일단 회사의 일부터 열심히 하는 것이 재무계획상 훨씬 유리하다. 말했다시피 월급이라는 정기적인 소득원은 투자자에게 믿는 구석이 되어줄 수 있기에 투자심리상 조급함으로부터 벗어날 수 있다.

주식시장에서 수많은 주식들이 매일 등락을 거듭하며 시세를 분출하는 듯하지만, 내가 보유하고 있는 하나의 주식이 수확을 이룰 만한 시세를 내는 데에는 한 송이 국화꽃을 피우는 것과 같은 인내의 과정이 필요하다. 이러한 인내의 사이클은 짧게는 수개월에서 길게는 수년을 필요로 한다. 그리고 이것만 반복하더라도 당신은 원하는 만큼의 부를 이룰 수 있을 것이다. 투자금의 규모가 크거나 직업적으로 참여하는 전문투자자라면 모를까 우리 같은 일반 투자자는 주식시장에서 잦은 매매를 할 필요가 전혀 없다. 잦은 매매는 잦은 손실의 반복을 의미할 뿐이다. 매일 시장을 들여다보더라도 매일 매매해서는 안 되는 이유이다. 이런 의미에서 보더라도 직장이라는 여건만큼 안성맞춤인 것은 없다.

그리고 직장생활과 병행하는 주식투자라 하더라도 투자의 시간들이 거듭되고 어느 정도 투자성과가 쌓이게 되면 당신의 투자자산은 억 단위를 넘어설 날이 올 것이다. 하지만 더 기다려야 한다. 투자자산이 10억원은 넘어서야 비로소 자유인의 삶에 도전해 볼 만하다. 그 정도는 되고 난 후 연 10%를 목표수익률로 하면 매년 1~2억원은 벌 수 있다. 이런 경지까지 오른다면 그때는 직장인이 아닌 또 다른 도전장도 내밀어 볼 수 있을 것이다. 하지만 그때까지는 착실히 일을 해야 한다.

전업투자로 자산가가 되겠다는 꿈을 꾸는가?

사회적으로 볼 적에 개인들의 주식투자는 하나의 일로 보기 어렵다. 일이라는 것은 사회공동체에서 누군가 필요로 하는 것을 대신하고 그 대가를 받는 것이다. 전업투자든 부업투자든 일을 하지 않고 주식투자를 하는 것은 자유인의 삶에 가깝다는 생각이 든다. 본인의 자산을 관리하는 것만으로도 충분히 먹고살 수 있는 자산가가 아니라면 자유인을 흉내 내서는 안 된다. 우리는 일을 해야 삶을 이해하고 주식시장과 주식투자도 조금 더 이해할 수 있다. 얼마 되지 않는 푼돈으로 전업해서 자산가가 되겠다는 것은 미성숙한 어른이(어른+어린이)들의 일장춘몽에 불과하다.

금융자산 10억원 이상인 사람들을 대상으로 한 설문조사에 따르면 우리 사회의 부자는 자산기준으로 100억원 이상은 있어야 한다는 답변이 있었다. 큰 부자는 하늘이 내리는 것이고 작은 부자는 노력으로 된다고 하였다. 이 책을 읽는 독자라면 나처럼 특별한 재능이 없다고 봐도 무방하다. 당신의 힘으로 주가를 주도할 수 있는 처지가 아니라는 얘기다. 그렇다면 차라리 연봉을 올리는 것이 보다 현명한 선택이 될 것이다.

하루에 1시간만 투자하면
족하다

일기예보 보듯이 주식을 공부하자

　하루하루 정해두고 뭔가를 할 수 있는 시간이 있다면 차라리 자기계발이나 보다 가치 있는 다른 일에 할애하라고 말해주고 싶다. 일반인의 주식투자는 말 그대로 틈틈이 자투리 시간을 이용하면 충분하다. 물론 수시로 많은 기사들을 읽어야 하고 증권사 리포트도 찾아보아야 한다. 하지만 이런 것들은 매일 뉴스를 본다거나 게임을 하는 것처럼 따로 시간을 내서 할 수 있는 거창한 것들이 아니다. 이런 식으로 관심을 가지고 모니터링하는 일이 몸에 배어 있다면 별도의 시간을 투자하지 않아도 될 것이다.
　굳이 시간을 언급하자면 하루 1시간 정도면 충분하지 않을까 싶다. 하지만 보다 중요한 것은 일기예보처럼 이를 5년, 10년 꾸준하게 관찰하는 것이다. 그리고 이러한 시간투자는 이론적 학습이 아니라 주식시장에 참여한 후에 하는 것이 효율적일 것이다.

한때 나도 데이트레이딩이나 스윙 매매를 하면서 매일 수많은 종목들을 살펴본 적이 있다. 그날의 매수세는 어디로 갔으며 왜 상승하거나 하락했는지 아는 것이 주식투자자의 기본자세라고 생각했다. 하지만 한두 종목에 집중투자와 장기투자를 하게 된 이후부터는 매일 좋은 패턴의 종목을 찾아보는 이런 일들을 하지 않고 있다. 단지 주식시장 관련 주요뉴스나 토론실의 인기글 정도를 심심풀이로 꾸준히 읽어보고 있으니 이리저리 모두 합쳐봐야 한 시간 정도 될 듯하다.

하지만 기사를 읽는 목적 정도는 확실히 정해두는 게 좋다. 나는 기사를 읽을 때 다음 번 장기투자 종목은 뭐가 좋을지 항상 염두에 두면서 보는 편이다. 그렇기 때문에 경기 순환국면이 어떠한지, 성장산업은 어떤 것들이 이슈가 되고 가시화될 것인지 등 거시적인 부분에서부터 개별종목에 이르기까지 다양하게 접하지만, 나의 관심사를 충족하는 기사들이 많지 않다 보니 대체로 보유종목의 주가나 한 번씩 모니터링하고 확인한다.

매일 확인하는 뉴스매체로는 증권사 모바일트레이딩 시스템이 있다. 이곳에서 관심 있는 뉴스나 정보가 뜨면 읽어본다. 관심종목을 선정해 놓으면 그것과 관련된 것들이 뉴스에 등장하는데 특별할 것은 없다. 종목시황이나 네이버 종목 토론실 그리고 네이버나 팍스넷의 주요뉴스 혹은 많이 본 뉴스 중에서 눈에 띄는 헤드라인이 있다면 읽어보는 수준이다. 사실 장기투자를 하게 되면 주식투자에서 매일매일 부지런을 떨 일이 사라진다.

시행착오를 겪되 반복하지는 말자

주식투자에서 초보자라면 정말 마음대로 투자해 봐도 좋다. 단 100만원 정도의 소액을 가지고 투자하는 것을 말한다. 주식시장에서는 절대로 자신을 과대평가해서는 안 된다. 당신은 말 그대로 아무것도 아니기 때문이다. 이는 기분이 나쁘더라도 어쩔 수 없는 일이다. 정말이지 주식투자 세계에서 당신은 아무것도 아닌 'NOTHING'의 존재라는 것을 확실히 느껴야만 한다. 그렇게 누구나 겪게 되는 시행착오들을 반복적으로 헤쳐 나가다 보면 어느새 필요한 것들은 스스로 피드백을 통해서 배울 수 있을 것이다. 그리고 아마 그때쯤 되면 당신은 이미 'NOTHING'이 아닌 존재가 되어 있을 것이다.

가령 미수로 풀 매수해도 좋고, 동전주나 부실주를 매매하는 것도 좋다. 호가창에서 느껴지는 것이 있을 수도 있고, 하나의 회사가 어떻게 망해가는지도 알 수 있을 것이다. 처음에 당신이 주식투자를 시작하게 되면 사람에 따라 다르겠지만 하루 1시간이 아니라 2~4시간을 공부할 수도 있을 것이다. 호기심이 가는 종목도 많고 지식정보가 넘치는 정보화 시대다 보니 당신의 흥미를 유발하는 카페나 블로그에 가서도 많은 것들을 공부할 수 있다. 아마 내가 말하고 있는 이런 종류의 책들은 식상해서 쳐다보지 않을 확률이 크다. 고로 시중에 화려한 차트분석을 논하는 책들을 사서 볼 수도 있다. 그렇게 해서 빠른 시간 내에 여러분들에게 그런 단계가 지나가기를 바랄 뿐이다. 그런 이후 당신은 그동안 당신이 겪은 시행착오들을 반복하지만 않으면 된다.

바보 같은 소리지만 이 부분이 정말 중요한 이야기이다. 대부분의 사람들은 주식투자에서 기존의 시행착오를 계속해서 반복하고 있다. 이런 악순환을 선순환으로 하나씩 이끌어 내다 보면 주식투자는 하루 1시간만 할애해도 괜찮을 수 있다. 하지만 어느 정도 오랜 시간이 지나고 나야 해서는 안 되는 것들을 명확하게 느끼게 될 것이다. 그리고 동시에 경기의 순환국면도 느낄 수 있고, 시장의 주도주나 업황의 사이클도 조금씩 알게 될 것이다. 나보다 뛰어난 전문가들이 모두 알려주기 때문이다.

본업에 매진하고, 주식은 가끔씩 들여다보자

내가 하루 중 주식투자와 관련해서 하는 일은 대체로 보유종목의 주가를 확인하고 관련업종의 기사를 읽는 수준에 머물러 있다. 그리고 주로 일반적인 뉴스를 챙겨본다. 가령 네이버나 팍스넷에서 제공하는 부동산이나 경제 기사 정도를 보는 편이다. 따로 시간을 내서 보는 것이 있는데 그것은 바로 네이버에서 제공하는 영어뉴스이다. 본문 바로듣기가 가능해서 뉴스를 영어로 듣다 보면 학생 때 공부하는 느낌도 재현할 수 있어서 좋아하는 편이다. 지극히 개인적인 이유다. 또 영어뉴스에서 제공하는 경제 관련 기사들이 수출입동향, 금융 전반 등 숲 전체를 보여주는 내용들이 많아서 확실히 신뢰도가 높다. 지금의 나는 직접적인 주식 투자정보보다는 거시적인 경제흐름을 파악하는 데 더 많은 시간을 쏟아 붓고 있다. 그리고 보유종목의 주가가 오르기를 기다릴 뿐이다.

사실 주식투자를 시작하려는 이들에게 '이게 좋다, 저게 좋다'라는 식으로 모든 것을 세세하게 알려줄 수는 없다. 나의 이야기들은 단지 참고만 하면 된다. 일단 주식투자를 시작하게 되면 여러분 스스로 척척 알아서 할 것이다. 돈 앞에서는 다들 그렇게 된다. 중요한 것은 내 선택을 믿고 자신감을 가지고 실행하는 것이다.

돈이 보이는
신문기사와 소문들

행간에 숨은 의미를 파악하는 것이 진짜 뉴스 읽는 법이다

세상에 직접적으로 돈이 되는 뉴스는 거의 없다. 다만 거시적인 관점에서 시대적 변화와 흐름을 알려주는 뉴스들을 관심있게 탐독하고 확인하는 습관을 들이다보면 남들보다 돈 벌 기회를 포착하는 데 유리할 것이다. 또한 자신의 자산을 잘 지키는 데 유익한 뉴스들도 있다. 다만 뉴스나 기사를 통해서 접할 수 있는 사실들은 그 시점에 이슈화되는 것들이기에 꾸준히 관심을 갖고 추적 모니터링하는 것이 중요하다. 여기에는 일시적인 것들도 있고 시기적으로 일치하지 않는 것들도 많을 뿐만 아니라 오히려 거꾸로 가는 것들도 있을 수 있기 때문이다.

사실 나는 뉴스나 소문에 따라 즉흥적으로 투자하는 일은 거의 없다. 이는 나의 투자방식 때문인데 투자를 시작하면 최소 몇 달이나 1~2년 동안 보유하고 있기 때문이다. 그래서 상당히 멀리 내다보는 뉴스만이 내게 영향을 주는 편이다. 그러다 보니 생활패턴이나 소비성향이 바뀌는 것과 같은 기조적인 소식들, 산업구조 측면에서는 제약 산업이 바이오의약품으로 패러다임이 바뀌어간다거나 하는 거시적인 뉴스에만 관심이 있다.

돈이 되는 뉴스가 과연 있을까? 있긴 있다!

일례로 이 글을 쓰기 시작한 2014년도부터는 1인 가구 증가에 대한 기사들을 자주 접할 수 있었다. 이는 인구구조 변화와 청년 취업난 등 여러 가지 사회상의 변화로 인한 것이라 기조적인 흐름에 해당된다고 볼 수 있다. 특히 혼자 사는 20대 직장인들이 편의점을 자주 찾는다는 이야기들이 있었는데, 이때 효자상품은 주로 도시락이었다. 편의점들이 요즘 젊은이들의 취향에 맞게 깔끔하고 고급스러우면서도 상대적으로 저렴한 가격에 도시락을 공급하기 시작한 것이다. 우리 사회의 젊은 세대가 살아가는 모습이 조금은 안쓰럽다는 생각도 들었으나 1990년대 초중반 일본의 장기불황 초기와 유사하다는 말들이 나돌기도 했다. 이는 1991년을 기점으로 백화점 소비는 감소했으나 저가 편의식품을 앞세운 편의점이 늘어났던 일본의 장기불황 시기와 비슷했기 때문이다.

> **[2014 결산] 편의점 업계 '불황 속 선방', 위드미·PB 강세 등 이슈**
> 최종수정 : 2014-12-30 18:21:04

> **2014 편의점 깜짝 실적…불황 속 나홀로 '好好'**
> 입력 : 2014-12-25 12:05:59 수정 : 2014-12-25 12:05:59

> **1인 가구 증가…유통업계, '솔로족' 잡아라**
> 등록 2014-11-19 17:22:34 | 수정 2016-12-28 13:41:46

1인 가구와 편의점의 상관관계를 보여주는 헤드라인들

    이런 상황을 반영하듯이 2015년도부터 BGF리테일 주가는 안정적인 편의점 산업의 최대 수혜주란 타이틀을 달았다. 1인 가구의 수혜주가 된 것이다. 2014년 말까지 4만원 가까이 오르던 주가는 2015년에는 10만원까지 올랐고 2017년에는 14만원까지 오르기도 했다. 물론 이 종목 말고도 1인 가구 수혜주는 많이 있었을 것이다. 하지만 나는 주식시장의 많은 종목들에 관심이 없었기 때문에 주로 이 종목에 대한 기억만이 남아 있다.

무조건 사는 것은 금물, 저평가된 주식을 골라라!

    위의 종목을 고무적으로 생각하고 있었던 것과는 달리 내가 투자할 기회를 잡을 수는 없었다. 이는 좋게 보는 것과 투자할 만한 기준을 충족하느냐하는 것은 별개의 문제이기 때문이다. 내가 지켜보기에 BGF리테일은 항상 주가가 너무 앞서가고 있었다. 자산은 물론이고 실적가치 대비해서 보더라도 시가총액이 너무 앞서갔다. 그렇기에 뉴스에서 성장성이 크다고 아무리 떠들어도 관심이 가지 않았다. 더군다나 영업이익률과 순이익률은 5%에도 훨씬 못 미치고 있는 상황이었다. 하지만 이런 소식들은 패러다임의 변화를 나타내는 내용들이라서 멀리 보는 투자자들이라면 이를 긍정적인 것으로 볼 수 있었을 것이다. 하지만 주가가 상대적으로 앞서가고 있다고 생각될 경우에는 투자자의 고민이 깊어질 수밖에 없다. 그러므로 주가라는 것은 반드시 저평가라는 가격 메리트를 품고 있어야 한다.

개인적으로는 1인 가구 수혜주가 잘 나가던 시기에 주식시장에서 주목받지 못한 관련주가 남아 있을까 찾아보려 하였으나 그만두었다. 항상 그렇듯이 시장에서 이미 조명을 받은 주식의 주가는 진작부터 오르기 시작했고 내가 억지로 찾아내는 종목들은 성장성도 별로이고 실적도 초라해서 계속해서 소외될 가능성이 크기 때문이다. 이런 점을 감안하면 단기투자든 장기투자든 둘 다 어려움이 따른다고 볼 수 있다. 그 당시 1인 가구 증가와 소비 심리 위축에 따라 일본식의 장기불황이 우리나라에도 올 수 있음에 주목한 적이 있었다. 그리하여 일본에서 성장했던 업종이 있었던 것처럼 유사하게 수혜를 받을 만한 기업이 있을까 고민해보았으나 그만둔 것도 마찬가지 이유 때문이다.

이런 접근 방식은 업종 전체가 수혜를 받는다기보다 시대의 변화를 내다본 특정 기업이 천재적인 안목을 가지고 재능을 발휘해서 시장의 조명을 받는 것에 가깝다. 게다가 시간상으로도 그 여건이 무르익을 때까지 기다려야 할 것 같기 때문이다. 결국 이런 측면들을 감안하면 직접적으로 돈이 되는 뉴스를 찾는 것은 한계가 있으며, 투자에서의 시간요소를 감안하면 더욱 그러하다고 볼 수 있을 것이다.

뉴스보다는 기본에 집중하자!

주식투자에서는 가는 말에 용감하게 올라탈 것인가, 아니면 언제 움직일지 모르는 말에 미리 올라타야 하는 것인가라는 문제에 직면할 때가 많다. 우리는 정확한 시기까지 확신할 수 없을지라도 뉴스와 기사를 통해서 시대의 변화를 관찰하고 흐름을 파악할 수는 있어야 한다. 그 시대 안에서 기업 활동이 이루어지고 있으며 모든 것들이 시대의 흐름과 같이하기 때문이다. 항상 하는 말이지만 너무 거창하거나 화려한 것을 기대해서는 안 된다. 기본에 충실한 사람만이 꾸준히 수익을 낼 수 있으며 지속적으로 수익 낼 수 있어야 각자가 원하는 부를 이룰 수 있다.

따라서 주식투자에서는 돈이 되는 뉴스에 너무 집착하지 말라고 말하고 싶다. 단기투자라면 역정보에 이용당하기 마련이고 장기투자라면 시간이 흐르는 동안 단편적인 뉴스들은 모두 증발하기 때문이다. 뉴스와 기사를 통해서 시대의 방향성을 짚어보고 이와 함께하는 것은 매우 중요하다. 이 부분에 과도하게 집착하다 보면 본질적인 가치를 들여다보는 데는 멀어질 가능성이 있다.

뉴스를 통해 알 수 있는 체계적 위험

평소에 뉴스를 정독하다 보면 간혹 간직하고 싶은 기사도 있는데 이를 카카오스토리나 네이버 메모에 저장해 둔 적도 있다. 이처럼 기본이 되는 뉴스를 꾸준히 접하다 보면 다들 망각해가고 있는 거시적인 위험을 알 수 있다.

2017년 6월의 종합주가지수는 2,400을 향해가고 있었다. 그리고 주식시장은 대단히 고무적인 분위기가 연출되었다. 한마디로 '밀물'의 시기가 도래한 것이다. 그리고 시간의 문제일 뿐 반드시 '썰물'의 시기도 다가올 것이다. 모든 투자자는 좋은 여건에서 충분히 수익을 낼 수 있어야 하고 수익이 무르익어갈 마지막 단계에서는 반드시 월동을 준비해야 한다. 이는 수익과 비례해서 동시에 경계심을 키워가야 한다는 말이기도 하다.

2014년 네이버 영어뉴스 중에는 역사는 반복되며 특히 금융위기는 더욱 그렇다고 하면서 지난 20년간 세 번의 금융위기에 대하여 언급하는 기사가 있었다. 그 첫 번째는 1998년 아시아 외환위기이며, 1990년대 후반 대기업들의 무분별한 대출에 대한 경각심을 언급하고 있었다. 두 번째는 2000년대 초반의 신용카드 위기였고 마지막으로는 2008년에 일어난 미국발 서브프라임 모기지를 말하고 있었다. 또 다른 뉴스 중에는 2014년도 정부의 부동산 부양정책과 미국에서 야기된 모기지 버블 사태의 배경 등을 언급했다. 그리고 정책입안자들의 고민과 직면한 문제들에 대한 접근 해법을 제시하였다. 이런 뉴스들에 대하여 지나간 일을 단지 상기시켜주는 것뿐이라고 평가절하할 수도 있을 것이다. 하지만 인간은 망각의 동물이기에 이를 항상 인식하고 대비하는 마음 자세가 매우 중요하다.

2014년도부터 가계부채에 대한 심각성이 사회적으로 대두되기 시작했으나, 2017년도에도 계속해서 집값이 올랐으며 가계부채 또한 늘어서 1,400조원을 넘어섰다. 항공모함은 아주 큰 배라서 항로를 바꾸는 데에도 많은 시간이 걸린다고 한다. 선원 하나가 배에서 떨어지는 경우 항공모함이 다시 선회해서 되돌아오면 물에 빠진 선원은 이미 저체온증으로 사망했을 거라고 한다. 우리가 몸담고 있는 자본시장은 이보다 더욱 거대한 것이라서 체계적 위험이 도래하기 전에 안전하게 대피하는 것이 최선이라 할 수 있다. 뉴스에는 돈을 불릴 수 있는 뉴스도 있지만 이처럼 돈을 지키는 데 도움을 주는 뉴스도 있다.

주식투자자에게
비판적 사고는 덕목이다

회사에서 비판적 사고는 독이 된다

'비판적 사고'는 요즘 젊은 인재들에게 요구되는 필수 스킬이라고들 한다. 대기업들은 채용공고에 늘 창의적 인재, 비판적 사고를 가진 사람을 찾는다고 올린다. 하지만 실상 공무원이나 대기업 같은 거대조직에서는 똑똑한 사람들을 필요로 하지 않는다. 왜냐하면 대부분의 조직에서는 업무에 숙달되고 그냥 무식하게 따라올 사람들이 주로 필요하기 때문이다.

게다가 직장생활에서의 '비판적 사고'는 그것이 정확히 무엇을 의미하는지도 분명치가 않을 때가 많다. 보통의 구직자들은 고용주가 원하는 것이 무엇인지 고민할 필요도 없이 회사에 들어가서 정해진 규칙을 따라하는 경우가 대부분이다. 고용주들이 정말 원하는 건 잘 훈련된 문제해결 능력이지 비판적 사고가 아니기 때문이다.

　비판적 사고자는 현상에 대하여 끊임없이 의문을 품는 경향이 있는데, 정확히 말하면 이는 회사에서 원하는 직원상이 아닐 가능성이 크다. 가령 신입직원들이 출근 첫날부터 회사 차원의 사업전략에 대해 이러쿵저러쿵 이의를 제기하는 것은 아무도 원치 않는다. 실제로 신입직원들이란 그럭저럭 시키는 일만 잘 해내도 인정받는 편이다. 회사에서는 직원들의 비판적 사고와 문제해결의 대상이 회사 내부가 아니라 회사 외부세계이기를 바랄 뿐이다. 그리고 그러한 기준을 잘 따라야만 직원들은 편하게 월급을 받을 수 있다.

전문가가 아닌 일반가가 되자

　하지만 주식투자자에게 비판적 사고는 반드시 필요하다. 정해진 규칙보다는 다양한 시각으로 기업들을 바라봐야 하기 때문이다. 우리가 직원이었을 때는 해당 직무의 문제를 해결하는 데 있어서 숙달된 처리능력을 필요로 했다. 그리고 그 대가로 월급을 받는 것이다. 하지만 투자자가 되었을 때는 전체를 고려해서 종합적인 판단하에 투자를 해야 한다. 그리고 그 결과 시세차익이나 배당수익을 받아가는 것이다. 그러다 보니 주식투자행위는 specialist(전문가)의 일이라기보다는 generalist(일반가)의 일에 가까운 것이다. 우리는 시시각각 전해오는 뉴스나 기사 같은 수많은 사실에 대하여 의문을 품고 판단해야만 한다. 그리고 내가 필요로 하는 종합적인 판단을 위해서는 세부 전문가의 자문이라도 구해야 하는 것이다.

그래서 비판적 사고는 오히려 투자자들에게 요구되는 덕목이 아닐까 생각된다. 주식투자자라면 일상을 살아가면서 주변에서 일어나는 모든 일들에 대하여 무엇이 진실인가 한 번쯤 생각해 보는 버릇이 생겼을 것이다. 현명한 투자자가 된다는 것은 단지 다방면의 지식정보를 섭렵하는 것이 아니라 이를 바탕으로 의사결정이 필요한 사항에 대해 심도있게 판단하고 책임지는 일을 하는 것이다.

비판이 곧 주식투자가 된다

사전을 살펴보니 '비판'이라고 하는 것은 사물이나 현상의 옳고 그름을 판단하여 밝히거나 잘못을 지적하는 것을 말한다. 또한 사물을 분석하여 각각의 의미와 가치를 인정하고 전체 의미와의 관계를 분명히 하며, 그 존재의 논리적 기초를 밝히는 일이라고 정의하고 있다. 사전적 의미가 대단히 복잡하다. 되돌아보니 주식투자 자체가 곧 비판적 사고의 연속이라는 생각이 든다. 주식투자라는 것는 기업과 기업의 영업활동을 분석해서 미래의 주가를 밝혀내고자 하는 일인데, 우리는 그 과정 안에서 수많은 옳고 그름을 판단해야 하기 때문이다. 가령 현재의 주가는 확실히 싸다고 볼 수 있는가, 재무 상태는 어떤 상황에서까지 안전하다고 할 수 있는가, 대주주는 건전한가 등 우리는 주식투자에서 여러 가지 잣대를 통해 다양한 비판적 사고를 하게 된다.

이러한 잣대는 모두 2부의 원칙에서 순차적으로 기술되었던 내용들이다. 주가의 가격 메리트나 재무적 안정성 그리고 미래의 실적이라는 것들은 다각적인 시각에서 살펴보면 모두 의구심을 품을 수 있는 것들이다. 이와 같이 비판적 사고에는 명확한 원칙이나 기준이 자리 잡고 있어야 한다. 다시 말해 주식투자자의 비판적 사고 이면에는 자신만의 투자원칙을 고수하는 투자자의 태도가 함께해야 하는 것이다.

또한 일관성이 결여된 비판적 사고라는 것은 단지 불평에 가까운 푸념들로만 비춰질 가능성이 있다. 우리가 원하는 것은 긍정적인 비판적 사고이다. 그리고 이를 통해 투자자로서 수익을 창출하는 것이 목적이지 매번 비판만 일삼는 비관론자가 되고자 하는 것은 아니다. 하지만 주식투자를 하다 보면 비판적 사고와는 별개로 단지 탐욕에 눈이 멀어 손실이 발생하는 경우도 있다.

비판적 사고의 결과가 부정적이라면, 우리가 해야 할 일은?

그렇다면 이러한 비판적 사고의 결과가 부정적이라면 우리는 어떻게 대응할 것인가. 적극적인 방법으로는 행동주의 투자자*로 활동하며 기업의 문제를 직접 개선하는 것도 있지만 직장인 투자자들에게 이는 상당히 번거로운 일이다. 따라서 문제가 있어 보이는 기업은 말 그대로 회피하는 것이 최상의 선택일 것이다.

기업들에게 이의를 제기하는 것은 상당한 에너지가 소모된다. 또한 마냥 기다리다가는 더 큰 손실을 떠안게 되는 경우도 있을 것이다. 우리는 모든 것을 바로 잡아가며 살 수 없다. 신뢰할 수 없는 기업들에 대해서는 그냥

◆ **행동주의 투자자**
특정 기업의 지분을 대량으로 확보한 뒤 직접 경영에 관여하며 배당률을 높이거나 주가를 끌어올린 뒤 이를 팔아 이익을 챙기는 투자자

외면하고 회피하는 것도 투자자로서의 적극적인 대응이라 할 수 있을 것이다. 그렇지 않으면 손실을 보기 때문이다.

나의 투자사례에서도 비판적 사고의 결과, 투자해서는 안 될 기업으로 판단했던 회사가 있었다. 바로 2010년 상장폐지로 나에게 큰 손실을 안겨주었던 케드콤이다. 기업에 문제가 될 만한 요소가 있다는 사실을 알았음에도 스스로의 탐욕 때문에 이를 묵과했던 것이다. 비판적 사고는 그 자체로도 하나의 덕목일 수 있지만 주식투자자는 비판 자체에만 머물러 있어서는 안 된다. 비판적 사고는 여러 경험과 피드백을 거쳐 확고해진 자신만의 투자원칙이 반영된 것이라야 꽃을 피울 수 있다.

2

종목 선정하기

효자 종목으로 수익률 20%를 달성하라!

종목선정의 원칙을 만들어라

네 가지 종목선정 원칙을 적용하니 돈이 보이더라!

투자금이 1억원 미만이라면 한두 종목에 몰아라

유망주, 테마주만 쫓다간 망하기 십상이다

가치주가 아닌 성장주에 집중하라

코넥스에서 종목 선정하는 법

내가 하는 일과 비슷한 이슈에 관심을 가져라

나의 관심종목과 보유종목

종목선정의 원칙을
만들어라

종목선정의 원칙은 사람마다 다르다

주식투자에서 가장 중요한 것은 종목선정이다. 저평가된 종목을 먼저 찾아 큰 시세차익을 내는 것은 주식투자자들 모두의 바람이기 때문이다. 저마다의 투자기준과 매매 스타일이 어떠한가에 따라 종목선정의 기준은 달라질 수 있다. 그러므로 다수의 투자자가 채택하는 종목선정의 기준들을 일일이 확인하는 것보다는 하나의 종목선정 기준이 이후 어떻게 수익으로 귀결되는지가 보다 중요한 문제이다.

많은 사람들이 인터넷을 통해, 지인을 통해, 책을 통해 종목선정의 원칙을 찾고 있다. 이제부터 개인 투자자들이 일반적으로 고려하고 있는 종목선정의 원칙들에 대해 살펴보고 이에 대한 내 의견도 말해보고자 한다.

① 유동성이 풍부해야 한다

이는 대체로 주식시장에서 거래량과 거래대금이 많은 종목들이 대장주이고, 1~2등주라는 사실에서 착안된 것이다. 물론 투자자의 투자금액에 따라서는 유동성이 아주 풍부한 종목을 선택해야 할 수도 있다. 하지만 보통의 경우에는 유동성이 적당한 종목이면 매매에 있어서 큰 불편함이 없다. 그러므로 유동성이 풍부한 종목이어야 한다는 것은 투자방식에 따라 후순위일 수 있는 선택적 사항이다. 일반적으로 유동성이 풍부한 주식들이란 대개 최근 이슈와 밀접한 주도업종이거나 테마주 중에서도 선발적으로 움직이는 대장주 등이다. 그리고 이러한 주식들은 데이트레이딩에 적합한 주식들로 분류되기도 한다. 따라서 이들 종목을 선택하는 것은 개인적 선호에 가까울 수 있다.

만약에 주식투자가 금전적인 손실과는 무관하게 단지 재미로 하는 온라인 게임이라면 이런 주식들을 매매해야 할 것이다. 그래야 활발한 매도와 매수 과정을 통해 스트레스를 풀 수 있을 것이다. 하지만 반드시 수익이 나는 주식투자를 할 생각이라면 이보다 훨씬 중요한 기준들이 많다는 것을 깨달아야 한다.

② PBR을 통해 고평가, 저평가 여부를 평가하라

다음으로는 PBR*을 통해 고평가, 저평가 여부를 파악하라는 말이 있다. 이는 혹시 모를 재무적 리스크를 확인하기 위해서 반드시 참고해야 할 요소 중 하나이다. 하지만 나는 PBR을 특정 종목의 주가가 고평가인지 저평가인지를 가리기 위한 수단으로는 생각하지 않는 편이다. 그렇기 때문에 업종이나 성장 가능성 등에 따라 유연하게 바라보고 있다. 나는 기본적으로 성장주에 대한 투자를 추구하고 있기 때문에 순자산가치는 리스크 차원에서만 확인한다. 좀 더 보수적인 관점에서는 재무제표에서 보여주는 순자산은 장부상 평가액이기 때문에 나쁜 시기가 도래하면 얼마든지 평가절하될 수도 있다. 그러므로 절대적인 금액이라고 생각하지도 않는다.

◆
PBR
주가를 주당순자산가치로 나눈 비율로 주가와 1주당 순자산을 비교한 수치이다. 기업 자산의 가치를 의미하며 PBR이 1 미만이라면 주가가 장부상 순자산가치에도 못 미친다는 뜻이다.

③ 차트 우량주 중에서 종목을 선정하라

이는 과거의 내가 종목을 선정함에 있어서 가장 중요시했던 첫 번째 원칙이었다. 아래의 차트를 한번 살펴보자. 기술적 분석을 아는 투자자들이라면 아마 군침을 흘릴 만한 패턴을 보여주고 있다.

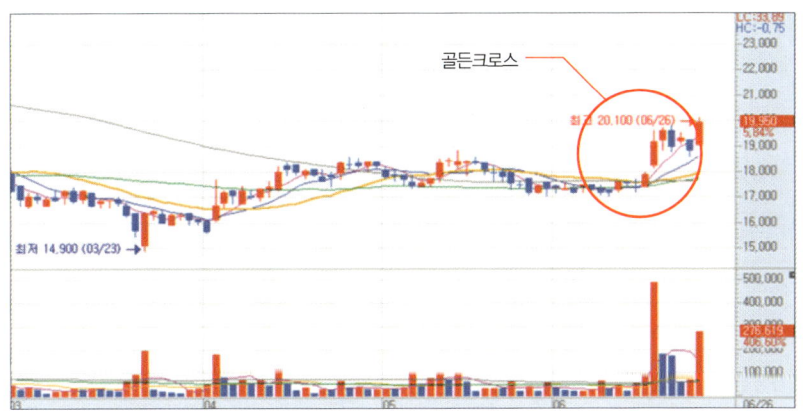

위 차트는 바닥을 찍고 저점을 다시 확인한 상태에서 거래량이 증가하면

◆ **골든크로스(Golden cross)**
단기 주가이동평균선이 중장기 이동평균선을 아래에서 위로 돌파하는 것으로 주가상승의 신호로 본다. 반대 뜻으로는 데드크로스(Dead cross)가 있다.

서 골든크로스˚를 나타내고 있다. 사실 기술적 분석을 잘 모른다고 하더라도 주가의 흐름이 과도하지 않게 부드럽게 이어가며 우상향하는 이 차트를 보면서 안정감이 느껴질 것이다.

많은 투자서에서 이처럼 단기 이동평균선이 장기 이동평균선 위에 있는 종목을 매매해야 탄력적인 시세를 보기 쉽다고 한다. 반대로 역배열 종목에서는 빨리 빠져나와서 정배열인 종목으로 교체하라고 말한다. 이는 지금 생각해 보아도 모두 맞는 말임에는 틀림없다.

하지만 과거의 나는 이러한 방식을 수년째 추종했음에도 왜 성공적인 주식투자를 하지 못했을까? 왜냐하면 차트 우량주에 대한 투자가 주식투자의 전부가 아니기 때문이다. 이미 만들어진 정배열 차트는 대체로 누가 보더라도 아름다운 패턴을 이루고 있다. 하지만 이들은 후행성이고 미래 주가는 아무도 모른다. 여기에는 의도적으로 미끼를 만들어 놓고 물량을 떠넘기려는 매도세력이 도사릴 수도 있는 것이다. 주식시장은 각종 속임수와 트릭이 난무하는 곳이다.

서정주 시인의 〈국화 옆에서〉처럼 주식시장에서도 한 송이 국화꽃을 피우기 위해 봄부터 소쩍새들이 울어대기 시작한다. 먹구름 속에서도 천둥이 울어대기를 수없이 반복했을 것이다. 이러한 인고의 시간을 이겨내야 정배열 초기라고 하는 한 송이 국화꽃을 피워낼 수 있다. 하지만 이 꽃은 백일홍이 되기는커녕 십일도 가지 못하고 다시 떨어질 수도 있다. 가치투자를 했다고 하더라도 아직 때가 되지 않았다면 얼마든지 그럴 수 있다. 그러므로 충분히 기다릴 수 없는 투자를 반복하고 있다면 손절매라는 악순환을 회피할 수 없을 것이다. 그럼에도 불구하고 차트 우량주를 매수하는 것은 매우 바람직한 일이라 할 수 있다. 다른 요소들이 모두 충족된다면 그렇다는 이야기다.

④ 실적 대비 저평가 종목에서 선정한다

2007년 이전의 나는 주로 호재성 공시와 차트 우량주만을 찾아다니며 반짝 수익을 노렸다. 하지만 나의 주식투자는 항상 손실로 마감했다. 주식시장에서 말하는 실적은 어디까지나 과거형이고 증권사 컨센서스에서 보여주는 미래의 추정실적은 희망사항에 가깝기 때문에 종목을 선정할 때는 많은 고민을 할 수밖에 없다. 실적에 대한 시장 평가는 업종이나 종목마다 다르다. 다시 말해 실적 대비 주가는 모든 종목이 똑같지 않기 때문에 현재 기업가치를 측정해 적정 주가를 추정하는 밸류에이션이 하나의 가정일 뿐이다. 그러므로 실적 대비 저평가 정도를 추정하는 것은 대단히 어려운 일이다.

가령 슈프리마(236200)의 추정실적을 살펴보자. 이는 증권사에서 제공하는 모바일 트레이딩에서 확인할 수 있다. 2017년 이후 매출액과 영업이익 그리고 당기순이익이 모두 지속적으로 증가하고 있음을 알 수 있다.

나는 2018년 2월에 이를 24,000원선에서 6천주 사서 28,000원선에 모두 매도한

슈프리마(236200) 컨센서스

적이 있다. 이를 매수할 당시에는 목표 시가총액을 3,000억원쯤으로 생각했다. 이를 목표주가로 환산하면 42,000원 정도가 된다. 내가 목표 시가총액을 3,000억원쯤으로 생각한 이유는 2019년 영업이익을 15배 정도로 추정했기 때문이다. 하지만 이를 이끌어 내는 건 주도세력의 특권이지 내가 부여할 수 있는 것이 아니라 항상 고민할 수밖에 없다. 그래서 목표치는 아니었지만 어느 정도 수익이 났을 때 모두 매도하고 말았다.

이 밖에도 종목을 선정하는 일반적인 기준들은 많이 있다. 외국인이나 기관 투자자의 수급이 우량한 종목을 매매하는 것도 이에 해당한다. 하지만 반드시 수익이 나는 주식투자를 하고 싶다면 투자자 자신의 종목선정의 원칙과 매매방식이 보다 확실히 정립되어야 할 것이다.

가치투자를 위한 종목선정

앞에서 말했던 것처럼 종목선정의 원칙은 사람마다 다르다. 각자의 생각과 원칙에 따라 추구하는 종목선정의 조건들은 다양할 수 있으므로 아래에서는 가치투자를 실천하는 데 필요한 종목선정의 조건들을 열거해 보겠다.

1	EPS가 업종 평균을 상회하고 액면가 이상인 기업
2	매출액이 자본금의 10~30배 이상(코스닥 10배, 거래소 20배)인 기업
3	부채비율이 100% 미만인 기업

4	이익잉여금이 자본금의 5배 이상인 기업
5	최근 3년 연속 순이익을 달성한 기업
6	주당순이익이 액면가 이상인 기업
7	전환사채, 신주인수권부사채 등의 발행이 없는 기업
8	액면가 기준 배당률이 20% 이상인 기업
9	생산 제품 중 인지도 1위의 품목이 1개 이상인 기업
10	대주주의 횡포가 없는 기업(관계사 지원 등)
11	거래량과 유통 주식 수에 제한을 두지 마라
12	영업이익이 3년 이상 연속적으로 발생한 기업
13	기업 성장성 가치가 있는 종목
14	향후 성장 산업의 업종
15	수익과 매출의 변동성이 낮은 기업
16	현금흐름이 좋은 기업
17	어음 발행이 없는 기업
18	회사 연혁이 최소한 15년 이상인 기업
19	대주주가 정치인이 아닌 회사
20	대표가 회사 이외의 직함이 없는 회사
21	회사의 대표가 언론에 자주 나오는 기업은 피하라
22	자율적이고 능동적으로 소액 주주를 위한 공개 경영을 하는 기업
23	일일 주가의 변동성이 10% 미만인 기업
24	인터넷에 자주 언급되는 종목은 피하라

25	외국인 장기 펀드에 편입된 종목
26	차트는 최소한 주봉 이상을 참조하여 선정하라
27	영업이익보다 영업외이익이 많은 기업은 피하라
28	노사분규가 한 번도 없는 기업
29	소비자 중심의 경영을 하는 기업
30	주주를 존경하는 모습을 보이는 기업

 위의 표에서 볼 수 있는 가치투자를 위한 종목선정의 조건들은 모두 30가지나 된다. 이를 모두 충족하는 종목을 고르는 것은 배우자를 찾는 일보다 어려울 것 같다. 여기에 가격 메리트까지 더한 주식을 찾으려는 것은 거의 불가능하다. 하지만 모두 일리가 있는 말들임에는 틀림없다. 모범생을 따라한다는 생각으로 위의 조건들을 충족하는 종목을 찾다 보면 좋은 투자 습관을 가질 수는 있겠지만 스스로 만족할 만한 수익을 낼 수 있을지는 의문이다. 객관적인 기준을 모두 충족하려다 보면 그 안에 투자자의 마음은 없을 수도 있기 때문이다. 따라서 중요한 것은 위 요소들이 말하는 핵심과 본질을 이해하고 자신이 적극적으로 활용할 수 있는 핵심 조건들로 압축해야 한다는 사실이다. 그렇게 하다 보면 스스로 확신할 만한 간소한 원칙들만 남을 것이다.
 종합 격투기를 본 적이 있는가? 운동 좀 하는 사람들이라면 격투기에서 사용되는 다양한 기술을 모방차원에서 따라할 수는 있겠지만 선수들처럼

필살기로 사용할 수 있는 사람은 많지 않을 것이다. 또한 실전에서 사용되는 다양한 기술들은 공격과 방어에서 조화를 이루기 위함이지 모두가 필살기가 될 수는 없는 것이다. 주식투자에서도 필살기는 한두 가지면 된다. 그리고 나머지 조건들은 단지 방어 차원에서 고려하면 될 것이다.

내가 추천하는 종목선정의 원칙들

여기서는 내가 투자에 활용하고 있는 종목선정의 원칙들에 대해서 정리해 보고자 한다. 사실 나의 종목선정 원칙들은 간단하다. 이러한 것들은 우선순위에 상관없이 모두 충족해야 하지만 하나의 요소가 다소 부족하더라도 다른 요소의 메리트가 상당히 크게 다가오는 경우에는 이를 종합해서 판단하고 있다.

물론 가끔은 개인 투자자의 한계를 벗어나지 못할 때도 있다. 실수를 하는 것이다. 하지만 아무리 유혹적인 요소가 있다 하더라도 결핍 요소가 있는 종목은 절대 상종하지 않겠다는 생각에는 변함이 없다. 수험자들도 과락(과목낙제)이 있으면 탈락하듯이 종목선정에서도 결핍 요소가 있는 경우에는 오래 보유하지 못하고 손절매로 끝나기 때문이다. 내가 보는 종목선정의 원칙들은 사실상 우선순위를 두지 않고 거의 동시에 살펴보는데 일반적인 순서대로 언급하면 다음과 같다.

① 오랜 시간 하락하거나 장기간 횡보해서 소외된 종목을 찾자

이는 내가 종목을 고르는 데 있어서 가장 핵심적으로 보는 요소이다. 이는 주가의 저평가 또는 가격 메리트라는 측면에서 가장 먼저 보는 기준이기 때문이다. 하지만 이를 전적으로 고집하는 것은 아니다. 주식시장에는 종종 장기간 소외되거나 방치되어 상장기업 본연의 기능에 무관심한 종목들도 가끔 있다. 하지만 이게 전부는 아니다. 차트를 봤을 때 이제까지의 주가 흐름에서 가격 메리트가 느껴져야만 한다. 그리고 이런 요소를 충족했을 때 나는 대체로 장기간 방치되고 소외된 느낌을 주는 주식을 선호한다. 하지만 전통산업의 중소형주처럼 성장성에 의문이 간다거나 동시에 거래량과 거래금액조차 적은 경우에는 자산가치가 크다 하더라도 이를 배제한다. 나의 주식투자는 기업의 영업활동에 대한 기대치를 갖고 있으며 성장성과 함께하는 실적주를 선호하기 때문이다. 그러다 보니 첨단기술 업종이나 제약바이오처럼 미래를 주도할 산업분야에 투자할 수밖에 없는 것이다.

하지만 세상에 주식을 매수하는 것처럼 신중해야 하는 일도 없다. 섣불리 매수했다가는 주식시장의 호구가 되기 때문이다. 그러므로 주가가 절대적으로 저렴한 시기라고 판단될 때 이를 주워 담아야 한다. 그리고 이를 위해서는 장기간에 거쳐 분할매수를 할 수밖에 없다. 우상향 패턴을 보이는 정배열 차트는 이미 누군가의 노력이 깃들어 있기에 보기에 좋다. 하지만 남이 차려준 밥상에는 적절한 대가를 지불할 가능성이 크다.

내가 선호하는 주식은 이제 바닥을 치고 상승할 조짐이 보이는 역배열의 마지막이다. 다시 말해 정배열 초기 직전에 해당하는 종목이다. 이를 기술적 분석으로 설명하면 보통의 트레이더들이 관심을 가질 만한 시기보다 선취매를 하고 기다리는 것을 말한다. 이 부분도 차트를 보고 판단하는데, 이는 기술적 분석이 중요해서가 아니라 투자자로서 가격 메리트가 있는 시기에 사고 싶기 때문이다.

이수앱지스 종목을 사례로 들어보려 한다. 오른쪽의 이수앱지스 월봉 차트를 보면 2013년 이후의 주가에서 강한 하방경직성을 확인할 수 있다. 나는 2015년이나 2016년에도 이수앱지스를 보유하고 있었으나 주가는 매번 전고점을 넘지 못하고 다시 하락했다. 그렇기에 2017년에는 더욱 큰 기대를 가질 수밖에 없었다. 오랜 시간 동안 수많은 투자자들을 실망시킨 만큼 조만간 상승할

이수앱지스 월봉 차트

거라는 확신이 있었던 것이다. 2017년 9월 이수앱지스는 대규모 유상증자를 공시했고 이로 인해 바닥이라고 생각했던 지점에서 한 번 더 급락을 하게 되었다. 이는 나에게도 엄청난 스트레스였다. 하지만 굴하지 않고 꾸준히 저가 분할매수를 이어갔다. 여러 가지 이유가 있었지만 나는 이와 같은 장기 소외종목을 좋아했다. 누군가 만들어놓은 길보다는 내가 찾은 종목의 성장을 기다리는 시간을 즐기기 때문이 아닐까 싶다.

② 회사의 사업을 분석하여 기회와 위기를 파악하자

예전에는 팍스넷에서 '재무/사업 → 하이라이트 → 개요 및 현황'을 종종 들여다보았다. 하지만 2017년도 이후로는 주로 스마트폰의 MTS를 이용하여 손쉽게 읽고 있다.

이수앱지스 기업 개요 및 현황

사업내용은 개인의 취향에 따라 선호도가 달라지는 부분인 만큼 이를 통해 주식투자에 대한 적격 여부를 가리지는 않는다. 하지만 업종에 대한 이해를 바탕으로 회사의 기회요소와 위협요소를 동시에 생각해 볼 수 있는 부분이므로 시간을 두고 지속적으로 관찰해야 한다. 일단은 투자 여부를 결정하는 요소가 아니므로 대강 뭐 해먹고 사는 기업인가 정도만 살펴보면 된다. 추후에 다른 제반 요건들이 충족된다면 최근 3~5년간 관련 공시나 뉴스를 통해 더 자세히 뒤져볼 것이기 때문이다.

③ 재무요약을 샅샅이 살펴본다

사실 재무상태표와 손익계산서만 대강 살펴봐도 주식투자에 필요한 재무상태는 쉽게 파악할 수 있다. 여기서 실적가치를 논하기 위해서는 손익계산서의 흐름을 살펴보고 미래의 실적을 추정해 볼 수 있어야 한다. 하지만 사실상 개인 투자자가 이를 추정하기 어렵기 때문에 추정기관들이 제시하는 컨센서스를 활용하면 된다. 보통 일반인들이 재무요약을 살펴보는 첫 번째 이유는 재무 리스크가 있는지를 확인하기 위해서이다. 그리고 이는 재무상태표만으로도 알 수 있다.

손익계산서는 동종 업계의 특성이나 회사규모 또는 시장점유율 등을 감안해서 사업내용이 비슷한 회사들과 비교해보는 것이 좋다. 각각의 크기와 이익률 등을 비교해 봄으로써 투자종목의 수준을 가늠해 볼 수 있기 때문이다. 유사한 종목들을 비교분석하다 보면 눈에 보이는 것들이 있다. 하나의 표준값을 도출해 낼 수는 없지만 투자하고 싶은 종목의 가능성을 파악할 수 있다. 이는 정성적인 측면도 있다. 여하튼 투자할 종목의 수준을 파악하는 것은 중요하다. 흔히 말하는 잡주에 투자하면 끝이 좋지 않다. 더디지만 반드시 수준있는 회사에 투자해야 하는 이유이다.

또한 손익계산서에서는 연간 흐름이 중요하다. 대체로 과거 3년, 미래 3년이면 족할 것이다. 연도별 증감 상태를 통해서 사업의 호전이나 개선 여부를 가늠해 볼 수 있다. 매출액이나 영업이익 그리고 당기순이익을 통해서는 현재 시가총액이 고평가된 것은 아닌지 알 수 있다. 그리고 그 적정성도 따져보아야 한다. 고평가라 판단되면 회사의 성장률을 반영해서 목표시점의 시가총액을 추정해 볼 수도 있다. 이는 적정 주가를 판단하는 근거가 되므로 사실상 투자종목으로 판단할지 말지는 주로 이 부분을 참조한다.

물론 재무요약에서 보여주는 손익계산은 최근 회계연도 말까지를 보여주는 과거의 데이터이므로 미래의 주가를 판단하는 데에는 크게 적합한 정보가 아닐 수도 있다. 그러므로 미래 실적과 미래 주가에 대해서는 또 다른 예측을 해야만 한다. 하지만 막연한 예측과 목표는 더욱 불확실한 것이므로 먼저 현재의 시가총액이 적정한지를 따져볼 필요가 있다. 나아가 미래의 손익계산을 추정해 봄으로 미래의 시가총액에 대해서도 예상해 볼 수 있을 것이다. 그러므로 손익계산은 아주 중요하다. 현재의 시가총액을 기준으로 미래의 시가총액을 예측할 수 있어야 내가 희망하는 목표가를 추정하고 이를 통해 시세차익을 기대할 수 있기 때문이다.

여기서 개인 투자자가 나홀로 기업의 미래 실적을 추정한다는 것은 대단히 어려운 일이다. 하지만 지식과 정보가 넘쳐나는 시대이다 보니 요즘에는 증권사 리포트나 뉴스 등을 살펴보면 전문가들이 예측해 놓은 추정치를 확보할 수도 있다. 결국 주식투자에 있어서 목표가를 정해놓고 기다릴 수 있는 희망찬 근거는 바로 미래 실적을 반영한 손익계산서에 있는 것이다.

손익계산서 이전에 재무상태표에서는 전체적인 재무현황을 가늠해 볼 수 있다. 여기서는 자산, 부채, 자본을 살펴볼 수 있다. 일반적으로 자본에 해당하는 순자산과 주식의 시가총액을 비교해서 청산가치보다 높다거나 낮다고들 말하는데 나는 이 부분에 대해서 크게 의미를 두지 않는다. 청산가치나 따지려고 주식에 투자하는 것이 아니기 때문이다. 게다가 기업의 청산가치라는 것은 여건에 따라서 고무줄처럼 늘었다 줄었다 할 수도 있다.

여기서 보는 핵심 요건은 '해당 기업에 투자하는 동안 지독한 불황이 시작되어서 3년 이상 연속적으로 적자를 본다 하더라도 재무적 리스크가 부각되지 않을 만큼 순자산을 충분히 보유하고 있어야 한다'라는 것이다. 굳이 '3년 이상 연속적으로 적자를 본다 하더라도'라는 단서를 붙인 이유는 통상적으로 내가 한 종목에 투자하는 경우 최대 1~2년 동안은 지속적으로 매수할 각오를 다지고 접근하기 때문에 정한 기간이다.

참고하자면 벤저민 그레이엄의 주식보유기간은 2~3년이었다고 한다. 그리고 그가 투자한 종목은 대략 그 정도의 기간이면 거의 제 가격을 반영했다고 한다. 이런 관점에서 생각하면 3년이라는 기간이면 대체로 무난할 것 같다. 그리고 3년 연속 자본을 까먹어도 별 탈 없을 정도로 회사의 순자산이 충분하면 된다. 만약 상대적으로 부채가 과다해서 신경이 쓰인다면 부채의 성격까지 추적해 봐야 하는 번거로움이 있다. 그리고 이는 번거로움 이상의 어려움이 있는 것이 사실이다. 그러므로 애시당초 부채가 적고 순자산이 많은 회사라야 신뢰가 가는 것이다.

한편 이 부분에 있어서 구체적인 순자산의 기준을 제시하고 싶지는 않다. 이를 일반화하는 것은 상당히 어렵기 때문이다. 가령 2017년 이후 나는 코스피 기업에 비하면 순자산가치가 현저히 적은 제약바이오 주식에 대해서도 성장 가능성만 확실하다면 공격적으로 투자하고 싶은 마음이 있었다.

왜냐하면 이는 시대적 흐름에 부합하기 때문이다. 2000년 초반 닷컴주 같은 인터넷 관련주들이 돈의 유입으로 급등했던 것처럼 요즘은 바이오 종목들이 꾸준히 상승하는 경우가 자주 발생하고 있다. 특히 코넥스 종목 중에는 순자산가치가 거의 제로에 해당하지만 지속적으로 오르는 종목들도 있다. 예전부터 내가 관심을 두었던 툴젠이나 노브메타파마, 카이노스메드 등이 이를 증명하고 있으며 내가 관심을 두지 않은 종목들 중에서도 많이 오르고 있다. 그리고 이러한 배경에는 문재인 정부의 코스닥 활성화 대책도 한몫을 하고 있는데 다들 코스닥 이전 상장을 염두에 두고 있을 가능성이 크다.

하지만 기업들은 전문투자자도 파악하기 어려운 우발채무나 여타의 자금난을 겪을 수 있다. 그렇기에 시장상황에 따라 재무적 리스크는 언제든 뒤집어질 수 있는 문제라는 것을 간과해서는 안 된다. 그러다 보니 재무제표를 보는 시각이 보수적일 수밖에 없다. 과거에 멀쩡하던 회사가 갑작스럽게 문제가 되는 일이 항상 있어 왔다. 이는 기업의 경영악화는 물론이고 배임·횡령 같은 경영진의 도덕적 해이가 더해져서 일어나는 것들이 태반이다. 그리하여 재무상태가 취약한 중소기업이라면 상장폐지의 길을 걷는 경우도 많았다. 그러므로 순자산을 따져보는 일은 투자의 안정성을 위해서 어쩔 수 없는 선택이다. 이 대목에서 전설적인 권투선수 타이슨이 했던 말이 생각난다. '누구나 그럴싸한 계획을 갖고 있다. 나에게 한 대 맞기 전까지는 말이다.'라는 그의 말처럼 주식투자에서 재무 리스크를 따지는 것은 항상 중요하다. 바로 한 방에 망할 수도 있기 때문이다.

④ 주요주주 현황을 통해 대주주의 경영 안정성을 확인하라

사소하게 생각할 수도 있지만 지속 가능한 성공투자를 위해서는 이 역시 중요한 요소이다. 기업은 사람들이 모여서 이윤을 창출하기 위한 조직체이므로 보스의 역량과 의지가 대단히 중요하다. 이는 통상 리더의 중요성에서도 강조되는 말이다. 그러므로 대주주와 특수 관계인들의 지분율을 확인하고 직원 수를 확인해보는 것은 지극히 당연한 일이다. 대주주 지분율이 적으면 적대적 인수합병에 노출되거나 경영 안정성이 떨어져서 문제가 될 수도 있다. 하지만 무엇보다도 회사는 무주공산 같은 곳이 되어서는 안 되기 때문에 그 주인이 확실한 곳이어야 한다. 대주주와 경영진의 애착이 없는 회사는 언제든 배임과 횡령에 노출될 수 있고 또한 담보주식은 사채업자의 손아귀로 들어가 동전주가 될 수도 있기 때문이다. 따라서 대주주의 지분율이 안정되어 있고 그들의 경영활동을 통해 성장 가능성이 밝게 느껴지는 회사일수록 투자자의 미래도 밝다.

좋은 회사에서는 대주주와 경영진들조차 회사의 미래를 밝게 보고 적극적인 주가부양이나 배당 의지를 표명하기도 한다. 그리고 주주이익은 물론이고 그들의 부를 축적하기 위한 수단으로 주식을 활용하는 것이다. 예로 바로 내가 투자했던 코오롱생명과학의 BW 발행이 있다. 그러므로 대주주의 지분율이 높다면 믿을 만한 구석이 하나 더 생겼다고 생각하고 맘 편히 투자해도 좋다. 또한 종업원 수를 통해서는 회사의 규모와 실체를 가늠해 볼 수 있다.

네 가지만 알면 직장인도 성공적인 종목선정 가능!

대체로 이 네 가지 정도가 충족되는 종목을 나는 괜찮은 투자종목이라고 본다. 나는 주식투자에 많은 시간을 할애하지 않기 때문에 시황전반이나 업종별 분석 같은 것을 하지 않는다. 차라리 그 시간에 운동을 하거나 일반적인 뉴스거리를 보는 것을 좋아한다. 또한 유행의 변화에도 관심이 없다 보니 경기 민감주보다는 방어주 성격의 주식에 투자하는 것을 선호한다.

사실 경기 자체와 무관하게 꾸준히 상승하는 성장주에 투자하고 싶을 뿐이다. 이런 꿈의 종목들은 예전부터 무수히 많았으나 시간이 한참 흐르고 나서 남들이 모두 알 때 비로소 나도 알게 된다는 한계가 있다. 그러다 보니 이런 주식들은 단지 투자자의 로망으로만 남아 있고 현실에서는 그럭저럭 수익을 내는 주식을 열심히 찾을 뿐이다.

네 가지의 종목선정 원칙을 적용하니 돈이 보이더라!

미리 사 놓았더라면...!

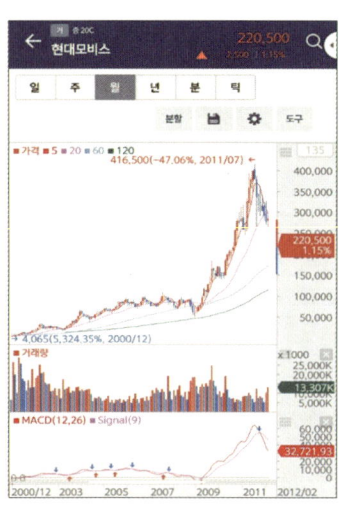

큰 폭의 상승을 보이는 현대모비스 차트

1990년대에 주가가 3,000원대이던 현대정공은 2000년에 현대자동차와 기아자동차의 애프터서비스용 부품 사업을 인수하고 그해 10월 현대모비스로 상호를 변경해서 자동차 부품전문회사로 도약했다. 그러더니 10년이 지난 2011년도에는 주가가 자그마치 41만원까지 치솟았다. 이처럼 기업이 장기적으로 성장함에 따라 주가가 지속적으로 상승한 경우가 종종 있다. 그리고 누구나 이런 종목 하나를 잘 선정해서 장기투자에서 성공하고 싶어 한다. 하지만 현실에서는 이와 같은 안목을 가진 투자자가 거의 없다. 나 또한 마찬가지이다. 하지만 나는 지금도 투자자로서 성장하고 있기 때문에 언젠가는 이런 성공사례에 가담할 수 있을지도 모른다는 기대를 할 뿐이다. 일단은 나의 투자사례를 통해 전에 말했던 종목선정의 원칙을 실전에 적용해보자.

① 장기간 횡보하고 있던 주식 Pick!

먼저, 장기간 하락하거나 횡보해서 주식시장에서 외면당하고 있는 종목을 찾자. 예시로 이수앱지스(086890)의 월봉 차트를 살펴보려 한다. 오른쪽의 차트를 보면 이수앱지스는 2009년도에 대략 40,000원을 찍고 2010년부터 5년 연속 장기하락하거나 횡보 중에 있었다.

특히 2014년 초에는 바닥 탈출을 향한 반등을 시도하다가 다시 하락했다. 일반적인 예상대로라면 1~2년 이내에

장기간 횡보하던 이수앱지스 월봉 차트

바닥을 다지고 상승할 가능성이 커 보였다. 통상 주가의 흐름만으로 판단할 때 5년이라는 시간의 조정이면 기간 조정이 나름 충분했다고 보기 때문이다. 물론 이후에도 쉽사리 상승하지 못하고 2017년 말까지 하락 횡보를 이어갔지만 어쨌든 첫 번째 기준은 충족되었다. 사실 나는 2012년도에도

이수앱지스를 저가에서 분할매수한 적이 있다. 그리고 2013년에는 수익을 낼 수 있었다. 매년 이런 식으로 반복을 거듭하며 2018년 현재까지도 수익을 이어가고 있다. 이를 두고 투자를 썩 잘한 케이스라고 할 수는 없을 것이다. 왜냐하면 주가가 제대로 상승한 적이 없기 때문이다. 당시에는 조만간 기업가치가 급성장할 것으로 예상했으나 매번 나의 예상은 빗나가고 말았다. 적어도 저 정도의 조건에서는 기업가치에 변함이 없더라도 주가만큼은 크게 오를 수도 있는 일이었다. 하지만 매번 초라한 결과만을 안겨다 주었다. 그럼에도 불구하고 내가 매년 수익을 낼 수 있었던 것은 내 원칙에 맞게 사고팔기를 반복했기 때문이다.

여기서 이수앱지스는 내가 지향하는 네 가지 종목선정 원칙을 설명하기 위한 하나의 예시로만 생각해 주기 바란다.

② 투자자의 입장으로 회사가 하는 일을 파악하자

차트를 통해 장기간 하락하는 주식을 찾았다면 두 번째는 뭐 하는 회사인지를 살펴보는 것이다. 사업개요는 MTS를 통해서도 살펴볼 수 있다. 사실 사업내용은 분기보고서나 반기 또는 연간 사업보고서에도 상세히 나온다. 사업내용과 관련해서는 흔히 경제적 해자◆라고 일컬어지는 경쟁사의 진입장벽을 생각해 볼 수도 있다. 사실 내가 투자한 회사가 아무나 진입할 수 있는 그저 그런 사업을 하고 있다면 별다른 투자 메리트가 없을 것이다. 이런 사업으로는 기업의 존속성조차 장담할 수 없는 상황이

◆
경제적 해자
해자는 적의 침입을 막기 위한 함정을 일컫는 말로, 경제에서는 진입장벽이 높아 경쟁사가 접근하기 어려운 현상을 말한다. 주식투자에서는 이러한 경제적 해자를 가진 종목을 찾는 것이 중요하다.

발생할 수도 있기 때문이다. 내가 투자했던 종목 중에는 아이리버라는 회사가 그런 경우에 해당한다. 사업 초기에 MP3 플레이어로 대박을 터트렸고 이는 아무나 진입할 수 없는 기술로 여겨졌었다. 하지만 MP3가 이후 모두 스마트폰 안으로 빨려 들어가며 상황이 변했다. 그런 만큼 회사의 사업내용은 장기적으로 매우 중요한 요소가 된다. 그러므로 주식투자자는 매의 눈으로 사업내용뿐 아니라 경쟁사의 신기술 발명, 정책의 변화 등 시장상황도 눈여겨보아야 한다.

재무학의 시선으로 볼 때 수익성이 높은 사업일수록 항상 경쟁자가 출현한다고 한다. 그러므로 경제적 해자의 유무는 장기투자자들에게는 중요한 요소가 될 것이다. 하지만 이러한 것들은 단기적으로 쉽게 변할 수 있는 것이 아니므로 시간을 두고 지속적으로 생각해 보아야 할 문제이다. 남들이나 전문가들의 시각을 통해서도 들여다볼 수 있는 것이므로 필요하다면 수년간의 뉴스, 블로그나 증권사 리포트까지 추적해 보아야 할 것이다.

가령 이수앱지스는 제약바이오 분야의 연구개발회사이다. 몇몇 바이오시밀러 제품은 이미 상용화가 되었으나 2017년도까지도 수익성면에서 별다른 진척이 없었다. 비록 경제적 해자가 있었다고 하더라도 그 특성상 희귀질환이라는 국내시장이 아주 작았기 때문에 성장성에서도 의문이 드는 형국이었다. 하지만 수출을 통해 2016년도부터는 이런 한계를 극복하는 모습을 보여주고 있다. 게다가 앞으로는 미국, 유럽까지 진출할 예정이라고 하니 좀 더 시간을 두고 지켜볼 일이다. 2017년도부터는 전문가들조차 매출 실적이 급성장할 것으로 예상하고 있으나 과거에 그러했던 것처럼 얼마든지 미뤄질 수도 있다.

③ 공시 서류를 통해 투자 메리트 판단하기

이번에는 자산·부채·자본으로 이어지는 재무상태표와 매출액·영업이익·당기순이익으로 이어지는 손익계산서를 통해서 투자대상 종목으로 적합한지 따져보자.

여기서 참고할 재무상태표와 손익계산서는 2017년 3월 2일 자 골든브릿지 투자증권의 증권사 리포트에서 가지고 왔다. 시중의 증권사들 중에는 이렇게 주식 종목의 세부 분석과 추정 자료를 제시하는 경우가 많이 있는데 개인 투자자들에게 이만 한 맞춤 자료도 없다. 직접 증권사 리포트를 찾기 어렵다면 구글 검색창에서 '(주식종목 이름) PDF'라고 검색하면 최근의 증권사 리포트를 찾을 수 있을 것이다.

바이오 희귀의약품에 특화
이수앱지스는 이수화학그룹(지분 41.5%)에 속하며, 유전자재조합 기술에 기반하여 바이오 희귀의약품에 특화한 바이오기업이다. 현재까지 주요제품은 고셔병치료제 애브서틴, 파브리병치료제 파바갈, 항혈전제 클로티냅, 그리고 페루레인(상품, 요소회로 대사이상증) 4가지이다. 희귀의약품(Orphan drugs)은 정부의 지원으로 인허가기간이 짧고 고가다. 또한 평생 투약되는 속성으로 매출도 크게 증가하고 있다.

애브서틴(고셔병치료제)의 수출 급성장 중
동사의 대표품목인 애브서틴은 고셔병(글루코세레브로시다아제 효소 부족으로 변형 간/비장비대 등)치료제로 2013년 출시되어, 2016년 내수 45억 원, 수출 73억원의 매출이 발생하며 급성장 중이다. 특히 수출은 2015년 멕시코, 2016년 이란에 진출하며 급성장하고 있다. 2017년에 추가적으로 남미, 터키 등에 출시하면서 매출이 고성장할 것으로 전망된다.

희귀병 의약품에서 성장모델 제시
동사는 특허가 만료된 고셔병과 파브리병 치료제 등에서 희귀병치료제를 개발하여, 국내시장에서 매출을 창출하고 남미와 중동 등의 파머징시장에서 성과를 창출하고 있다. 효소대체제를 비롯한 바이오희귀병 치료제 시장이 각국 정부의 지원정책으로 고가이며, 규모가 크다는 점에서 미래 성장 잠재력이 크다.

기업가치 증가로 밸류에이션갭 축소 전망
고셔병치료제와 같은 특허만료 바이오시밀러 개념의 의약품을 개발하여 국내외 중동/남미 등 파머징시장에서 MS를 단기간에 늘림으로서 향후 성장 가능성을 보여주고 있다. 따라서 기업가치가 크게 증가하고 있다. 다만 현재 영업실적과 주가 밸류에이션간에 갭이 큰 상태이다. 향후 밸류에이션 갭이 빠르게 축소되며 투자매력이 높아질 것으로 전망된다. 추후 영업실적을 확인하면서 유니버스 종목으로 편입할 예정이다.

출처: 골든브릿지 투자증권(2017. 3. 2.)

다음의 손익계산서를 보면 2014년도까지 이수앱지스의 매출액은 100억 원을 넘은 적이 없다. 2015년도가 되어서야 겨우 115억원의 매출 실적을 이루었을 뿐이다. 반면 당기순손실은 2015년까지 매년 100억원을 육박했다. 그러니까 정상적인 투자자라면 2015년도까지는 이수앱지스에 투자하는 것이 몹시 불안한 상황이었을 것이다. 매년 까먹는 돈이 만만치 않아서 이대로 계속 가다가는 자본잠식을 우

손익계산서 (십억원)	2014	2015	2016E	2017E	2018E
매출액	7.1	11.5	19.1	26.3	32.7
매출원가	3.1	5.4	7.5	10.1	11.9
매출총이익	4.0	6.1	11.7	16.2	20.8
판매비와 관리비	10.3	11.2	12.4	14.3	15.0
영업이익	-6.3	-5.1	-0.8	1.8	5.7
(EBITDA)	-4.1	-2.8	1.6	4.1	7.9
금융손익	-2.5	-1.9	0.7	0.8	0.8
이자비용	3.0	2.2	0.0	0.0	0.0
관계기업등 투자손익	0.0	0.0	0.0	0.0	0.0
기타영업외손익	-2.3	-2.8	-2.0	-2.0	-2.0
세전계속사업이익	-11.2	-9.8	-2.0	0.6	4.5
계속사업법인세비용	0.0	0.0	0.0	0.0	0.0
계속사업이익	-11.2	-9.8	-2.0	0.6	4.5
중단사업이익	0.0	0.0	0.0	0.0	0.0
당기순이익	-11.2	-9.8	-2.0	0.6	4.5
지배주주	-11.2	-9.8	-2.0	0.6	4.5
총포괄이익	-11.2	-9.8	-2.0	0.6	4.5
매출총이익률 (%)	56.2	53.1	61.0	61.5	63.5
영업이익률 (%)	-89.3	-44.4	-4.1	7.0	17.5
EBITDA마진률 (%)	-57.3	-24.8	8.2	15.5	24.1
당기순이익률 (%)	-157.8	-85.2	-10.6	2.3	13.8
ROA (%)	-21.6	-16.4	-2.9	0.9	6.3
ROE (%)	-56.4	-30.5	-4.5	1.4	9.5
ROIC (%)	-14.7	-10.6	-1.6	3.5	10.5

재무상태표 (십억원)	2014	2015	2016E	2017E	2018E
유동자산	27.8	47.4	44.5	44.8	48.6
현금 및 현금성자산	11.6	6.3	2.8	1.2	4.3
매출채권 및	2.1	2.8	3.1	4.0	4.5
재고자산	11.7	12.7	13.1	14.1	14.3
기타유동자산	2.4	25.5	25.5	25.5	25.5
비유동자산	21.2	22.6	23.3	24.4	25.8
관계기업투자등	0.0	0.0	0.0	0.0	0.0
유형자산	11.6	11.2	11.2	11.5	12.2
무형자산	9.4	8.6	7.5	6.5	5.7
자산총계	49.0	70.0	67.9	69.2	74.4
유동부채	16.9	16.7	16.6	17.3	17.9
매입채무 및	0.3	2.0	1.9	2.6	3.3
단기금융부채	16.2	14.1	14.1	14.1	14.1
기타유동부채	0.4	0.6	0.6	0.6	0.6
비유동부채	14.7	6.7	6.7	6.7	6.8
장기금융부채	12.9	4.2	4.2	4.2	4.2
기타비유동부채	1.8	2.5	2.5	2.5	2.6
부채총계	31.6	23.4	23.3	24.1	24.7
지배주주지분	17.4	46.6	44.6	45.2	49.7
자본금	6.9	9.8	9.8	9.8	9.8
자본잉여금	39.8	78.4	78.4	78.4	78.4
이익잉여금	-31.5	-41.6	-43.6	-43.0	-38.5
비지배주주지분(연결)	0.0	0.0	0.0	0.0	0.0
자본총계	17.4	46.6	44.6	45.2	49.7

이수앱지스의 손익계산서와 재무상태표   출처: 골든브릿지 투자증권(2017. 3. 2.)

려해야 하기 때문이다.

    재무상태표에서는 2014년 말 자본총계(순자산)가 174억원임을 보여주고 있다. 2015년도에 300억원이 넘는 대규모 유상증자♦가 없었다면 자본잠식을 우려해야 했을 것이다. 이렇듯 유상증자로 연명하다 보니 주가가 제대로 상승하는 것은 부담스러웠나 보다.

    하지만 2016년도부터는 수익성이 조금씩 나아지고 있다. 또한 재무상태표만 보더라도 순자산이 2016년 446억원, 2017년 452억원, 2018년 497억

♦
유상증자
기업이 주식을 추가로 발행해 자본금을 늘리는 것을 증자라 말하며, 이때 신주를 돈을 받고 발행하는 것을 유상증자, 공짜로 나눠주는 것을 무상증자라고 한다.

원으로 조금씩 증가하고 있음을 보여주고 있다. 보통 순자산이 늘어난다는 것은 당기순이익이 흑자로 전환해서 이익잉여금으로 쌓이고 있다는 것을 의미한다. 물론 시간이 흐른 2018년 초에 확인해 보면 이 리포트의 예측은 모두 빗나갔다. 2017년도에도 적자가 지속됐기 때문이다.

이와는 별도로 2014년도의 재무제표를 살펴보면 당시에 투자한다는 것은 더욱 불편한 일이었을 것이다. 당시에는 재무상태가 훨씬 취약했기 때문에 유상증자 같은 재원조달을 할 것인지 신경을 곤두세우고 있어야만 했다.

실제 이수앱지스는 2013년 8월에도 대규모의 BW를 발행한 적이 있으며 2014년도에는 대주주인 이수화학㈜이 이수앱지스 보유지분을 대상으로 교환사채를 발행한 적도 있었다. 재무상태가 불안한 경우에는 이런 식으로 계속해서 자기자본을 확충할 수 있는지도 고민해야 하는데 이는 그 자체로도 악재일 수 있기 때문에 상당히 꺼려지는 요소이다. 하지만 나는 이렇게 재무상태가 좋지 않았던 과거에도 이런 부분까지 감안해 가면서 과감히 투자하고 있었으니 각별한 애착을 보인 셈이었다.

참고로 이수앱지스는 신성장 동력 특례기업이었다. 신성장 동력 특례기업이란 지난 2005년 기술력과 성장성을 보유한 중소기업 상장을 지원하기 위해서 기술평가를 통해 코스닥에 상장할 수 있도록 특례를 인정한 제도인데, 여기에는 이수앱지스 외에도 바이로메드, 바이오니아, 크리스탈, 제넥신, 진매트릭스, 인트론바이오 등 많은 기업들이 있었다. 여기서 중요한 것은 이러한 종목들은 매년 연속 적자가 발생해도 국가의 지원 아래 상장폐지는 면할 수 있었다는 것이다.

④ 주요주주 현황을 확인하며 마침표 찍기

이렇게 해서 세 번째를 확인해 보았고 이번에는 네 번째 요소인 주요주주 현황을 살펴보도록 하자.

주주 현황도 사업개요와 마찬가지로 MTS나 팍스넷 등에서 간단히 확인할 수 있다. 오른쪽의 그림은 몇 년 전에 팍스넷에서 캡쳐해놓은 것인데 지금은 대주주 지분율이 이보다 낮아진 상태이다. 여기서 한눈에 보아도 알 수 있듯이 대주주 지분율이 상당히 안정적이라는 것을 알 수 있다.

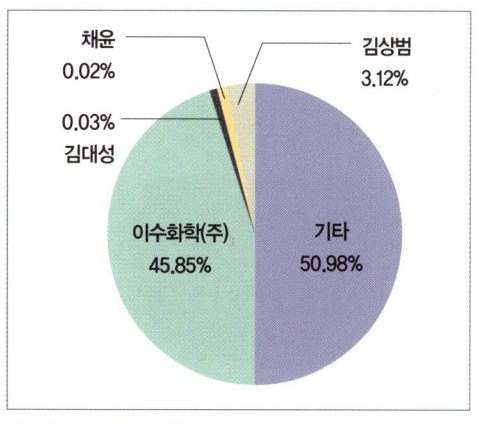

이수앱지스 주요주주 현황

개인적으로는 이런 형태의 지분구조를 좋아한다. 왠지 대주주의 책임있는 경영을 기대할 수 있기 때문이다. 또한 이는 과거 이수앱지스의 재무상태가 부실했음에도 불구하고 이를 공격적으로 매수할 수 있었던 긍정적인 요소였다. 반대로 바이로메드나 메디포스트 같은 경우에는 각각의 대주주 지분율이 10%, 6%선으로 대단히 낮기 때문에 투자종목으로는 부정적으로 보았다. 절대적인 대주주의 지분율 같은 것이 있을 수는 없겠지만 개인적으로 볼 때 우호 지분을 합해서 대주주 지분율이 최소 20%는 넘는 종목이라야 매수할 만하다고 생각한다.

시가총액으로도 성장 가능성이 보인다!

　이상으로 내가 실제 투자하는 종목을 가지고 종목선정의 네 가지 원칙을 들여다보았다. 그리고 이러한 원칙들을 하나하나 이야기하다 보니 중요한 부분을 간과하고 지나쳤는데 이는 바로 투자종목의 시가총액에 대한 부분이다. 사실 한 기업의 주가는 곧 시가총액을 의미한다. 그리고 종목선정을 위한 모든 바로미터는 바로 시가총액에 있다. 이는 현재의 시가총액이 가격 메리트가 있느냐 하는 것과 기업이 성장해서 미래의 시가총액이 지금보다 얼마나 상승할 것인가 하는 것으로 압축된다. 장기적으로 기업의 시가총액은 기업 실적과 일치하는 방향으로 간다고 볼 수 있기 때문이다. 하지만 현재 주가는 역사상 최저가임에도 불구하고 시가총액이 고평가된 경우는 얼마든지 가능하다. 또한 재무적으로 살펴봐도 시가총액이 고평가된 종목들이 많다. 그렇기 때문에 이를 잘 살펴보아야 한다.

　나는 지금 말장난 같은 말을 반복하고 있는 것인지도 모른다. 왜냐하면 시가총액은 곧 주가라고 볼 수 있기 때문이다. 하지만 초보투자자들이 투자종목을 볼 때 '주가'로만 바라보지 '시가총액'으로 바라보는 시각이 부족하기 때문에 주가의 왜곡에 대해 보다 관대해질 수 있는 것이다. 사실 주식투자자가 볼 적에는 한 기업의 시가총액이야말로 해당 기업의 모든 내재가치를 반영한 완벽한 바로미터여야 하지만 현실에서는 완벽하지 않다. 그리고 바로 그러한 이유 때문에 투자자들이 주식투자를 하는 것이다. 그러므로 나는 투자종목의 성장성이나 미래가치를 반영해서 종종 시가총액으로 따져보곤 한다. 주식투자는 PER, PBR, EPS나 ROE같은 재무지표들을 남들보다 잘 안다고 해서 수익이 나는 것이 아니라 투자종목의 성장가치를 잘 예측하는 데서 수익이 나기 때문이다. 그리고 이는 어느 정도 상상력이 작용하는 분야라고 볼 수 있다.

2014년 11월 이수앱지스의 시가총액은 1,066억원이었다. 그리고 이 당시에도 특정 모멘텀이 발생한다거나 기술 수출이나 해외 매출 등으로 매출 실적이 가시화된다면 목표 시가총액으로는 4,000억원 정도를 기대할 수 있을 거라 판단했다. 이는 제약바이오 분야에서나 적용 가능한 목표치라 말할 수도 있을 것이다. 하지만 제약바이오의 유사 종목들 중에서도 시가총액이 이와 비슷한 경우가 매우 많았기 때문에 이를 무리라고 볼 수는 없다.

2017년 7월 이수앱지스의 시가총액은 1,640억원, 주가는 8,300원에 머물렀다. 손익계산서에 보여주는 예상 매출 실적이 2017년 260억원, 2018년 330억원이라는 사실을 감안하면 이제는 2014년도에 기대했던 목표 시가총액을 다시 기대해 볼 수 있을 것이다. 이는 주가로는 20,000원에 해당한다. 게다가 이런 식으로 계속해서 방향성을 가지고 매출액이 증가한다면 장기적으로 시가총액은 8,000억원 또는 1조원까지 내다볼 날이 올 것이다. 그리고 또다시 시가총액을 총 주식수로 나누면 목표 주가를 쉽게 예상해 볼 수 있다. 이러한 성장 가능성을 지속적으로 가늠하기 위해서는 사업보고서, 공시, 뉴스, 증권사 리포트, IR 자료 등을 수시로 모니터링하면서 기술 수출이나 해외 매출 등이 제대로 진척되고 있는지 추적해야 한다. 그리고 만약 실망스러운 실적을 보여준다면 이러한 판단이 단순히 개인적인 탐욕은 아니었는지도 되돌아보아야 할 것이다.

장기 하락이나 횡보하는 종목에서 투자종목 판단하는 법

2014년도에 투자했던 코스닥 우림기계(101170)를 예시로 살펴보자. 역시 네 가지 종목선정의 원칙에 부합하는지를 빠르게 살펴보도록 하겠다.

이 종목은 2009년도부터 6년간 줄곧 하락했고 횡보를 이어왔다. 월봉 차트만으로도 주가의 흐름이 명쾌하니 주봉은 생략하기로 하고 첫 번째 원칙인 장기 하락 또는 횡보 요건은 충족한다.

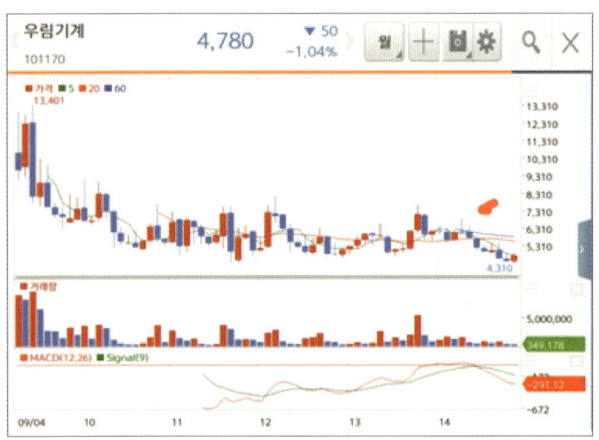

우림기계의 월봉 차트 그래프

두 번째로 뭐 하는 회사인가 살펴보니 산업용 감속기 및 트랜스미션 그리고 발전소용 기어박스를 만든다는 것을 알 수 있었다. 이는 전문적인 틈새시장을 노리고 있는 소형주 관점에서는 그럭저럭 괜찮아 보인다.

세 번째로 자산·부채·순자산으로 이어지는 재무상태를 살펴보니 아주 안정적이라고 말할 수 있었다. 또한 매출액은 600억원 정도이고 영업이익과 당기순이익은 이익률이 10% 이하이긴 하나 일정기간 꾸준하다는 점에서 신뢰할 수 있었다.

Financial Summary K-IFRS 개별기준 기업				
	연간재무제표(Annual)			
구분	2012.12	2013.12	2014.06	2014.12(E)
매출액(억원)	527	570	309	0
영업이익(억원)	54	31	21	0
영업이익율(%)	10.15	5.47	6.81	-
당기순이익(억원)	51	19	22	0
순이익율(%)	9.73	3.32	7.04	-
자산총계(억원)	937	969	989	-
부채총계(억원)	147	165	175	-
자본총계(억원)	790	804	815	-
유보율(%)	1656.26	1091.08	1115.36	-

우림기계의 재무하이라이트

이번에는 성장 가능성 측면에서 살펴보자. 일단 업종 자체로는 크게 성장할 일이 없는 기계 분야로 느껴진다. 주가는 6년째 하락 횡보하고 있었지만 2014년 당시 시가총액이 647억원임을 감안하면 가격 메리트가 커보이진 않는다. 이는 매출액, 영업이익 또는 당기순이익과 시가총액을 각각 비교해 보아도 마찬가지였다. 따라서 이러한 종목에 관심이 가는 투자자라면 향후 점진적인 매출액 증가와 이익률 개선을 눈여겨봐야 한다. 그 결과 향후 실적 개선 여부가 확실히 긍정적인 것으로 판단되면 분할매수해도 좋

◆
스몰캡
Small Capital(소형주)의 약자로 스몰캡이라 부르며, 상장 또는 등록된 시가총액이 작은 회사들인 중소기업 주를 뜻한다. 반대로 라지캡이 있다.

다. 또한 이런 스몰캡˚의 경우 대주주 리스크에 취약한 편인데 다행히 대주주나 특수 관계인 등 주주 현황도 안정적인 편에 속한다.

결과적으로 이 종목은 재무구조 전반에 있어서는 안심이 가지만 실적 메리트가 다소 부족하다고 볼 수 있었다. 하지만 평소에 증권사 리포트나 각종 뉴스를 모니터링하면서 실적에 대한 긍정적인 변화가 포착된다면 적극적으로 분할매수해 볼 수 있을 것이다.

때로는 뚝심만으로도 수익을 낼 수 있어야 한다

여기서 내가 말하고 싶은 것은 1~2년 정도 바라보는 뚝심 있는 투자자라면 능히 이런 종목으로 수익을 낼 수 있어야 한다는 점이다. 우리는 특별한 이유 없이 수년째 줄곧 하락하고 있다는 사실 하나만으로도 안정적인 수익을 낼 수 있기 때문이다. 가령 이런 종목으로 향후 1년 동안 매달 일정하게 분할매수를 해나갈 수 있을 것이다. 또한 더욱 조심스럽게 접근한다면 현재 주가에서 500원씩 추가 하락할 때마다 분할매수할 수도 있다. 그리하다 보면 반드시 수익을 실현하고 매도할 기회가 있을 것이다. 그 사이 매출액과 영업이익까지 증가하면 실적에 근거해서 더 큰 수익을 낼 것이고 지금까지의 실적만 유지한다 하더라도 수익을 낼 수 있는 것이다. 아무리 늦어도 2~3년 내에 최소 30% 이상의 기대수익은 예상할 수 있어 보인다.

이런 나의 확신은 가까운 시일 내에 IMF나 리먼 브라더스 사태 같은 체계적 위험이 발생한다 하더라도 마찬가지다. 다만 1~2년 동안 보유하기로 했던 투자기간이 그 이상으로 연장될 뿐이다. 결국 주식투자라는 것은 지금까지의 펀더멘털과 실적만 유지된다면 계속해서 분할매수하면 된다. 그리고 나의 이런 투자방식이 상당히 지루하다는 사실은 분명해 보인다. 하지만 이러한 방식이 싫다면 여러분은 좀 더 우월한 방식으로 수익을 내야만 할 것이다.

위에서 언급했던 우림기계를 3년이 지난 2017년도에 다시 확인해 보았다. 2016년도 상반기에 4,000원 이하에서 바닥을 확인했던 주가는 하반기에는 10,000원까지 단기 반등했음을 알 수 있다. 이처럼 저가의 바닥이라고 판단되는 시기에서 분할매수하는 방식이 중요한 이유는 가격 메리트를 충분히 누릴 수 있기 때문이다.

단기반등을 보이는 우림기계의 월봉 차트

하지만 현실은 좀 더 가혹하다. 내가 믿고 투자한 회사의 미래 실적이 종종 나를 배반하기 때문이다. 사실 불과 1년 뒤 기업 실적이 투자자를 배반하는 일들은 비일비재하다. 따라서 가격 메리트를 누릴 수 있는 종목에서도 실적개선을 염두에 두고 접근해야 할 것이다.

다음으로는 2014년도의 현대EP(089470)를 살펴보자. 나는 바닥패턴을 좋아하나 이 종목은 월봉 차트에서 장기 추세가 살아있는 상승패턴을 보여준다. 내실 있는 성장과 실적에 대해 다소 저평가되어 있는 주식이고 재무상

현대EP의 월봉 차트

구분	Annual 2011.12 IFRS(연결)	Annual 2012.12 IFRS(연결)	Annual 2013.12 IFRS(연결)	Annual 2014.12(E) IFRS(연결)	Annual 2015.12(E) IFRS(연결)	Annual 2016.12(E) IFRS(연결)
매출액(억원)	7,186	8,071	9,182	9,384	9,243	9,328
영업이익(억원)	250	287	346	444	474	480
당기순이익(억원)	139	190	221	311	344	359
지배주주순이익(억원)	139	190	221	311	344	359
비지배주주순이익(억원)	0	0	0			
자산총계(억원)	3,852	4,835	5,472	5,460	5,522	5,561
부채총계(억원)	2,717	3,545	3,974	3,672	3,415	3,121
자본총계(억원)	1,135	1,290	1,498	1,788	2,107	2,440

현대EP의 재무하이라이트

태표나 손익계산서로 확인한 현재 시가총액 2,300억원대도 상당히 매력적으로 느껴진다. 2014년도 영업이익의 10배를 적용한다 해도 목표 시가총액을 4,000억원대까지 기대해 볼 수 있다. 영업이익률과 순이익률이 다소 낮은 편이긴 하나 지속적으로 성장하는 모습은 상당히 고무적이다. 물론 증권사 컨센서스에서 제공하는 추정실적이 얼마나 신뢰할 수 있는지의 문제가 있을 수 있지만 이조차도 없는 종목에 비하면 상대적으로 신뢰가 가는 것이다. 괜찮은 종목이라 봐도 무방할 것이다.

지금까지 내가 어떤 방식으로 투자종목을 선정하는지 몇몇 종목을 예로 살펴보았다. 하지만 실전투자에서는 투자자 개인의 주관적인 성향이 강하게 개입한다. 이성적으로 괜찮다 싶은 종목보다는 개인적으로 애착이 가거나 선호하는 종목에 공격적으로 투자하게 되는 것이다. 그리고 시간이 지나서 보면 수익률이 저조한 경우도 있다. 하지만 이런 시행착오에도 불구하고 나는 좀 더 선호하는 종목에 집중투자하는 것을 좋아한다. 그리고 이는 개인 투자자로서 어쩔 수 없는 일이라고 생각한다. 특정 섹터, 특정 종목에 대한 나만의 취향을 가지고 있어야 투자자로서 확신을 지속할 수 있기 때문이다. 게다가 이는 주식투자의 또 다른 재미라고도 할 수 있다.

투자금이 1억 원 미만이라면
한두 종목에 몰아라

올인하는 것이 두렵지 않으세요?

지극히 주관적인 생각으로 비춰질 수 있는 부분이다. 그럴 수밖에 없는 것이 '계란을 한 바구니에 담지 말라'는 보편적인 투자상식을 위반하고 있기 때문이다. 하지만 주식투자자들에게 하고 싶은 말 중 하나가 바로 한두 종목에 올인하라는 것이다. 나의 경우 관심종목은 20개 정도가 있으나 실제 투자하는 종목은 한두 종목일 때가 많다. 나머지 후보종목들은 단지 몇백만 원으로 입질하는 수준이고 항상 가장 끌리는 한 종목에 집중투자해왔다.

다른 사람들이 보기에는 어떨지 모르겠으나 나 스스로는 한두 종목에 올인하는 것이 잘못된 방법이라고 생각하지 않는다. 이는 전략적으로 내가 수익 내는 데에 가장 유리한 방식이라 판단하기 때문에 선택한 투자방식이다. 나는 과거에 반드시 수익이 나는 주식투자를 하고자 결심했다. 그러다 보니 상대적으로 재미없는 장기투자를 하고 있는 것이다. 이는 성장가치가 커 보이는 종목에 시간투자를 하고 있음을 의미한다. 보다 구체적으로 나는 누구에게나 그럴싸하게 들리는 가치투자를 하기보다는 매년 수익 나는 주식투자를 원한다. 그러다 보니 한두 종목에 올인하는 데 있어서 세부적인 전략이 필요했다. 그것은 바로 오랜 시간 동안 저가에서 분할매수하는 것이었다. 그리고 이는 상당한 인내심을 필요로 한다.

이와는 별개로 여태까지 우리는 여러 종목에 분산투자해야 한다고 들어왔다. 하지만 분산해서 투자할수록 지속적으로 분할매수할 수 있는 여력은 사라진다. 주식시장에는 수많은 종목이 있기 때문에 매일매일 시세차익을 내는 종목들이 많아 보인다. 하지만 관심있는 어느 종목의 시세를 오랜 시간 관찰해 보면 작은 시세조차 자주 발생하는 편이 아니다. 따라서 분산투자한답시고 여러 종목에 투자하게 되면 마냥 기다리며 손가락 빠는 것 이외에는 그다지 할 일이 없어지는 것이다. 이런 이유에서 나는 분산투자 대신 집중투자를 선호한다. 시간적으로 주식들은 상승 시기에 동반 상승하고 하락 시기에 동반 하락하는 경우가 많다. 그러므로 재테크의 분산 효과를 누리고 싶다면 주식이 아닌 다른 자산에 투자하는 편이 나을 것이다.

우리는 장기적으로 가치투자를 한다고 해서 시세의 흐름을 무시해서는 안 된다. 다시 말해 투자자라면 주가의 흐름 그 자체에 대해서도 어느 정도 이해하고 있어야 한다는 것이다. 가령 업종 대표주에 해당하는 대형우량주의 주가가 2011년도에 65만원을 찍었다가 2016년도에는 6만원까지 하락했다고 가정해보자. 주가는 십분의 일이 되었으나 여전히 해당 주식의 재무제표도 양호하다. 이는 업황이 좋았던 시절 해당 주식의 밸류에이션이 실제 실적보다 과도했기 때문일 것이다. 이처럼 주가라는 것은 너무 앞서기도 하고 뒷걸음질 칠 때도 있는 것이다. 그러므로 시세는 시세 그 자체로 이해할 수 있어야 한다.

주가가 큰 시세를 내고 난 이후에 오분의 일, 심지어는 십분의 일로 토막 나는 종목들도 많다. 특히 대형우량주 중에서도 호황기 시절 주가의 십분의 일로 토막이 나는 종목들이 부지기수이다. 우리는 신의 한수처럼 어떤 절호의 시기를 포착해서 단기에 수익 낼 수 있는 그런 투자를 할 수 없다. 만약 이게 가능했다면 당신은 매번 주식시장의 수많은 순환매장에서 이미 떼돈을 벌었어야 한다. 그러나 여러 종목에 투자할수록 대체로 손절의 횟수만 늘어간다. 따라서 투자자 본인이 가장 자신있는 한두 종목에 장기적으로 집중투자하는 것이 훨씬 월등한 투자방식이 될 수 있다. 그리고 나는 이를 믿어 의심치 않는다. 그리고 이렇게 반복하다 보니 한두 종목이 주는 작은 시세에서도 직장인들 연봉에 해당하는 수익을 올릴 수 있었다. 이렇게 8년째 한두 종목만으로도 충분한 수익을 올릴 수 있었다.

한두 종목만으로 승부 보자

그렇다면 그동안 내가 직장을 다니면서 실행했던 '한 종목 올인 투자'의 결과를 확인해 보자.

① 꾸준한 장기투자와 분할매수의 성과, 코오롱생명과학

　2012년도에는 2010년부터 3년 동안 분할매수해오던 코오롱생명과학에서 장기투자의 결실을 맺었다. 보통의 주식투자자라면 주식시장의 이 종목 저 종목에 곁눈질을 많이 할 수밖에 없다. 주식시장에서는 항상 수많은 종목들이 메뚜기 떼처럼 테마를 이루며 수시로 오르락내리락하기 때문이다. 물론 남의 떡이 커 보이는 것도 사실이다. 하

코오롱생명과학의 주식매매일지

지만 이 종목 저 종목을 기웃거리며 돌아다녀봐야 뜨내기 신세를 면치 못하는 게 현실이다. 코오롱생명과학을 제외한 다른 보유 종목들은 일시적으로 관심이 갔다거나 지루함을 달래는 차원에서 입질해 보았다.

　코오롱생명과학을 투자하는 데 특징이 있다면 2년 동안 저가 분할매수를 유지했다는 점이다. 나름 기본적 분석에 충실하여 접근했던 종목인데 2010년도부터는 주식투자에서 나의 마음가짐이 남달랐기 때문이다.

　코오롱생명과학은 내가 2009년도에 주식투자로 망하고 난 이후 재기하기 위해서 선택했던 종목으로 성장성과 수익성에서 모두 내실이 탄탄했다. 재무상태도 괜찮았고 주주 구성도 맘에 들었다. 2010년 투자할 당시가 상장 이후 1년이 지나지 않은 시점이라 아직 주가의 거품이 충분히 빠지지 않았다. 차트상으로도 주가가 흘러내리는 상태였기 때문에 장기 하락이 뻔

해 보인다는 우려도 있었다. 하지만 이때는 수중에 돈이 없어서 매달 월급으로 계속 분할매수할 생각이었기 때문에 이런 부분들을 문제삼지 않았다. 이는 내가 모두 감내해야 할 몫이었던 것이다. 주식투자에서 투자자의 마음가짐이 얼마나 중요한지 알 수 있는 대목이다. 그리고 나는 이 종목 하나를 통해 확실하게 재기할 수 있었고 지금도 계속해서 성장하고 있다.

② 저가 분할매수의 중요성, 이수앱지스

이수앱지스의 주식매매일지

2013년도에는 2012년도부터 8개월 넘도록 저가에 분할매수해 오던 이수앱지스를 매도했다. 그리고 그 결과 5천만원 정도의 투자수익을 거둘 수 있었다. 2012년도의 이수앱지스는 일년 동안 차트가 계속 하락하는 안 좋은 형태의 주가 하락을 보여주었다. 이는 바닥을 완성하지 못한 패턴으로 기술적으로는 악수에 해당되는 시기라고 볼 수도 있었다. 하지만 이 시기에도 나는 스스로 저가에서 분할매수하는 투자방식으로 수익 낼 수 있음을 증명해 보였다. 이때부터 나는 이수앱지스와 더욱 애증을 함께하는 사이가 되었는지도 모른다.

이수앱지스는 사업내용상 바이오시밀러 제품에서 이미 상용화가 이루어진 회사였다. 상용화 제품이 이미 시판되고 있었다는 점에서 다른 바이오 회사들과 차별성이 있었다. 다른 바이오제약사처럼 거창하다고 볼 수는 없었으나 이미 상용화된 제품이 있었다는 사실은 믿을 만한 구석이었다. 이는 투자자로서 기다릴 수만 있다면 언젠가는 수익을 줄 거라는 확신으로 다가왔다. 그래서 2013년 이후 실망스러운 주가에도 불구하고 나는 기다렸다.

그리고 이때부터는 그 이전과 사뭇 달라진 일이 있었다. 내게 이는 대단히 고무적인 일이었는데 바로 투자금액이 급증했다는 사실을 체감한 것이다. 코오롱생명과학에서 수익을 내기 이전까지 투자금액이 항상 수천만원에 불과했다. 그러던 중 코오롱생명과학에서 발생한 수익으로 2012년부터 투자원금이 2억원으로 증가했는데 투자금액이 커지다 보니 작은 수익률로도 투자자로서 충분히 만족스러울 수 있다는 사실을 느꼈다. 일반적으로 단타를 즐겨하는 단기투자자들의 말을 들어보면 투자금액이 커질수록 수익 내기가 어려워진다고들 말하나 이는 기우에 불과했다. 오히려 내게는 쉬웠던 것이다. 결과적으로 나의 투자방식으로는 투자금액이 커질수록 수익 내기가 유리했다. 물론 투자금액이 커진 만큼 주가등락으로 인한 스트레스 폭도 좀 더 커졌지만 이는 시간이 지나면서 점차 적응할 수 있었다.

③ 아쉬웠던 매도타이밍, 크리스탈지노믹스

2014년도에는 크리스탈지노믹스(083790)라는 종목으로 수익을 낼 수 있었다. 2013년도에 이수앱지스를 매도한 이후에는 크리스탈지노믹스를 분할매수해왔다. 한편 코오롱생명과학같은 제약사에서 큰 수익을 낸 이후에는 계속해서 이런 업종에 투자하였다. 나의 투자방식과 궁합이 맞다는 생각이 든 것이다. 결국 크리스탈에서도 5천만원가량의 수익을 낼 수 있었다.

크리스탈지노믹스의 주식매매일지

여기서 총 손익금액이 다소 줄어든 이유는 연말에 잠시 교체매매를 하느라 재차 분할매수해오던 이수앱지스를 손절했기 때문이다. 이는 손절이라기보다 잠시 다른 종목으로 교체매매할 일이 있어서 일시적으로 매도한 것이었다.

크리스탈 종목의 매매에서 아쉬웠던 점은 그 해 6월에 아파트 전세보증금을 내느라 최저가에 매도할 수밖에 없었다는 사실이다. 아마 한 달만 늦게 팔았어도 투자수익은 수억 원이 되었을 것이다. 이는 주식투자 자금이 여유자금이어야 하는 이유이기도 하다. 하지만 크리스탈에 투자하는 동안 한 가지 고백해야 할 사실이 있었다. 이 종목은 나름 거창하게도 블록버스터에 해당하는 신약개발 파이프라인을 여러 개 가지고 있었으나 그 어느 것 하나 확실한 제품이 없었기에 주식을 보유하는 동안에는 투자자로서 매우 불안했다는 사실이다(이는 모두 개인의 판단에 따른 것이다). 그러므로 솔직하게 말하면 제법 운이 좋아 수익을 냈다고 볼 수도 있다.

2015년도에는 다시 동일한 방식으로 이수앱지스에서 수익을 낼 수 있었다. 그리고 호기심으로 투자했던 장외종목에서도 적은 수익을 냈다. 2014년 6월 이후부터는 아파트 전세보증금을 내느라 투자금액이 4억원에서 1억원대로 줄어들었다. 그러다 보니 투자수익도 줄어들었다.

2016년 총손익(왼쪽)과 2017년 총손익(오른쪽)

    2016년도에도 같은 방식으로 이수앱지스에서 수익을 냈으나 수익금액은 점점 줄어들었다. 해를 거듭할수록 기대감이 커진 반면 주가는 전고점을 넘지 못하고 하락했기 때문에 1억원이 넘는 평가이익을 실현할 기회를 놓치고 말았다.

    그리고 해를 넘겨 2017년에는 수익이 좀 늘었다. 이는 2016년 말부터 대략 3억원이던 투자금을 8억원까지 늘렸기 때문이다. 결국 2017년 말부터 주가가 오르기 시작했는데 시세 초기라서 일부 수량을 매도한 결과였다. 2017년 6월부터 주가가 계속 바닥구간에 머물러 있었으나 나는 이때가 좀 더 투자해야 할 때라는 생각이 들었다. 그래서 이리저리 돈을 모아 이수앱지스를 추가매수하였다. 결국 2017년 6월부터 이수앱지스 보유수량은 10

만주를 넘어서게 되었다.

　이처럼 한 종목에 확신할 수 있었던 이유는 여전히 주가가 저평가되어 있다고 생각했기 때문이다. 여기서 주가가 저평가되어 있다는 것은 유사한 업종의 고평가된 종목들 중에서 상대적으로 싸다는 점이었다. 이수앱지스는 유상증자나 BW 발행을 통해 총 주식 수를 늘려왔기 때문에 시가총액이 꾸준히 늘어났다. 다시 말해 주가는 과거와 동일하더라도 시가총액이 증가된 만큼 기업가치도 상승했다고 판단할 수 있다. 비록 더디었지만 기업가치는 점점 나아지고 있었다. 주가는 여전히 바닥에 머물러 있었기에 이는 분명 하늘이 준 기회라고 할 수 있었다.

　요즘은 애널리스트들이 신뢰할 만한 수준의 추정 실적들을 제시해 주고 있다. 게다가 2017년도부터는 글로벌 경기가 회복국면으로 접어들고 있음을 확연히 느낄 수 있었다. 이로 인해 주식시장 여건도 너무나 좋은 상황이었다. 지난 수십 년간 주식투자를 해왔지만 지금처럼 경기가 좋아지고 있음을 느낀 적은 없었다. 그리고 이처럼 좋은 기회를 놓칠 수는 없는 일이었다. 주식투자에서 가장 어려운 일이 기다리는 것이지만 반대로 미래에 대한 확신을 가지고 있다면 기다리는 것만큼 즐거운 일도 없을 것이다.

직장인 투자자는 저가 분할매수를 통한 올인 투자가 유리하다

　마지막으로 정리해 보자. 여러 종목에 분산투자하는 것이 절대 나쁘다는 소리가 아니다. 하지만 분산투자를 맹신해서는 안 된다. 왜냐하면 우선순위에 있어서 이보다 중요한 것들이 많이 있기 때문이다. 그리고 그중 하나는 바로 올바른 종목을 선정한 이후 계속해서 분할매수하고 추가매수하는 것이다. 무분별하게 여러 종목에 분산투자하다 보면 머지않아 손절에 노출될 것이 뻔하다. 그리고 이러한 손절매는 바로 주도세력들이 원하는 결과이다.

만약 분산투자를 하면서도 지속해서 분할매수할 여력이 충분하다면 분산투자를 해도 좋다. 하지만 그게 아니라면 한두 종목에 집중투자하는 것이 보다 확실한 방법이 될 것이다. 내가 말하는 이런 투자방식은 비록 재미는 없으나 수익 내기에는 대단히 좋은 방식이다. 물론 시간이 걸린다. 게다가 어느 정도 시간이 걸릴지조차 예측할 수 없다. 그러다 보니 시간이 없고, 본업에 신경써야 하는 직장인들에게 안성맞춤이라 할 수 있다. 더 나아가 나는 모든 투자자들이 이러한 방식을 통해서만 수익을 낼 수 있을 거라 생각한다.

유망주, 테마주만 쫓다간 망하기 십상이다

유망주와 테마주는 투자할 가치가 있는 종목일까?

이 장에서는 나의 의견을 간단히 피력하고자 한다. 왜냐하면 나의 투자 방식은 이미 오래전에 정립되어 있다 보니 이런 주제에 대해서 평소 생각이나 고민이 그다지 머물러 있지 않기 때문이다. 먼저 유망주란 시세가 오를 가능성이 있는 주식을 말한다. 또한 테마주란 주식시장에서 새로운 사건이나 현상으로 정치 및 사회적 이슈가 발생할 때 영향을 받아 등락을 함께하는 종목들을 일컫는다.

유망주는 개개인의 생각에 따라 지정되기 때문에 어쩌면 주식시장의 거의 모든 종목들이 유망주의 대상이 될 수 있으므로 논외로 하고자 한다. 업종별로 보면 내가 좋아하는 제약바이오 분야도 유망주가 많지만 동시에 부실주들이 많기 때문에 유망주는 개별적인 검증을 통해 판단해야 할 것이다. 가령 테마주이면서도 그 종목군 내에는 성장성이 탄탄한 유망주가 있을 것이고 부실주도 포함되어 있을 것이다. 그러므로 여기서는 통상 주식시장에서 단기 여건에 따라 주가가 급등락하는 테마주에 대한 의견을 전개해보겠다.

테마주 같은 단기투자는 무조건 피해야 한다!

테마주는 사실상 단기투자의 매매 대상일 가능성이 높다. 단기투자는 지금까지 앞서 말했던 것처럼 주식투자자가 지양해야 하는 투자방식이므로 테마주 또한 당연히 지양해야 할 대상이다. 하지만 하나의 테마군에 속해 있다 하더라도 중장기적으로 성장하는 유망주라면 이는 별개의 문제이다. 여기서 지양할 것은 단지 시장 분위기에 따라 일희일비하는, 기업 실적과는 전혀 무관한 테마주에 국한하기로 하자. 그리고 자꾸 이래서 안 된다 저래서 안 된다는 변명들을 수없이 열거해봐야 큰 의미가 없다. 본질적인 이야기로 들어가자.

사람의 머리는 간사해서 단기간에 수익을 얻고자 하면 말 그대로 손절을 고려하지 않을 수 없다. 이는 시간의 함정에 빠지기 싫기 때문이다. 그래서 단기투자는 귀신처럼 주가의 등락을 맞추면 모를까 그렇지 못할 경우 매일같이 불안함과 농거하게 된다. 테마수는 기본적으로 '믿을 만한 구석'이나 '절대 확신'을 가지고 접근한 종목이 아니기 때문에 당장 오르지 않으면 극도로 초조할 수밖에 없다. 그러니 수익이 난다 하더라도 짧게 가져가고, 손실이 나면 곧바로 손절매로 이어질 수밖에 없다. 이러한 단타성 매매방식은 손실을 반복할 뿐이다.

세상에는 이유를 불문하고 해서는 안 되는 것들이 많이 있다. 하지만 이런 안 되는 일을 하려고 애를 쓰는 사람들도 많이 있다. 나는 단타라는 것도 그냥 안 되는 일들 가운데 하나로 보인다.

잠깐의 아쉬움은 접고, 장기투자로 접근하자

단기투자를 지양하고 장기투자를 지향하자는 내 원칙은 대단히 단순한 것이다. 하지만 이러한 원칙이 있음에도 불구하고 가끔은 단기투자의 유혹에 빠질 수도 있다. 단기적으로 봤을 때도 분명히 수익이 날 것 같은 상황이 가끔 보이기 때문이다. 하지만 이러한 예상이 맞았다고 하더라도 일희일비하지 말자. 잠깐의 수익을 얻지 못해 계속 아쉬워하는 것은 로또 1등 당첨자를 볼 때마다 '지난주에 샀어야 했는데!'라고 생각하는 것과 별반 다를 게 없기 때문이다.

2017년 6월 19일, 나는 원고를 집필하는 중에 잠시 매도를 했다. 평소 산업화학 제품을 전문으로 생산하는 OCI(010060)를 관심주로 보고 있었기에 며칠 전에 900주를 90,000원에 매수해 놓았던 것이다. 하지만 OCI는 중장기로 보유할 생각이 없었기 때문에 이날 92,800원선에서 매도했다. 그런데 이날은 문재인 대통령이 탈원전을 선언함으로써 태양광이나 풍력 같은 신재생에너지들이 급등한 날이었다. 그리고 OCI도 이러한 열풍에 발맞추어 테마주가 되어 있었다.

나는 원고에 집중하다 보니 이러한 사실을 그날 저녁 늦게 알았다. 그리고 다른 테마주들은 훨씬 더 많이 올라있었다. 아쉬움이 남지 않았다면 거짓말이지만 길게 후회하지는 않았다. 이러한 테마주는 말 그대로 아주 잠깐일 뿐이었다. 매도 다음날 OCI는 99,300원까지 7% 이상 급등하더니 그날 이후에는 계속 하락해서 8만원대까지 미끄러졌다. 주력제품인 폴리실리콘의 미래 성장 가능성을 정확히 예측할 수는 없지만 3년 이상을 내다보면 OCI는 지금보다 좋은 주가를 유지할 유망주가 되어 있을지도 모른다. 하지만 이러한 유망주조차 정책적 이슈에 따른 단기 테마주로 접근하다 보면 수익을 장담할 수 없다. 해당 투자종목에 아무리 좋은 호재가 있더라도 단기적인 주가의 향방은 주도세력이 정한다고 볼 수 있다. 그러므로 테마주의 단기투자는 이미 손실을 준비해 놓고 다가가는 것과 별반 다르지 않다고 생각한다.

가치주가 아닌
성장주에 집중하라

성장주와 가치주는 전혀 별개의 것이 아니다.

주식투자를 오래 하다 보니 '투자종목을 선정하는 원칙에 있어서 절대적이고 보편적인 기준이 있을까'라는 회의적인 생각이 드는 것도 사실이다. 결과적으로는 기업의 실적이 계속해서 좋아진다면 주식투자의 모든 것들은 쉽게 해결된다. 손익계산서상의 매출과 이익이 지속된다면 해당 기업의 순자산도 증가하기 때문에 성장주는 머지않아 가치주로 변해 있을 것이다.

그런데 가치주란 무엇일까? 나는 지금까지 가치주 또는 가치투자란 말에 대하여 그 의미를 크게 생각해 본 적이 없다. 가치주에 대하여 인터넷을 검색해 보니 '실적이나 자산에 비해 기업가치가 상대적으로 저평가됨으로써 낮은 가격에 거래되는 주식'이라고 설명하고 있다. 다시 말해 가치주는 실적이나 자산보다 싼 주식을 말한다. 그리고 궁극적으로는 실적이 쌓여야 자산이 증가하므로 실적대비 저평가된 주가라는 측면에서 판단하면 좋을 것 같다. 내가 볼 때 순자산은 단지 기업의 안정성을 고려하는 차원에서 따져보는 항목이지 투자를 결정하는 요소가 아니다. 또한 순자산이라는 항목의 장부상 평가를 100% 신뢰할 수도 없다. 제아무리 순자산이 많은 회사라도 매년 손실이 발생하면 밑 빠진 독이 될 수 있기 때문이다.

가치주에 대해서 이렇게 언급하는 이유는 내가 성장주를 선호하기 때문이다. 하지만 내가 선호하는 성장주는 가치주와 전혀 별개의 것이 아니다. 가치주는 어느 정도 성장이 다 됐다고 보는 종목들인 반면 성장주는 앞으로 성장할 가능성이 큰 종목들을 말한다. 그러므로 내가 말하는 성장주는 결국 가치주가 되는 것을 목표로 하고 있다. 그러다 보니 매출 성장을 기대할 수 있는 성장주이면서 향후에는 실적가치를 기대할 수 있는 가치주를 원한다. 그리고 이를 위해서는 어느 정도 미래 실적을 예측할 수 있어야 한다. 하지만 역시 문제가 되는 것은 시간이다. 지금까지의 실적을 아는 것은 쉬운 일이었으나 미래의 실적을 예측한다는 것은 기다려 보아야 알 수 있기 때문이다.

사놓고 끝이 아니다. 끊임없이 추적하고 관찰하라

내가 특정 회사에 대해 알아보고자 할 때 제일 먼저 보는 것은 다름 아닌 시가총액이다. 사실 속성으로 보는 기업가치는 매출액과 영업이익 그리고 시가총액만으로도 대략 가늠할 수 있다. 시가총액은 그 자체만으로도 회사의 가치를 하나의 수치로 반영한 결과이다. 그리고 시가총액을 총 주식수로 나눈 것이 바로 주가다. 주가는 곧 회사의 가치를 나타내는 바로미터인 것이다. 한편 기업의 현재가치는 이미 발표된 실적에 준거하므로 이를 따져보는 것은 간단하다. 하지만 우리가 접하는 PER*은 최근년도 말 회계기준상의 것이므로 이는 과거 지표이다. 우리는 미래의 PER을 추정해야 하고 이를 위해서는 미래의 실적을 알아야 한다. 그러나 미래 실적이라는 것은 투자자의 희망사항이 반영된 예측이기 때문에 이를 확신하는 것은 대단히 어려운 일이다. 우리는 점쟁이가 아니므로 보이지 않는 것을 볼 수 없고 들리지 않는 것을 들을 수 없다. 따라서 미래 실적을 예측하기 위해서는 꾸준히 추적하고 관찰하는 수밖에 없다.

◆
PER
주가가 그 회사 1주당 수익의 몇 배가 되는가를 나타내는 지표로 주가를 1주당 순이익(EPS)으로 나눈 것이다. 해당 기업의 순이익이 주식가격보다 크면 클수록 PER이 낮게 나타난다. PER이 낮으면 기업가치에 비해 주가가 저평가돼 있다고 해석되며 투자할 가치가 있는 종목으로 판단할 수 있다.

예전에 뉴스기사에서 우연히 SK머티리얼즈(036490)란 회사를 접하게 되었다. ㈜SK가 OCI머티리얼즈를 인수한 후에 업황이 개선되고 있다는 내용이었다. 그렇다면 시가총액과 영업이익만으로 기업가치를 따져보자. 먼저 2017년 6월 시가총액은 대략 2조 1,000억원이다. 2017년도 예상 영업이익이 1,700억원이니 PER은 10배가 조금 넘는다. 2017년은 주식시장이 좋아서 고평가되고 있으나 과거에는 PER 10배 정도에서 시장 컨센서스가 형성된 것 같았다. 지금은 다들 실적개선을 염두에 두고 있는 상황이라 그런지 최근 시가총액은 2조 1,000억원에 이르고 있는 것이다. 하지만 시가총액과 영업이익의 배수 또한 최근 5년 이상은 추적해 봐야 어느 정도 평균치를 가늠할 수 있다. 만약 영업이익 같은 실적으로 시가총액을 추정해 볼 수 없을 때에는 매출액이나 자산가치 등과 비교해 볼 수도 있을 것이다. 새로운 종목을 발견하면 이런 식으로 시가총액의 적정성을 따져보고 동종 기업들과 비교해 본다. 그리고 차트를 통해서도 주가의 흐름을 보고 가격 메리트를 생각해 보는 것이다.

SK머티리얼즈는 반도체나 LCD, 태양광 전지제조 등에 쓰이는 특수가스를 만들었다. 대체로 나는 이런 종류의 사업내용에 투자하고 싶지 않다. 이런 분야는 전후방 연관 산업이나 경기 순환적 성격이 강하기 때문에 산업투자에 밝은 이들에게 유리할 것이다. 성장시대에는 이러한 분야가 괜찮았을지 모르겠지만 지금은 공급과잉의 문제가 있을 뿐만 아니라 소비자나 투자자 입장에서 볼 때에는 다소 불완전하고 종속적인 느낌이 들기 때문이다.

주식시장에는 최신기술을 반영한 첨단산업도 있고 전기, 해운, 제철 등 굴뚝주에 해당하는 전통산업도 있다. 하지만 분야에 상관없이 꾸준히 성장하는 기업들이 있기 마련이다. 그러므로 투자자 본인이 관심있는 업종이나 기업들에 대해서는 꾸준히 추적하고 관찰하는 태도가 필요하다.

무형의 가치들도 꼼꼼히 살펴보자

지금까지 가치주와 성장주에 대해서 생각해 보았다. 그리고 이를 통해 내가 추구하는 투자방식이 어느 영역에 위치하며 어떤 가치를 지향하고 있는지 돌아볼 수 있었다. 여기서 가치주란 것은 다소 협소한 의미로 사용되었다. 단지 실적이나 자산에 비해 저평가됨으로써 낮은 가격에 거래되는 주식을 말하고 있었기 때문이다. 하지만 가치투자에서 말하는 기업가치에는 순자산가치 이외에도 성장가치와 수익가치 그리고 무형의 기타 가치들을 포함하고 있다. 가치주가 통상 자산가치 우량주로 해석되는 것에 비해 가치투자에서는 성장가치와 무형의 가치 등 다양한 범주의 가치를 포함하고 있는 것이다. 가치주가 현재를 기준으로 하고 있는 반면 가치투자는 시간상으로 미래를 포함하는 것이라 볼 수 있다. 따라서 멀리보는 장기투자자라면 대체로 가치투자를 지향한다고 볼 수 있을 것이다.

앞에서 나는 지금은 성장주이지만 향후에는 가치주가 될 수 있는 종목을 원한다고 말했다. 기업의 성장가치는 당초 경영진의 계획대로만 진행된다면 나중에는 실적가치로 반영되어 있을 것이다. 성장주는 가치주보다 EPS는 낮지만 PER은 높다. 당장 저평가된 주식을 사고 싶다면 가치주를 사는 게 맞다. 하지만 현재에는 고평가라 할지라도 미래의 성장가치를 원한다면 성장주를 사면 된다. 가치주는 인기가 없어서 저평가되고 있지만, 성장주는 고평가에 가깝다. 하지만 나는 저평가된 가치주보다 매출 실적이 성장하는 성장가치를 지향하고 있다. 가치주는 다른 이들이 현재의 저평가를 해소해야 시세차익이 발생하지만 성장주는 자체의 성장성으로 현재의 고평가를 극복할 수 있기 때문이다. 어느 것을 선택하느냐는 투자자의 몫이지만 같은 기다림이라도 성장을 즐기는 기다림이 더 좋아 보인다.

코넥스에서
종목 선정하는 법

장외시장의 대박주, 내게도 올 수 있을까?

내가 코넥스시장을 처음 알게 된 것은 최근이 아니다. 2014년도 말에 K-OTC(비상장주식을 거래하는 장외시장)라는 장외종목들을 집중적으로 들여다본 적이 있었다. 이는 우연히 스마트폰 MTS를 보다가 장외종목도 코스닥 종목처럼 모바일에서 직접 매매할 수 있다는 사실이 신기해서 살펴본 것이었다. 그런데 이들 종목을 살펴보다가 예탁금 3억원 이상의 전문투자자들만 참여할 수 있는 중소기업 전용 주식시장이 있다는 사실도 알게 되었다. 바로 코넥스시장이었던 것이다. 하지만 이 당시에는 예탁금 규모가 너무 컸기 때문에 K-OTC 종목들만 일부 매매했고 코넥스 종목들을 매매한 건 2016년이 되어서였다. 2015년 7월부터 코넥스시장의 예탁금 제한이 3억원에서 1억원으로 완화되었다는 사실을 뒤늦게 알았기 때문이다. 간혹 주위를 둘러보면 주식투자에 그다지 관심이 없음에도 불구하고 장외종목의 주식에 투자한 사람들이 있다. 대체로 이들의 투자원금은 적지만 나름 대박을 바라고 투자하는 경우가 많다.

나도 대박주를 바라는 마음이 전혀 없는 것은 아니다. 사실 장외시장에서 성장주를 발굴해서 대박주를 하나 맞이했으면 하는 로망도 가끔은 있었다. 그러다 보니 종종 K-OTC 장외시장이나 코넥스시장을 들여다본 것이다. 2015년도 이후에는 거래소뿐 아니라 코스닥시장도 모두 지지부진한 상태였기 때문에 대체시장을 찾고자 하는 노력도 있었다. 하지만 결과적으로 말하면 이 두 시장 모두 시행착오를 경험하고 실패로 끝났다고 볼 수 있다. 정확히 말하면 K-OTC 종목 중에서는 씨트리에서 약간의 수익을 냈으나, 코넥스시장에서는 대부분 입질만 하다가 손절을 반복하다 주로 손실을 내고 말았다.

그 결과 직장인 투자자들이 투자하기에는 상당히 부적합한 시장이라는 결론을 얻었다. 이곳에서 성장주 하나를 발굴한다는 것은 모래밭에서 바늘 찾기 같다는 생각이 들었다. 매출이나 수익성을 모두 고려하면 회사다운 회사를 찾아보기 힘들었다. 게다가 거래소나 코스닥과는 비교할 수 없을 만큼 오래 기다리는 투자를 해야 했다. 상장 프리미엄을 노리는 게 쉬운 일은 아니었던 것이다. 하지만 시간이 흐르면 또다시 기회가 올지 모른다. 언제든지 대박주는 나올 수 있기 때문이다. 그러므로 일단은 마음을 열어두고 내가 경험했던 이 두 시장에 대해서 이야기해보도록 하자.

경험해본 것에 의의를 둔 K-OTC 시장

먼저 K-OTC 시장이란 금융투자협회가 운영하던 비상장주식 장외 매매 시장인 프리보드를 확대 개편한 장외주식시장으로 2014년 8월 25일에 개장했다. K-OTC 시장에서 매매하기 위해서 투자자는 증권사에서 증권계좌를 개설하고 전화, 컴퓨터(HTS) 등을 이용해 매매 주문을 내면 되었는데, 증권계좌를 보유하고 있는 경우에는 해당 계좌를 이용할 수 있었다. 다만 투자자는 증권사가 고지하는 비상장주식 투자위험성 등 유의사항을 확인해야 주문을 할 수 있다고 되어 있다.

2017년에 K-OTC 장외종목 중에서 나의 관심종목으로 남아 있는 종목은 없었다. 여러모로 편리한 정규시장을 놔두고 굳이 유동성이 떨어지는 장외종목을 고집할 필요가 없을 뿐만 아니라 2015년 씨트리 종목에서 양도소득세를 자진 납부한 이후로는 K-OTC 장외종목은 아예 관심에서 삭제해버렸다. 물론 셀인바이오라고 하는 종목은 최근까지도 추적 모니터링해 보았는데 앞으로도 성장이 이루어질 것 같지 않아 머릿속에서 지워버리고 말았다. 이는 먼저 매출 성과가 나오는지 지켜보다가 매출 실적이라도 어느 정도 받쳐준다면 투자해 볼 생각이었는데 매출 신장이 전혀 이루지지 않고 있었기 때문이다. 하지만 당시에는 재무상태가 양호했고 차트도 맘에 들었기 때문에 매출액만 늘어준다면 매수할 용의가 있었다. 이런 초소형 주식은 시가총액이 100억원도 안 되는 스몰캡이기 때문에 매출액이 늘어서 성장 가능성만 보여주더라도 시가총액 500억원 이상은 바라볼 수 있을 것이다. 셀인바이오는 바이오 신소재를 개발하는 회사로 화장품 원료 물질을 개발해서 일본에 수출하는 등 시류적으로 부합하는 사업내용을 갖추고 있었다.

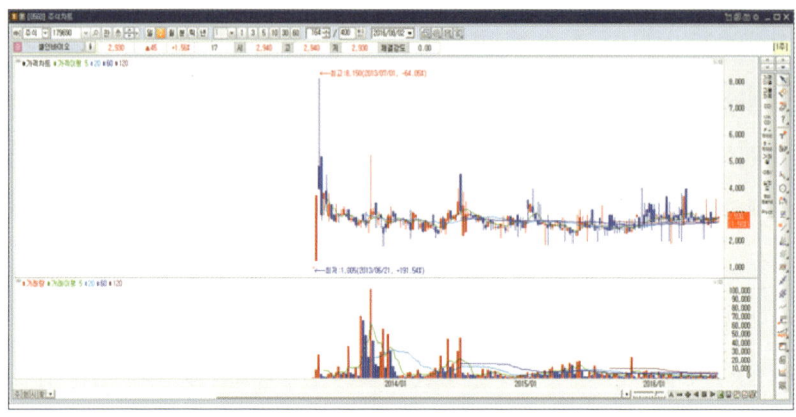

셀인바이오의 주가차트

하지만 몇 년째 추적 확인해 본 결과 최근 반기실적이 전년도의 반기실적에 미치지 못한다는 사실을 알고는 더 이상 미련을 두지 않았다. 또한 2016년도 매출액은 14억원으로 2015년도 매출액인 24억원보다 엄청나게 줄어들었다. 나중에 확인해 보니 2017년도 매출액은 14억원, 영업이익과 당기순이익은 각각 1억원에 머무르고 있었다. 실망스러운 결과였다. 주식투자를 하다 보면 많은 기업들이 말만 그럴싸하게 하거나 틈만 나면 거짓말을 하거나 실적은 보이지 못이고 허송세월만 보내는 경우가 많다. 특히 셀인바이오의 경우에는 대주주가 네트워크마케팅, 소위 말하는 다단계를 하고 있어서 크게 맘에 들지 않았다(이는 모두 개인의 판단에 따른것이다).

이렇다 보니 K-OTC는 그저 그런 기업들이 모인 시장으로 인식되고 말았다. 하지만 이곳에서도 수익을 낸 종목이 있었다. 바로 코스닥에 상장하기 직전 K-OTC 시장에 있었던 씨트리라는 회사였다. 이 주식은 2014년 말 코스닥 이전 상장에 대한 기대감을 갖고 있었다. 그래서 나는 상장 프리미엄을 생각하고 씨트리를 약 6,100원에 1만주 매수하였다. 보통 한두 종목에 집중투자를 하는 경우에는 수개월 동안 지속적으로 분할매수를 하는 데 반해 씨트리는 단기간 동안에 과감하게 진입했다.

두세 달을 내다본 단기투자였고 분산투자 차원에서 접근했기 때문이다. 그러나 기술성 평가에서 한 차례 탈락한 이후 2015년 상반기에 씨트리의 코스닥 특례상장을 위한 기술성 평가를 기다릴 수밖에 없었다. 그리고 이를 기다리는 동안 씨트리 관련뉴스나 공시를 반복해서 확인해 보았다. 그러다 보니 시간이 지날수록 매수 당시의 기대감이 증발했고 2015년 5월에는 이를 전량 매도하고 말았다.

매도 원인은 성장성에 대한 불확신도 있었지만 번거롭게 느껴진 양도소득세 탓이 컸다. 당시 K-OTC 양도소득세 예외조항으로 「조세특례제한법 제14조에 따르면 소액주주가 K-OTC 시장을 통하여 양도하는 벤처기업의 주식은 과세 대상에서 제외된다.」는 내용이 있었다. 그리고 씨트리는 이에 부합하는 종목이었다. 하지만 정확히 알아보기 위해 국세청 직원과 통화해 보니, 세부적으로 적용되는 비과세 요건은 훨씬 까다로웠고 나의 경우에는 비과세에서 제외되었기에 매도의 요인이 되었다.

그리고 그로부터 한 달이 지나자 씨트리는 내가 매도한 가격의 2~3배가량 오르더니 2015년 말에는 코스닥시장에 상장하게 되었다. 물론 매도 이후에는 주가가 급등하더라도 아쉬움이 남지는 않는 편이라 이를 관심있게 지켜보지 않았다. 하지만 매수할 당시에는 기술성 평가에 대한 기대감이 있었고 또한 대주주가 대화제약이라서 마음 한편에서 혹하는 기대심리도 있었다. 이는 당시 대화제약의 주가차트를 통해 확인할 수 있었다. 대화제약의 주가는 2011년 2,000원대에서 2012년 11,000원대를 찍고 이후 조정을 거쳐 2015년 초부터 다시 상승해서 5만원대를 향하고 있었다. 이를 통해 씨트리의 주가를 예측하는 데 참고할 수 있었다.

그런데 장외종목이었던 씨트리에 투자하다 보니 양도소득세를 납부해야하는 번거로움이 발생했다. 당시 벤처종목이었던 씨트리는 양도소득세 납부 대상에 해당하는지 납부 예외대상인지 다소 혼란이 있어서 국세청에 문의를 하였고 결국 납부 대상이라는 의견을 들었다. 이처럼 비상장 주식 거래의 경우 비록 소액투자라도 세무서에 양도소득세를 신고할 수밖에 없었다. 그래서 국세청 사이트인 홈택스를 통해 주소지 관할세무서에 양도소득세를 납부한 것이다.

이후 다시는 K-OTC 같은 장외시장을 쳐다보지 않기로 결심했다. 왜냐하면 투자자로서 지속적으로 확인할 수 있는 기초자료들이 부족하다 보니 늘상 불안했던데다가, 세무신고라는 번거로움까지 따라 붙었기 때문이다.

다음의 이미지는 세무서에 제출하기 위해 직접 작성했던 자료이다. 이를 상술하면 2014년 마지막 거래를 했던 2일 동안 씨트리를 급하게 10,000주 샀다. 당시 코스닥 상장에 대한 기대감이 있었기 때문이다. 평균 매수단가는 대략 6,000원이었다. 그러나 두 달 뒤인 2015년 2월 씨트리는 기술성 평가에서 탈락하고 말았다. 그리하여 오래 기다리지는 못하고 그 해 5월에 모두 매도했다. 평균 매도단가는 대략 6,700원이었다.

국세청에 제출했던 씨트리 거래내역표

이상으로 K-OTC 장외시장에 대한 이야기는 마무리하고자 한다. 적어도 내가 살펴보는 동안에는 성장성 있는 스몰캡을 찾을 수 없었다. 하지만 언제든 좋은 기업은 나타날 수 있으니 기회가 된다면 다시 들여다볼 날이 있을 것이다.

제3의 주식시장, 코넥스

이번에는 코넥스시장에 대해 살펴보기로 하자. 코넥스(Korea New Exchange)는 일정 요건을 갖춘 비상장 기업에 문호를 개방하기 위해 개설하는 유가증권시장, 코스닥시장에 이은 제3의 주식시장을 일컫는다. 코넥스시장은 우수한 기술력을 보유하고 있음에도 불구하고, 짧은 경력 등을 이유로 자금 조달에 어려움을 겪는 초기 중소기업과 벤처기업에 자금을 원활하게 조달할 수 있도록 하기 위해 설립된 자본시장으로 2013년 7월 1일에 개장되었다.

2014년에는 개인 투자자의 경우 예탁금 3억원 이상이라는 규정으로 인해 관심이 두지 않았으나, 2016년 6월경 회사에서 인터넷을 보던 중 우연찮게 코넥스시장의 예탁금 규제완화에 대한 기사를 접하게 되었다. 중소기업 전용시장인 코넥스에 투자하려는 개인의 예탁금 규제가 3억원에서 1억원으로 완화된다는 내용이었다. 또한 예탁금 1억원 미만의 투자자도 연간 3,000만원까지 투자할 수 있도록 코넥스 소액투자 전용계좌가 도입되었다는 내용도 있었다. 참새가 방앗간을 그냥 지나칠 수는 없으므로 이때부터 틈틈이 코넥스 종목들을 살펴보았다. 그리고 첫 느낌부터가 K-OTC 장외종목들과는 차원이 다르다는 사실을 알게 되었다. 시가총액도 1,000억이 넘는 굵직굵직한 종목들이 많았고 사업내용이나 재무제표를 보아도 구멍가게 수준을 뛰어넘는 회사들이 많았다.

그리하여 한 달간 여러 종목들을 살펴보았고 이리저리 따져본 후에 몇몇 종목을 매수해 보았다. 아래는 2016년 8월 초의 매매일지이다. 보통은 단기투자를 지양하고 있으나 코넥스시장의 경우에는 호기심으로 가득 차서

종목명	기간 중 매수			기간 중 매도			수수료	제세금	손익금액	수익률
	수량	평균단가	매수금액	수량	평균단가	매도금액				
선바이오	3,001	26,773	80,347,400	601	28,996	17,426,650	14,610	52,279	1,270,598	7.90
이수앱지스	13,854	9,447	130,889,750	7,824	11,924	93,301,000	33,570	279,898	31,029,407	50.08
셀인바이오	990	2,768	2,740,500	1	2,850	2,850	5,480	14	-5,409	-195.62
에이비온	1,200	9,560	11,472,800	0	0	0	1,700	0	0	0.00
노브메타파마	800	20,511	16,409,300	800	21,500	17,200,000	5,020	51,600	734,080	4.47

코넥스 종목별 매매일지

조금씩 분산투자를 시작해 보았다. 지속적으로 분할매수할 것인지는 추후에 고민하기로 한 것이다. 당시 코넥스시장에서 관심있게 보았던 종목으로는 선바이오, 노브메타파마와 에이비온 같은 종목들이 있었다.

당시에도 시간에 대한 투자를 하겠다는 생각을 가지고 있었지만 가급적이면 짧은 시간 내에 성과가 있을 것으로 기대되는 종목들을 골랐다. 적어도 1~2년 이내에는 코스닥에 이전 상장할 수 있어야지 무작정 오랫동안 기다릴 수만은 없었기 때문이다. 제약바이오 같은 회사들은 재무적인 문제가 없다면 대체로 시간이 지남에 따라 주가가 오른다. 이는 시간이 지날수록 연구개발 성과들이 하나씩 속속 드러나기 때문이다. 하지만 반대로 해석하면 자칫 시간의 함정에 빠질 수도 있다는 얘기가 된다. 일부 회사들의 경우 가시적인 성과 없이 돈만 먹는 하마가 될 수도 있다. 그렇기 때문에 분산투자가 필요하다고 생각할 수도 있지만 이러한 이유가 있다 하더라도 성장 가능성이 높은 한두 종목에 집중하는 편이 낫다. 물론 이는 가시적인 성과도 어느 정도 예측 가능하고 재무적 안정성도 의심스럽지 않을 경우여야 한다.

코넥스시장과 관련해서는 증권사에 두 가지 사실을 확인해 보았다. 하나는 양도소득세에 대한 것이고 다른 하나는 일반인 투자자의 예탁금 제한에 대한 것이었다. 증권사에서 대답하기를 코넥스 또한 상장시장이기 때문에 양도소득세는 코스닥시장과 동일하게 생각하면 될 것이라고 말했다. 또한 예탁금 제한 규정은 당시 나의 예탁금이 1억원 이상이었기 때문에 직접 매매하면 될 거라고 했다. 이때가 2016년 8월경이었다. 항상 그렇지만 세무문제는 구체적으로 들어가면 케이스 바이 케이스인 경우가 많다. 따라서 세무와 관련된 일들은 투자를 실행하기 전에 스스로 확인해 볼 것을 권장한다. 여기서는 내가 투자했던 선바이오 종목을 통해 코넥스 종목 투자에 대해 하나씩 살펴보기로 하겠다.

예시로 살펴보는 코넥스 종목선정법

주된 분석자료로는 차트, 직전년도 사업보고서, 인터넷 기사, 회사 IR 자료 등이 있었다. 이를 반복해서 읽어 보고 다른 일을 하면서도 시간을 두고 계속해서 읽어 보았다. 흔히 부동산투자에서 가장 중요한 요소를 일컬을 때 첫째도 입지선정, 둘째도 입지선정이라고 하는 말이 있다. 이를 주식투자에 적용하면 첫째도 종목선정, 둘째도 종목선정이라고 할 수 있을 것이다.

내가 투자했던 선바이오 종목을 예시로 보자. 개략적으로 살펴보니 선바이오는 2016년 1월 코넥스시장에 상장되었다. 2016년 8월 당시 시가총액은 2,000억원, 주가는 30,000원 언저리에서 형성되어 있었다. 내가 볼 때 시가총액이 너무 컸다. 이는 손익계산이나 재무상태를 살펴보더라도 이해할 수 없을 정도로 고평가에 해당하는 것이었다.

바이오베터에 가까운 바이오시밀러를 개발하는 회사인데 정확한 사업내용은 사업보고서나 IR 자료를 보고 또 보아야 이해할 수 있을 것 같았다. 그리고 이를 반복적으로 읽어 보고 어느 정도 사업내용을 이해한다 하더라도 성장성을 확신할 수 있다고 단언할 수 없었다. 물론 이런 특성들은 대부분의 제약바이오 회사들이 가지고 있는 문제점이라고 할 수 있다. 여하튼 실적이나 자산으로 볼 때 높은 시가총액은 이해할 수 없었다. 하지만 해당

분야의 기술력이 분명하고 로열티로 유지되는 회사라서 크게 돈 들어갈 일이 없다는 측면에서는 다행스러웠다. 그러나 선바이오의 평균 매출액은 20억원 수준에 머물러 있었다.

Financial Highlight [별도|전체]				단위 : 억원, %, 배,
IFRS(별도)	Annual			
	2013/12	2014/12	2015/12	2016/12(E)
매출액	21	22	17	
영업이익	6	3	-9	
당기순이익	6	14	-11	
자산총계	45	49	79	
부채총계	11	4	3	
자본총계	33	45	77	
자본금	19	19	38	

선바이오의 재무하이라이트

　선바이오의 높은 시가총액을 이해하기 위해서는 더 구체적인 자료를 살펴보아야 했다. 그리고 한국증권거래소 코넥스시장 자료실의 2016년도 IR 자료에서 현재의 높은 시가총액을 이해할 수 있는 부분을 찾아볼 수 있었다. 바로 미국 품목허가 승인을 앞두고 있는 바이오시밀러 뉴페그에 대한 로열티 예상수입이었다. 2018년 146억원을 시작으로 2020년 300억원이 추정되어 있었고 2~3년 시차를 두고 유럽에서도 발생할 예정이었던 것이다. 하지만 이런 회사에서 제시하는 자료들은 그들의 희망사항에 가깝다 보니 예상보다 지체되는 경우가 허다하다. 하지만 주가는 이러한 장래성을 반영한 것이라 판단되었다.
　이번에는 사업보고서에 있는 다른 사항을 확인해 보았는데 주로 자본금

변동사항, 재무정보와 주주에 관한 사항을 살펴보았다. 자본금 변동사항에서는 어느 특정인들에게 의존적으로 재원을 조달하고 있는지와 향후에도 재원을 추가적으로 조달해야 하는지를 살펴보았다. 이러한 부분은 깔끔할수록 좋다고 생각한다. 살펴보니 선바이오는 무상증자가 한 번 있었고, 우선주를 보통주로 전환한 일이 두 번 있었다. 아주 깔끔한 편이었다. 또한 자산이나 매출은 초라했으나 재무상태는 양호한 편이었다.

그리고 주주에 관한 사항에서는 대주주의 학력과 경력을 살펴보았다. 두뇌산업에 해당할수록 회사의 경영진이나 대주주들이 서울대 출신인 경우가 많다. 이는 제약바이오 분야에서도 마찬가지이다. 종종 서울대 이외의 대학 출신들도 많이 있으나 내가 관심을 보이는 회사의 대주주들은 대체로 그러한 경우가 많았다. 그러다 보니 이제는 이 또한 안정감을 들게 하는 요소가 되고 있다. 사실 이는 우리 사회에서 눈에 띄는 현상 중 하나인데 이는 그들의 능력이 뛰어나서 그럴 수도 있고, 그들이 강력한 학벌 카르텔을 형성하고 있어서, 우리 사회가 그들을 매우 우대하는 시스템이라서 그럴 수도 있다. 이는 네이버, 카카오, 넥슨 등과 같은 IT 분야의 경영진들을 살펴보아도 알 수 있다.

또한 우리 사회의 법조계 상위 인력도 비슷하다. 다만 그 출신 구성에서는 서울대 다음으로 고려대, 기타 나머지 대학 출신으로 이루어져있다는 점이 다소 특이했다. 역시 법조계에서도 서울대는 독보적인 존재임을 보여주고 있는데 내가 하는 주식투자에서도 그들의 존재는 확연하다고 할 수 있었다. 주식투자에서 대주주와 경영진의 역량은 아주 중요한 요소이므로 나는 그들의 존재를 통해 좀 더 안도하는 버릇이 생긴 것이다.

그밖의 코넥스 투자종목들

다음은 노브메타파마이다. 이 종목에서 가장 인상적이었던 것은 2015년 말 기준의 재무상태였다. 자산총계가 100억원이 넘는 데 반해 부채는 거의 없었다. 또 신약개발 가능성이 높아 보이는데 그로 인한 현금흐름상의 취약점에 대해서는 건강기능식품 판매로 보완하려는 사업구조를 가지고 있었다. 이론적으로는 완벽해 보이는 모델

노브메타파마의 주식매매일지

이었다. 단지 투자자 입장에서는 이러한 것들이 계획대로 진행될 것인가 하는 의문을 가질 수밖에 없다. 설령 잘 진행된다고 하더라도 시간이 얼마나 걸릴지도 모르는 일이었다. 이 종목도 사업보고서와 회사 IR 자료를 반복해서 읽어 보았다. 하지만 역시 가격이 부담스러웠다. 2016년 8월경 시가총액이 자그마치 1,200억원이었던 것이다. 재무안정성만 확보되면 바이오주식들은 통상 시간이 지날수록 오르는 경향이 있었으나 그렇다 하더라도 주가가 너무 앞서가고 있다는 생각이 들었다.

그리하여 처음에는 장기 보유할 생각으로 매수하였으나 막상 보유하는 동안에는 가격 메리트가 떨어진다고 생각해서 매도하고 말았다. 그밖에 에이비온이라는 회사도 잠시 매매했으나 역시 시간의 함정에 빠질 것 같아

100~200만원 정도의 손실을 보고 매도했다.

코넥스와 K-OTC 시장에 승산이 있을까?

2016년 7월에 시작된 코넥스 투자는 2015년도 K-OTC 장외종목에 대한 투자와 마찬가지로 몇 달이 지나지 않아 모두 손절로 끝나고 말았다. 여러 가지 이유가 있겠으나 무엇보다도 코넥스 종목의 주가는 이 당시 이미 오를 대로 올라 있어서 가격 메리트가 전혀 없었다. 또한 유통물량까지 적다 보니 매매에도 걸림돌이 된 것이다. 호가잔량이 적은 종목들을 매매하다 보면 단순히 사고파는 과정에서 10% 정도의 손실은 감수할 수 있어야 한다. 그리고 이는 진입 자체를 부담스럽게 하는 요소였다. 그리고 이러한 경험들을 하다 보니 역시 코스피나 코스닥시장이 최고라는 생각을 하게 되었다. 구관이 명관인 것처럼 말이다.

그렇다면 K-OTC와 코넥스시장에서의 느낌을 마무리해보자. 일단 종목 수 대비 투자할 만한 회사 하나 찾아내는 것이 대단히 어려운 상황이다. 게다가 기본적인 투자정보를 찾아보고 확인하는 것 또한 이곳저곳을 들러보아야 해서 매우 번거롭다. 따라서 매우 부지런해야 입맛에 맞는 회사 하나쯤 찾을 수 있는 것이다. 내가 이들 마이너 시장에서 원하는 것은 괜찮은 회사이면서 동시에 엄청난 가격 메리트를 지닌 회사를 찾는 것이었다. 그것이 바로 마이너 시장이 주는 메리트이기 때문이다. 그리고 이런 회사들은 성장성도 입증해야 할 것이고 가까운 시일 내에 코스닥 이전 상장에 대한 노력도 병행해야 할 것이다. 그리고 이러한 것들이 충족되면 충분히 투자할 만하다는 생각이 든다. 그게 아니라면 굳이 위험을 무릅쓸 필요가 없다. 기존의 코스피나 코스닥시장만으로도 충분하기 때문이다.

내가 하는 일과 비슷한 이슈에 관심을 가져라

직장에 앉아 있는 시간이 낭비라고 생각하는가?

내가 3년째 몸담고 있는 회사에서 하는 일들은 쉽게 말하면 측량산업, 다소 거창하게 말하면 공간정보산업이라고 하는 분야이다. 주로 항공사진측량을 비롯해서 국가기준점, 국가기본도, 수치지도 제작사업 등을 수행하는 곳이다. 이는 모두 기본측량에 해당하는 것들인데 이를 총칭해서 지도제작 분야라고 할 수 있다.

지금까지 군대를 포함해서 근 20년간 직장생활을 하고 있으니 나름 직장생활에 대해서 정의할 수 있을 만큼 경험을 쌓았다고 생각한다. 젊은 시절에는 내가 일하는 분야에 대한 호기심과 열정이 있었다. 알아야 할 것들도 많았고 올라갈 곳도 있어 보였다. 하지만 직장생활을 오래 하다 보니 여러 가지 문제점들을 인식하게 되었다. 가령 알 만큼 알았다고 해서 스스로 판단하고 결정할 수 있다고 생각한다면 오산이다. 대체로 가치판단은 윗사람들에게 양보해야 한다. 그들이 똑똑하다거나 옳아서가 아니다. 직장생활에서의 생존방식이 그럴 뿐이다. 하는 일이 종종 사회적 가치와 충돌한다 하더라도 별다른 고민 없이 조직의 이익을 우선하게 된다. 하지만 생각만큼 일을 한다 해서 좋은 자리가 보장되는 것도 아니다. 드러나지 않는 노력들도 필요하다.

그러다 보니 어느새 일에 대한 열정과 호기심은 사라지고 직장은 단지 내가 할 수 있는 생계수단으로만 존재하게 되었다. 물론 이러한 생각들은 공기업에 있을 동안 느낀 것들이다. 오히려 민간기업에서 느꼈던 것들은 이와는 사뭇 다른 것들이나 생계수단으로써의 한계는 더욱 분명했다.

주식투자라는 재테크가 성공적으로 유지되는 지금은 예전과 달리 필요한 만큼만 직장생활을 겸하고 있다. 그리고 이러한 내 말에 부러워할 사람들도 있을 것이다. 여기까지 올 수 있었다는 사실에 스스로도 만족스럽기 때문이다. 돈을 많이 벌어야 부자인 것이 아니라 일을 하지 않아도 먹고사는 데 문제가 없어야 부자라는 말이 있다. 그리고 이제는 남이 시키는 일을 하지 않아도 되는 날들이 온 것이다.

대부분의 직장인들에게 회사업무는 대체로 별다른 재능을 필요로 하지 않는다. 솔직히 시키면 시키는 대로 하면 되는 것들이 태반이다. 그러다 보니 단조로운 생활이 반복된다. 그리고 경제적 일탈을 꿈꾸는 사람늘도 분명 있을 것이다. 하지만 스스로 준비가 될 때까지는 누구든 직장생활이 필수코스다. 학교가 학생이 성장하는 공간이듯 직장 또한 개인이 성장할 수 있는 곳이다.

　재능이 없는 이들도 다들 학교를 다니고 직장을 다닌다. 그러므로 재능 없는 직장인이라고 해서 전혀 죄책감을 느낄 필요가 없다. 만약 재능 있는 직장인이라서 직장을 통해 성공을 꾀할 수만 있다면 이는 주식투자보다 백배는 나을 것이다. 하지만 직장생활에서 특별한 재능이 없는 직장인이라면 슬슬 주식에 투자해보는 것도 괜찮다. 주식투자가 쉬운 일은 아니지만 이 역시 재능을 필요로 하지 않기 때문이다. 주식투자는 단지 수익이 나면 재밌고 손실이 나면 재미가 없다. 그렇다 보니 주식투자는 수익이 발생해야만 재미가 있는데 이는 성취감을 자극한다. 하지만 결과적으로 보더라도 99%의 개인 투자자들은 손실이 난다고 하니 주식투자를 재미있어 하는 사람들은 거의 없다고 볼 수 있다. 그러므로 주식투자에 대한 섣부른 기대는 금물이다. 그리고 매년 일정한 수익이 날 때까지는 직장생활과 병행하는 것이 좋다.

　여기서 어떻게 투자하면 될 것인지에 대해서는 별도로 상술하지 않을 생각이다. 비록 오랜 시간이 걸리더라도 투자자 본인이 시행착오를 거치면서 정립해 나가면 된다. 주식투자는 탐욕과 직결되는 일이다 보니 남이 직접적으로 대신해 줄 수 있는 부분이 많지 않다.

　또한 보통의 재미없는 직장생활이라도 누군가는 반드시 해야 한다. 사회의 구조와 기능을 생각해 볼 적에 우리 사회의 모든 것들이 정상적으로 작동하고 유지되기 위해서는 많은 사람들의 관심과 노력이 필요하다. 일이 없는 가정이나 일이 없는 사회는 결코 생각할 수 없다. 그래서 나는 더 직장인을 위한 주식투자를 말하고 싶다. 하지만 직장생활에서는 노동의 대가로써 소득이 발생하는 반면, 주식투자에서는 대부분 손실이 난다는 사실을 간과할 수 없다. 그렇기에 다른 이들에게 권유해서는 안 된다는 딜레마도 안고 있는 것이다. 결국 이 부분에 대한 선택은 여러분의 몫이다. 그러나 한 가지 확실한 것은 내 생각을 온전히 이해하고 주식투자에 임한다면 누구나 수익을 낼 수 있을 거라는 사실이다. 왜냐하면 지난 수년간 직접 검증해 왔기 때문이다.

사람들을 만나고 정보를 얻는 직장인이 더 유리하다

지난 2016년도에는 내가 몸담고 있는 지도제작 분야와 관련해서도 커다란 이슈가 있었다. 바로 AR(Augmented Reality, 증강현실)을 기반기술로 개발된 게임 '포켓몬고'에 대한 것이었다. 증강현실이라는 것은 5~6년 전 아내를 통해서 알고 있었다. 아내의 박사과정 때 들어본 적이 있어서 증강현실 어플을 사용해 본 것이다. 다만 당시에 이 기술은 큰 관심을 받지 못했다.

포켓몬고의 흥행은 대단한 것이라서 언론을 통해 대대적으로 보도되었고 이에 대한 동료들의 반응도 고무적이었다. 하지만 동료들의 관심은 금방 사그러지고 말았다. 그럴 수밖에 없었던 것이 지도제작과 포켓몬고라는 게임은 직접적인 연관성이 없었기 때문이다. 여기서 증강현실이라고 하는 기술은 수치지도라는 인프라를 플랫폼으로 하는 기술이다. 그리고 포켓몬고는 증강현실을 바탕으로 하는 게임이다. 수치지도를 제작한다는 것은 국토 전체를 대상으로 지표상의 모든 객체를 데이터베이스로 구축하는 하부작업이다 보니 조사, 측량, 판독 등이 실로 방대하게 이루어지고 있었다.

그리고 이러한 일들은 국토부 산하 국토지리원에서 주관하고 있었는데, 이를 수행하는 업체들이 대부분 영세하다 보니 관련 상장업체도 없는 실정이었다. 그래서 주식투자를 한다고 하더라도 이와 관련해서 연상되는 종목을 떠올릴 수 없었던 것이다. 그리고 이처럼 단순히 직장생활만 하고 있으면 앞으로도 주식투자와 시너지를 발휘할 일은 거의 없을 것이다. 평소에 꾸준히 관심을 갖지 않는다면 어느 날 주식시장에서 이슈가 되는 일이 발생한다 하더라도 이를 예측하기는 어렵다.

　이처럼 내가 하고 있는 일과 직접적으로 연관이 있다거나 수혜받는 업체를 떠올리기는 쉽지 않다. 게다가 이를 떠올린다고 해서 바로 수익과 연결되는 것도 아니다. 하지만 직업과 관련된 종목들을 선정해서 멀리 보고 꾸준히 모니터링한다면 그렇지 않은 사람들보다는 확실히 투자우위에 설 수 있을 것이다. 가령 지도제작 산업이 비록 포켓몬고와의 연관성은 희박해졌다 하더라도 항공기나 인공위성으로 찍던 사진영상을 드론(무인기)으로 대체한다거나 자율주행을 위한 정밀지도제작이 시범사업으로 도입되는 일들이 이루어지고 있다. 이뿐만이 아니다. 지도서비스는 실내지도와 자동항법 같은 내비게이션 외에도 소상공인과 같은 부동산 콘텐츠로 확대되고 있다. 이렇게 지도제작 하나의 업종에서 파생될 수 있는 종목군으로는 드론관련주, 소형위성제작업체나 항공산업주, 3D 위치정보 관련 소프트웨어, 자율주행차, 전기차와 관련 플랫폼 업체 등이 있다. 그리고 이런 부분들을 동종업계의 지인들과 이야기하다 보면 단지 기사를 통해 이해하는 것 이상으로 알 수 있을 것이다. 가령 시장성이나 상용화 시기 등에 대해서 보다 현실적으로 느낄 수 있기 때문이다.

하지만 하고 있는 일을 자기계발의 수단이 아닌 직장으로만 생각하고 싶다 해도 크게 상관은 없다. 하는 일이 주식투자에 별다른 영감을 주지 않는 분야일 수도 있기 때문이다. 반대로 나는 주식투자를 통해 직장에서는 경험할 수 없는 새로운 신성장 산업군에 흥미를 느끼고 있다.

나의 관심종목과 보유종목

관심종목은 여럿, 보유종목은 한두 개

이 글을 쓰기 시작한 시점으로부터 많은 시간이 흘렀다. 2014년 말에 잠시 직장을 쉬는 동안 투자경험을 정리하기 시작했던 것을 2016년도에 이어오다가 출판 계약까지 하게 되었다. 그러다가 2017년도 중반에 이르러서 전체적인 구성을 다시 편집했고 2018년 3월이 되어서야 마지막으로 이야기를 완성하고 있는 중이다. 그러다 보니 그 사이에 나의 관심종목들은 계속해서 달라질 수밖에 없었다. 그리고 직장을 다니는 동안 시간이 허락하는 대로 글을 쓰다 보니 무의미하게 스치고 잊혀진 관심종목들도 많이 있었다. 하지만 보유종목이라고는 해봐야 매년 거의 한두 종목에 올인하고 있었으니 잊혀지고 말고 할 게 없었다. 게다가 2016년 말부터는 바둑기사가 막판 수 싸움에 들어간 것처럼 하나의 종목에 계속해서 올인하고 있었다.

사실 하나의 종목을 단지 관심종목으로 지켜보는 것과 보유하면서 지속적으로 지켜보는 것에는 많은 차이가 있다. 앞부분에서 종목선정의 원칙들을 기술한 적이 있는데 그러한 기준들을 충족하는 종목이라면 모두 관심종목이 될 수 있었다. 하지만 그중에서 보유종목을 하나 골라 승부수를 띄운다는 것은 실로 엄청난 에너지를 필요로 하는 일이다. 주식을 보유하고 결국 수익을 낸다는 것은 길고도 머나먼 인고의 과정을 거쳐야만 하기 때문이다. 그러므로 관심종목이라고 하는 것은 주식 좀 하는 사람들이라면 누구나 좋아하는 형태의 종목들이기에 내가 언급하고 싶은 부분은 아니다.

말 그대로 관심종목이라고 하는 것들은 관심이 가는 종목이라서 나름 오를 걸로 예상했던 종목들이거나 보유종목의 시세향방과 관련있는 종목들이다. 그리고 시장의 주요 관심을 받고 있는 종목일 수도 있다. 보통 관심종목으로는 30여 종목을 모니터링하고 있었다. 가령 2017년의 관심종목으로는 일진머티리얼즈, 우리산업, 엘앤에프, 에코프로, 특수건설, 현대EP, 차바이오텍, 어보브반도체, 바이로메드, 제넥신, 농우바이오, 휴스틸, 카카오, YG PLUS, 웰크론, 더블유게임즈, 툴젠, OCI, 안트로젠, 파마리서치프로덕트, 녹십자셀, 선바이오, 노브메타파마, KODEX 레버리지, KODEX 인버스, KODEX 중국본토50, KODEX 골드선물, KODEX 은선물 등이 있었다. 이 중에는 1년 넘게 그대로 방치된 종목들도 있고 그때그때 새롭게 편입된 종목들도 있다. 여기에는 관심의 지표가 되는 종목들로 단지 지켜보기 위한 것들도 있지만 앞으로 집중투자할 만한 가능성이 높은 종목도 있었다.

관심종목이 보유종목이 되기 위한 두 가지 요건

관심종목을 보유종목으로 전환하기 위해서는 더 많은 자료를 찾아보고 세심하게 고민해 보아야 한다. 왜냐하면 보유종목이 되어서 투자하는 동안에는 단순 변심없이 충분히 일정기간을 보유할 수 있어야 하기 때문이다. 그리고 여기에 특별한 기법은 없다. 단지 충분히 기다리고, 충분히 분할매수하며 오를 때까지 기다릴 수 있는 투자자의 심법이 우선한다. 그리고 이러한 심법이 발현되기 위해서는 보유할 종목에 대한 확신이 필요하다. 투자에 대한 확신이 필요할 때 염두에 두는 요건 두 가지를 말해보겠다.

첫 번째, 기업가치는 반드시 지금보다는 나아져야 한다. 비록 더디더라도 좋으니 이 부분에서만큼은 어느 정도 예측 가능해야 한다. 당장 고성장을 이루라거나 실적을 내란 말이 아니다. 이는 성장가치나 실적가치, 기타 무형의 가치를 포함해서 종합적으로 판단할 때 기업의 미래가치는 지금보다는 반드시 나아져야 한다. 설령 주가가 떨어진다 하더라도 믿을 구석 하나는 있어야 하기 때문이다.

두 번째, 주가는 지금보다 떨어지기가 어려운 상태라야 한다. 그러나 이를 확신하는 것은 매우 어렵다. 그러다 보니 주가는 최근 3~5년 동안 충분히 조정을 받고 하방경직을 확인했어야 한다. 그러므로 내가 진입하는 주식의 주가는 전 저점을 테스트하거나 하회해서는 안 될 것이다. 하지만 이는 생각만큼 쉬운 이야기가 아니다. 세상의 모든 일에 스트레스 테스트가 주어지는 것과 같다. 주가는 마지막까지 투자자들에게 깊숙한 상처를 줌으로써 손절을 유도하기 때문이다.

이 부분을 설명함에 있어 나는 내가 장기투자를 처음 시작하던 시기에 되뇌이던 각오를 알려줄 생각이다. 그것은 바로 내가 바닥이라고 생각하는 주가도 얼마든지 반 토막이 날 수 있다는 사실을 염두에 두어야 한다는 것이다. 그러므로 내가 매수하는 주식의 주가가 반 토막이 나더라도 계속해서 분할매수할 수 있는 뚝심이 필요하다. 사실 수익 날 때까지 보유할 자신이 없는 종목은 애초에 진입하지 않았어야 한다. 실제 경험상으로도 내가 보유한 주식의 주가는 내가 예상했던 바닥보다 항상 더 떨어졌다. 하지만 나는 이러한 사실을 유념하고 시작했기에 버틸 수 있었다.

그 결과 이러한 두 가지 요건을 모두 갖춘 종목이라면 반드시 수익을 안겨 줄 수 있을 것이라 믿는다. 또한 현재 보유중인 이수앱지스도 이 두 가지 요건을 모두 충족하고 있다고 생각한다. 물론 이러한 요건을 갖춘 주식은 시장에 더 많이 있을 것이다. 하지만 내가 관심있어 하는 종목들 중에서는 이수앱지스가 유일했다. 사실 2013년도에는 제이크란 종목이 나의 관심종목 1순위였다. 여기서 제이크는 종목의 이름이 아니라 차례로 제넥신과 이수앱지스 그리고 크리스탈의 첫 음절을 딴 것이다. 이 중 지금까지 남아 있는 종목은 이수앱지스뿐이다.

아래 사진을 보자. 왼쪽 계좌에서 볼 수 있는 30,000주는 2016년 12월

에 이수앱지스를 추가매수하기 위한 담보계좌이다. 이때 평균매수단가는 7,800원대이다. 오른쪽 계좌의 46,000주는 2017년 5월에 이수앱지스를 추가매수하기 위한 담보계좌이다. 이때 평균매수단가는 8,200원대이다. 여기에는 없지만 원래 다른 증권계좌에 30,000주를 보유하고 있었다. 이때 평균매수단가가 7,800원대였다. 박근혜 전 대통령 탄핵 이후 나는 주식담보대출을 이용해서 분할매수를 이어 나갔다. 이는 탐욕일 수도 있으나 나는 레버리지가 자본시장의 본질이라 생각한다. 내가 하지 않아도 내가 사는 세상은 레버리지가 투영되어 있다. 이미 서울의 부동산시장이 그것을 반증하고 있었다. 여하튼 이러한 투자는 올바른 종목선정과 시간투자에서 문제가 없을 경우에만 이루어져야 한다.

그러나 이수앱지스를 보유하는 동안에 커다란 문제가 발생했다. 2017년 9월에 또 한 번의 스트레스 테스트를 경험했던 것이다. 당시 이수앱지스는 유상증자를 빌미로 급락했는데 권리락[*]이 발생하기에 주식담보대출을 모두 일시에 상환해야 했다. 하지만 워낙 급하게 자금을 융통해야 했기에 가족들에게 손을 벌릴 수밖에 없었다. 그리고 이러한 상황에서도 나를 버티게 했던 힘은 기업가치는 나아지는 반면 주가는 더 이상 하락하지 않을 거라는 확신이었다.

◆ **권리락**
기준일 이후에 결제된 주식을 뜻하며 해당 주식을 보유한 주주는 증자를 받을 권리가 사라진다.

만약 당신이 정말 뛰어난 주식투자자라서 종목선정 이후 주가가 오르기만 한다면 분할매수라는 건 필요치 않을 것이다. 이는 수익관리를 위한 노력이 전혀 필요하지 않다는 이야기이다. 하지만 보유종목이 되었을 때 주가가 마냥 올라가는 것은 아니기 때문에 나름의 대응전략이 필요하다. 그리고 이는 수익을 극대화하기 위한 차원에서도 그러하다.

나는 2016년에도 이수앱지스가 20,000원까지 오를 거라 내심 기대하고 있었다. 그리고 그 과정에서 1억원이 넘는 평가이익도 발생했다. 하지만 2만원은커녕 재차 1만원 이하로 하락하다 보니 또다시 시간적 손실을 입고 있었다. 이로 인해 2016년도 확정이익은 2,800만원에 불과했다. 그리고 이러한 것들은 장기투자자가 직면하기 쉬운 리스크였다. 나는 가만히 앉아서 이를 바라보고 있을 수 없었다. 항상 같은 생각이었다. 언젠가 이수앱지스는 2만원을 넘을 것이고, 그 시기가 멀지 않다고 판단했다. 그렇기 때문에 2017년도에는 더욱 분할매수에 힘썼고 이때 평균 매수단가는 8,000원이었다. 그렇게 해서 10만주를 보유하게 되는데 이는 주가가 1,000원만 올라도 평가수익이 1억원이라는 것을 의미한다. 보유수량을 늘림으로써 지난번의 시간 손실을 보상받기 위함이었다.

사실 모든 주가는 한두 번씩은 크게 오른다. 이는 이론상 어떤 종목으로도 수익을 낼 수 있다는 것을 의미한다. 하지만 현실에서는 쉬운 일이 아니다. 일반적으로 종목선정을 잘 한다는 것은 남들보다 잘 오르는 주식을 잘 찾는다는 의미일 수도 있다. 하지만 매번 그런 주식을 찾을 수는 없다. 내가 말하고 싶은 올바른 종목선정이란 투자자 스스로에게 확신을 주는 종목을 찾는 것을 말한다. 오늘도 시장의 급등주를 찾기 위해 혈안이 되어 있는 투자자들이 많이 있을 것이다. 하지만 그들은 계속해서 그러한 역사를 반복할 가능성이 높다.

종목선정만 잘해도 반이다

2017년의 주식시장은 따스한 훈풍이 불었다. 종합주가지수는 지난날의 박스권을 돌파해서 최고치를 갱신했다. 코스닥시장도 마찬가지였다. 물론 시장의 따돌림이 있었고 시간적 갭도 있었으나 그해 말 나의 증권계좌에도 훈풍이 채워졌다. 2017년 초에 가졌던 기대감이 나를 저버리지 않은 것이다. 그리하여 2018년 2월 말까지 3억원이었던 주식담보대출도 모두 상환할 수 있었다. 1월과 2월 동안 이수앱지스를 팔아서 남긴 수익은 거의 2억원에 육박했고 보유하고 있는 평가 수익도 3억원이 넘은 상태였다. 그러다 보니 2017년 초 대략 6억원이었던 순자산이 2018년 초에 11억원을 넘어섰다.

2018년 주식매매일지

우리는 흔히 관심종목들을 들여다보다 특정 종목에 대하여 종종 크게 오를 것 같은 느낌을 받는다. 그리고 이러한 추측이 들어맞을 경우 스스로 자축하기도 한다. 하지만 이러한 예측은 종종 맞았다 하더라도 실전투자에서는 거의 쓸데없는 짓 가운데 하나일 뿐이다. 이는 마치 혼자 하는 섀도우 복싱과 같기 때문이다. 여기에는 실제 자금투입이 이루어지지 않았기 때문에 주도세력일지 모르는 가상의 상대에게 어떠한 영향을 주지 않았다. 게다가 손실 우려에 대한 심리적 영향도 받지 않는다. 그러다 보니 실전투자의 수익과는 무관한 편이다.

나는 '주가'라는 것은 누군가가 주도한다고 믿고 있다. 이는 주식투자가 상대적이라는 것을 의미한다. 그렇기 때문에 그 많은 종목들 중에서 나의 에너지를 불어넣을 만한 종목 하나를 찾는 것은 결코 쉬운 일이 아니다. 관심종목이 될 수 있는 좋은 주식들은 주식시장에 널려있다. 사실 귀찮아서 더 이상 찾으려는 노력조차 하지 않고 있을 뿐이다. 따라서 단순히 관심이 가는 종목보다는 나의 마음을 사로잡을 수 있는 종목을 찾아야 한다. 그리고 보유종목을 선택했다면 확신을 가지고 분할매수할 수 있어야 한다. 이는 장기투자가 될 수 있다는 것을 의미한다.

3

아웃풋 이끌어내기

30%의 수익률을 달성하는 기다림의 기술

종목선정이 3할이면 기다림이 7할이다

멀리 보고 투자하라

푼돈은 푼돈일 뿐, 목돈으로 승부하라

신이 주신 선물, 예약주문을 활용하라

매도타이밍을 잡는 나만의 노하우

실패보다는 성공한 투자를 복기해야 수익을 낼 수 있다

종목선정이 3할이면
기다림이 7할이다

기다림도 투자의 기술이다

　종목선정만 잘했다면 기다리는 일은 아주 손쉬울 뿐만 아니라 매우 즐거운 일이 될 것이다. 매번 오르는 주식만 산다면 종목선정은 주식투자의 전부라고 할 수 있다. 하지만 이는 현실적으로 불가능하다. 그러므로 주식을 매수한 이후에는 적절한 매도타이밍이 오기까지 반드시 기다리는 과정이 필요하다.
　워렌 버핏은 5년 이상 보유하지 않는 주식투자는 투자가 아니라고 말했다. 하지만 주식투자는 누군가 보증을 해주는 것이 아니다 보니 기다림은 그 자체로도 하늘의 별을 따는 것만큼이나 어려운 일이다. 여기서 하고 싶은 말은 기다리고 기다려야 한다는 것이다. 더 이상 기다릴 수 없을 것 같아도 추가매수하며 기다려야 한다. 내 생각엔 멀리 내다보고 분할매수하며 기다리는 것은 아주 좋은 훈련이다. 처음 한 번은 매우 힘들다. 아니 매번 힘들지도 모른다. 하지만 이를 반복하다 보면 기다리는 이유를 체득할 수 있을 것이다.

일희일비하지 말자

대다수의 개미 투자자가 실패하는 이유는 단순히 기다리지 못했기 때문이 아니다. 그보다는 그들이 가진 본성 때문이다. 많은 사람들이 집값이 올랐을 때에야 집을 못 샀던 것을 아쉬워한다. 그리고 오른 가격에라도 사려고 안달난다. 주식투자에서도 마찬가지이다. 그래서 마냥 기다리는 것은 사실상 시간의 손실로 이어질 확률이 크다. 그러므로 전략적으로 분할매수하며 기다려야 하는 것이다. 가령 실물자산인 아파트를 한 채 산다고 가정하자. 아파트는 수개월 또는 수년에 걸쳐 저가라고 생각되는 구간에서 여러 호가로 분할매수할 수 없다. 그냥 단일호가로 냉큼 사야 한다. 그러다 보니 매수에 있어서 전략적 접근이 어렵다. 이보다는 매수시기가 중요한 것이다. 하지만 주식은 단 1주씩 살 수도 있다. 종목선정이 어느 정도 잘 되었다면 계속 분할매수하는 것만으로도 반드시 수익을 낼 수 있다.

주식을 샀는데 주가가 계속해서 하락한다면, 이는 주식시장이 좋았을 때 투자를 시작했을 가능성이 크다. 주식은 갑자기 오르는 것 같지만 대체로 수년에 거쳐 큰 시세를 내고 수년에 거쳐 하락하는 것을 반복한다. 그러다 보니 종목선정을 잘 한다는 것은 좋은 기업이면서 동시에 착한 주가를 선별해 내야 하는 것이다. 흔히들 말하는 손절매라는 것은 초보들이나 하는 짓이다. 그게 아니라면 종목선정을 확실히 잘못했다고 판단될 때에만 실행해야 한다. 왜냐하면 당신이 선택하는 대부분의 종목선정의 기준은 막상 들여다보면 거기서 거기인 경우가 많기 때문이다. 손절에 중독되면 당신은 수많은 종목을 돌아가며 매도하기 바빠질 것이다. 이는 증권사나 세무당국이 좋아할 일이다. 사실 주식투자에서는 손절이나 단타를 반복하는 것이 비일비재하다. 그러다 보니 수익이 나지 않는다. 주식투자에서 진짜 어려운 일은 아무것도 하지 않고 기다릴 줄 아는 것이다. 결과적으로 볼 때 손실을 보는 사람들은 항상 쉬운 일만 선택하는 셈이다. 그리고 계속해서 손실을 반복할 뿐이다.

손절보다는 추가매수가 나을 수도 있다

대부분의 주식투자자는 종목선정에 많은 노력을 기울인다. 그리고 그 당시 무엇 때문에 그 종목을 선정했는지 기억할 것이다. 만약 시간이 지나면서 기업가치에서 실망스러운 일이 발생한다면 손절을 고려해 볼 수도 있다. 하지만 영업활동에는 별다른 문제가 없는데 단지 주가만 하락한다면 손절은 피하라고 말하고 싶다.

오히려 주가가 하락할 때마다 지속적으로 추가매수를 고려하는 편이 나을 수도 있다. 손절은 손실을 확정하는 일로 끝날 뿐이다. 이 종목을 손절하고 다른 종목을 매수하더라도 새로 산 주가는 또다시 하락할 가능성이 크기 때문이다. 확률상 대부분의 주가는 상승보다는 하락하거나 횡보하는 시간이 훨씬 많다. 매번 족집게처럼 오르는 종목을 찾아내는 것이 가능한 일도 아니지만 이게 가능하다 하더라도 너무나 소모적인 일이다. 차라리 보유하는 동안 실망스러운 점이 있더라도 투자했던 종목에서 반드시 수익을 내고 나올 줄 아는 것이 중요하다. 그래야만 자신감도 생긴다.

   사실 나도 손절매를 하는 경우가 꽤 있다. 하지만 이는 처음부터 손절을 염두에 두고 매수해본 종목들이다. 주력종목이 아닌 것이다. 여기에서 손절을 염두에 뒀다는 것은 입질차원의 매수를 말한다. 이는 매수하기 전과 매수 후에 보유종목에 대한 생각이 많이 달라지기 때문이다. 아무래도 매수 전에는 남의 떡처럼 커 보이지만 매수 후에는 착시현상이 사라지며 점점 실망스러워지는 경우가 많다. 이러한 이유 때문에도 한두 종목에 집중투자하는 편이다.

멀리 보고
투자하라

중요한 것은 계속해서 중요하다

나는 이번 장에서도 계속해서 비슷한 소리를 반복하고 있다. 그래도 어쩔 수 없는 일이다. 중요한 것은 계속해서 중요하기 때문이다. 또한 해도 안 되는 일은 계속 해도 안 되는 일일 뿐이다. 사회초년생에게 가장 중요한 것이 태도라고 하듯이 주식투자에서 가장 중요한 것도 투자자의 태도라고 할 수 있다.

사실 '멀리 보고 투자하라'는 말도 조급한 투자자들 입장에서는 답답한 소리다. 여기서 멀리 보라는 것은 아주 멀리 5년, 10년 뒤를 내다보라는 것이 아니다. 적어도 1~2년 뒤는 내다보고 투자하라는 것이다. 단기투자에서 매번 성공할 수 있었다면 당신은 이미 10~20억원쯤은 벌었어야 한다. 하지만 그게 아니라면 이번에는 분명히 태도를 달리할 필요가 있다. 안 되는데도 계속해서 하고 있다면 그건 이미 흡연이나 도박처럼 하나의 중독일 뿐이다.

장기투자의 마법

장기투자를 하게 되면 초기에는 상당히 더디게 느껴질 것이다. 하지만 이를 극복하고 몇 차례 반복하다 보면 복리의 마법처럼 돈이 불어나는 것을 확인할 수 있다. 직장인 소득만으로 자산가격의 증가속도를 따라잡기 힘들다. 당신의 연봉이 5천만원이고 가처분소득이 2천만원이라면 십년을 모아야 2억원을 모을 수 있다.

하지만 지난 십년 동안 서울의 아파트가격은 이보다 두세 배 이상 올랐다. 또한 우리는 소비가 미덕인 시대에 살고 있기에 주변에 이렇게 모으려는 사람도 없다. 해외여행이다 뭐다 다들 멋 내면서 쓰고 살기에 바쁘기 때문이다. 내가 사는 내곡지구의 경우에는 전용 25평짜리 아파트도 9억원을 넘어서고 있다. 그러다 보니 근로소득만으로는 집을 장만하기 어려운 세상에 살고 있는 것이다.

하지만 직장인이 주식투자에서 매년 수익을 올릴 수 있다면 이는 고스란히 가처분소득으로 귀속된다. 이는 내가 지금까지 해온 방식이다. 물론 내가 해온 방식보다 월등한 방식도 많이 있을 것이다. 그리고 그리해서 결과가 좋았다면 축하한다. 하지만 그게 아니었다면 나처럼 방법을 달리해서 반드시 되는 법을 찾아내야 한다.

1년 뒤의 프리미엄을 노려라

우리가 주식시장에서 매수하는 주가는 저평가될 때도 있으나 어느 정도 미래가치를 이미 선반영하고 있을 때도 많다. 따라서 여러분들이 주식을 샀을 때는 대부분 프리미엄을 주고 샀다고 볼 수 있다. 그러므로 매수와 동시에 손실이 발생한 셈이다.

가령 현재 주가가 1만원이라면 현재의 주식가치는 5천원이고, 1년 뒤 주식가치가 1만원이라고 볼 수 있다. 그러므로 당신이 이 주식을 살 계획이라면 3년 뒤 주식가치가 2만원은 될 거라는 전제하에서 1년 뒤의 프리미엄을 주고 사는 것이다. 그러므로 최소 1년은 기다려야 한다. 주가의 변동성이나 시장 여건을 고려하면 반드시 그렇다고 할 수는 없지만 이런 식으로 따져보지 않으면 정신무장이 되질 않는다. 결국 매번 시세를 주도하는 세력들에게 당할 수밖에 없다.

푼돈은 푼돈일 뿐,
목돈으로 승부하라

당신은 도박을 하고 있는 것이 아니다

어느 정도 매년 수익이 나는 주식투자를 반복하고 있다면 투자금액을 키워보는 것도 중요하다. '어느 정도 매년 수익 나는'이란 말은 스스로 확신할 수 있을 정도로 검증이 되었을 때를 말한다. 주식투자에서는 도박사의 태도를 가져서는 안 된다. 아무리 승률 높은 도박사라 하더라도 잘못된 승부수 한 번으로 자신의 목숨조차 내놓는 경우가 발생하기 때문이다. 그러므로 개인 투자자는 매번 승부수를 두려고 하지 말고 시간으로만 승부해야 한다.

우리는 반드시 이기는 싸움만 해야 한다. 그리고 매번 이기기 위해서는 단 한 번이라도 조급함이 있어서는 안 된다. 짧게는 1~2년, 길게는 2~3년의 시간을 겨냥했을 경우에 반드시 오를 만한 주식들은 널려있다. 그리고 이런 투자방식은 경기민감주와 같이 매출 실적이 단기적으로 증감하는 종목보다는 차라리 안정적이고 꾸준히 성장할 수 있는 경기방어주˙ 성격의 종목들이 상대적으로 적합하다. 경기민감주들의 실적과 주가는 냉탕과 온탕을 오가기 때문에 개인 투자자들이 이들 산업의 업황을 이해하고 실적 개선을 예측하는 것은 물론, 주가의 바닥을 선점하기 어렵다.

♦ **경기방어주**
경기의 변동에 크게 영향을 받지 않는 업종에 속하는 기업의 주가를 일컬으며 경기둔감주라고도 불린다. 대표적으로 전력, 가스, 철도, 의약품, 식료품 등이 이에 속한다.

개인 투자자들은 대체로 소액투자를 해서 급등하는 종목들에 많은 유혹을 느낀다. 그러다 보니 멀리 보고 안정적인 종목에 투자하는 일을 더디게 생각하는 것이다. 아무래도 푼돈 투자는 투자자를 다소 조급하게 하는 면이 있다. 그 결과 소액투자자들은 단타를 즐기는 경우가 많다. 머릿속에서는 1천만원이 2천만원이 되고, 2천만원이 4천만원이 되고, 4천만원이 8천만원이 되는 일을 꿈꿀 것이다. 하지만 현실에서는 깡통계좌가 속출한다.

차라리 투자금액을 늘려라

어느 정도 경험이 생겼다면 장기투자를 전제로 투자금액을 늘려보는 것도 좋은 방법이다. 오히려 투자금액이 커지면 혹시나 하는 마음에 한탕주의로 투자하는 일도 없어질 것이다. 여기서 목돈의 기준이 되는 투자금액을 제시하는 것은 쉽지 않다.

나는 2008년부터 마이너스 통장 5천만원을 활용한 투자를 계속하고 있다. 정확히 말하면 레버리지가 습관이 된 것이다. 최근에 이런 생각이 들었다. 내가 성공한 이유는 남들보다 주식투자를 잘해서가 아니라, 남들보다 레버리지를 잘 이용했기 때문이라는 생각이다.

2012년에 코오롱생명과학을 통해 자본을 3천만원에서 2억원으로 늘렸을 때나, 2017년에 1년 만에 순자산을 12억원으로 늘릴 수 있었던 것 모두 레버리지를 잘 이용했기 때문이다.

나는 확신을 전제로 바닥주가에서 분할매수를 한다. 그리고 기회가 되면 추가로 매수한다. 게다가 시장 상황까지 우호적이라면 레버리징을 동원해서라도 과매수를 실시한다. 그러면 주가 상승이 조금만 이루어져도 수익률은 배가 되는 것이다.

여기서 '차라리 투자금액을 늘려라'라고 말할 수 있는 근거는 당신에게 올바른 투자 습관이 배어 있다면 결국은 거쳐 갈 과정이기 때문이다. 항상 문제가 되는 것은 준비되지 않은 자가 레버리징을 일삼는 것이다. 준비된 투자자라면 레버리징을 취하는 것 또한 금융인으로서 갖추어야 할 능력이라고 생각한다.

신이 주신 선물,
예약주문을 활용하라

분할매수에는 예약매수가 정답이다

지금은 거의 뇌동 매매, 즉 일희일비하는 투자를 하고 있지 않다. 그렇다고 일정한 주기로 완벽하게 분할매수를 하고 있는 것도 아니다. 좋은 주식을 발견했을 때 이 정도면 충분히 바닥이라는 기대감과 그로 인한 조급함으로부터 아직도 완벽히 자유롭지 않다. 이때 예약주문이 좋은 해답이 된다. 모바일트레이딩에서도 예약주문 기능이 생긴 지는 오래되었으나 이를 효율적으로 사용하는 사람은 많지 않다. 언제 어디서나 필요할 때면 휴대폰을 이용해서 즉각적으로 주식을 사고팔 수 있기 때문이다.

과거에는 분할매수를 하는 동안에도 조급하고 즉흥적인 마음으로 했던 매수가 종종 있었다. 그리고 그 결과가 스스로에게 실망스러운 적도 많았다. 저가매수 기간 동안에는 충분히 기다리는 것이 매우 중요한데 그렇지 못했기 때문이다. 사실 모든 주식은 최대한 저가매수를 해야 한다. 그래야 보유하는 동안 심리적으로 안정되고 여유로운 장기투자를 할 수 있다. 그리고 완벽한 저가매수라는 것은 매우 어려운 일이기 때문에 차라리 일정기간 동안 기계적으로 분할매수하는 것이 좋다. 그러므로 매달 예약주문을 걸어놓는 것이 최고의 매수방법이다. 저가에서 완벽하게 선취매할 수 없다면 바닥구간에서 가중 평균치로 매수하는 게 낫다. 특히 단타의 때를 버리지 못한 단기투자자라면 예약주문을 하는 습관을 들이는 게 좋다.

예약주문을 착실히 활용한 아내의 승(勝)

과거의 나는 이수앱지스를 분할매수할 때 바닥구간에서 충분히 기다리지 못하고 항상 초반에 모두 분할매수했다. 그러다 보니 평균매입가는 8천원대였다. 이후에 이수앱지스는 7천원이고 6천원이고 여지없이 재차 바닥을 찍곤 했다.

하지만 아내는 달랐다. 아내는 주식매매에 무신경하다 보니 본의 아니게 충분히 기다릴 수 있었다. 그리고 내가 제시해 준 대로 예약주문을 하며 차분히 분할매수를 한 것이다. 그래서 아내의 평균매입가는 7천원 초반이었다.

사실 주식투자는 매수만 잘 해도 이미 승패가 결정된 것이나 다름없다. 그리고 기계적으로 대응하는 것이 나을 때가 많다. 주식투자는 불가근불가원의 원칙처럼 너무 가까이 해도 안 되고 너무 멀리 해도 안 되기 때문이다.

매도타이밍을 잡는 나만의 노하우

매도타이밍은 주식투자자의 최대 고민이다

나의 주식투자에서 매도타이밍은 1년에 한두 번쯤 발생한다. 나는 나름 저가라고 판단되는 시기에 지속적으로 분할매수하는 것을 원칙으로 하고 있기 때문에 매수가 끝나는 시점에는 슬슬 수익이 난다고 볼 수 있다. 그러므로 수익이 나는 이때부터 매도가 가능하다. 하지만 매도타이밍을 정확하게 짚어내는 특별한 노하우는 없다. 나는 매수한 주식이 오르기 시작하면 이를 아주 조금씩 분할매도할 뿐이다. 이와 동시에 주가가 오르기 시작하면 수익을 극대화하기 위한 고민도 깊다. 이는 바로 어떻게 해야 분할매도를 최대한 지연시킬 수 있을 것인가 하는 것들이다. 그러다 보니 주가가 올라도 마냥 기뻐할 수만은 없는 상황이 발생한다. 나는 매도타이밍을 족집

게처럼 알아내지 못하기 때문이다.

지금까지 주식투자하면서 연간 수익을 낼 수 있었던 종목들은 모두 오랫동안 저가에서 힘들게 매수한 것들이다. 반면 주가가 어느 정도 오르고 나면 한두 달 이내에 쉽게 매도해버렸다. 기술적 분석에서는 거래량이 터지면서 장대음봉으로 끝나면 모두 털고 나와야 한다는 말도 있지만 이는 하나의 사례에 불과하다. 이후에도 더 오르다가 더 큰 거래량이 발생한 뒤 하락하는 경우도 많기 때문이다.

이와 관련해서 나는 2012년도의 기억을 떠올려 보고자 한다. 그해 7월에는 코오롱생명과학을 전량 분할매도했는데 당시 주가는 2011년도에 바닥을 찍고 5만원을 향하고 있었다. 이는 직전 바닥의 2배쯤 되는 구간이었다. 당시 나는 투자원금 전액을 신주인수권이었던 BW로 투자하고 있다 보니 시세 초기부터 분할매도를 시작했음에도 불구하고 수익은 세 배가량 되었다. 하지만 내가 매도한 이후에도 주가는 두 달이나 더 올라서 10만원을 찍었다. 만약 이 시기에 분할매도를 조금 더 늦췄다면 당시 수익은 6배가 넘었을 텐데 하는 아쉬움이 남기도 한다. 결과적으로 나는 시세 초기에 매도한 셈이었으나 개인적으로는 충분히 만족하고 있다. 매도하는 동안 잠깐 딜레마에 빠졌다면 그것은 바로 이쯤에서 수익을 확정지어야 할지 아니면 좀 더 욕심을 내야 할지 하는 고민 때문이었다. 그리고 나는 주저없이 전자를 선택했다.

사실 주가의 시세는 누구도 그 끝을 알 수 없기 때문에 나는 분할매도하는 것을 원칙으로 한다. 그러나 그 기간을 얼마로 할 것인지에 대해서는 아무도 명쾌하게 대답해 줄 수 없다. 주식투자에는 여러 가지 원칙들만 난무하기 때문이다. 사실 이러한 주가는 반짝 상승으로 끝날 수도 있고 좀 더 긴 상승을 하다가 재차 하락할 수도 있으며, 지속적인 상승을 이어갈 수도 있다. 이는 시장 여건에 따라, 종목에 따라 제각각일 것이다. 그러므로 매도타이밍은 투자자의 성정에 따라, 투자금의 성격에 따라 달라질 수 있다.

여기서 확실한 것은 어느 정도 수익이 발생하면 욕심을 비우고 일부 매도하는 것이 바람직하다는 것이다. 나는 한 번의 주식투자에서 대박나기보다는 매년 꾸준히 수익을 낼 수 있기를 바란다. 그리고 이를 위해서는 작은 수익이라도 그때그때 수익을 확정해야 내 것이 되고 이를 누적할 수 있으리라 판단했다.

여하튼 일반적인 시세의 속성을 감안할 때 6년 전 내가 주가가 막 오르기 시작하는 구간에서 조급하게 매도했다고 생각할 수도 있을 것이다. 하지만 당시의 나에게 수익은 충분했고 이를 확정하는 것이 보다 절실했다.

게다가 나는 주가를 완벽하게 예측할 수 있는 방법을 모른다. 주식투자에는 의외로 홈런이 많지 않다. 20~30%의 투자수익이라도 이를 꾸준히 이어가면 실제 투자자산은 엄청난 속도로 증가한다는 사실을 체감할 수 있을 것이다. 그러다 보니 나는 주식투자에서 수익의 극대화보다는 매번 연속적으로 수익을 내는 데에 보다 많은 고민을 하고 있다. 만약 어떤 주식이 바닥에서 6배 올랐는데, 시세 초기에 투자자로 참여할 수 있었다고 가정하자. 나는 이 종목에서 100%의 수익만 거둘 수 있었어도 아주 훌륭한 일이라 생각한다.

시간이 흐르다 보니 지금의 나는 예전보다 점점 더 가치투자와 시간에 대한 투자를 지향하고 있다. 그러다 보니 기술적 분석으로 바라보는 매도타이밍보다는 회사가 얼마만큼 성장해서 장기적으로 시가총액이 얼마만큼 도달할 수 있을까 하는 생각으로 바라본다.

하지만 보유한 주식의 주가가 급상승한다면 단기적으로는 반드시 분할매도해서 수익을 확정할 수도 있어야 한다. 이는 사전에 계획하고 있다가 감정에 치우치지 않고 기계적으로 분할매도할 수 있음을 의미한다. 예를 들면 보유주식의 주가가 적정 기준가보다 10% 이상 오를 때마다 보유물량을 10%씩 매도하는 것도 좋은 방법이다. 이러한 기준과 함께 시장여건이나 주가의 상승강도, 기술적 흐름 등을 감안해서 자신이 생각하는 매도 원칙을 만들어 볼 수 있을 것이다. 이러한 매도타이밍 모델이란 것은 회수전략 차원에서 투자자 스스로가 만족할 수 있는 수준이면 되는 것이지 정답이란 없다.

실패보다는 성공한 투자를
복기해야 수익을 낼 수 있다

실패한 투자를 복기하는 것은 아무 도움이 되지 않는다

내가 하는 주식투자에서는 대체로 실패에 대한 원인 분석이 이루어지지 않는 편이다. 내가 말하는 실패사례라는 것은 지속적인 분할매수로 이어지지 않고 중도에 매도한 것을 가리킨다. 이는 손절뿐 아니라 익절도 해당한다. 특히 2018년에 이르러서는 투자자산이 10억원을 넘어가다 보니 리스크 관리차원에서 종목 분산의 필요성이 절실했다. 그리고 이를 실행하다 보니 약간의 분산투자로도 단기수익이 수천에 이르렀고 동시에 단기손실도 수천에 이르는 경우가 발생했다.

좋은 종목의 조건을 모두 갖추어도 중간에 마음이 변해서 매도하는 일이 매번 숱하게 발생한다. 중간에 매도할 수밖에 없었던 이유는 너무나 많다.

애착이 없어서 매도한 경우도 있다.

　이러한 실패사례를 복기하고 반복하지 않는 것도 맞겠지만 나는 이를 복기하지 않는다. 왜냐하면 실패에 대한 복기가 나의 성공투자를 보증해준다고 생각하지 않기 때문이다.

　실패사례에서 가장 중요한 것은 어서 빨리 잊어버리는 일이다. 그리고 성공사례를 반복하는 편이 낫다. 하지만 단기투자에는 성공사례도 많고 실패사례도 많다. 그리고 이들은 거의 동시에 발생한다. 어쩌면 이들은 지속적으로 반복될 가능성이 크다. 그러므로 실패사례를 복기함으로써 이를 소거할 수 있다는 생각은 착각에 가깝다.

　과거에 손실 나는 투자를 했던 때에는 항상 머리가 개운치 않았다. 손실로 이어지는 주식투자는 머리를 어지럽게 만들었기 때문이다. 매번 반복되는 손실은 작은 부분 하나하나에서 모두 잘못된 결과일지도 모른다. 젊은 시절에는 이러한 작은 부분들 때문에 나의 주식투자가 계속해서 실패한 거라 믿었다. 하지만 이는 이미 방향 설정에서부터 잘못된 것이었다. 단기투자는 결국 그 누구라도 안 되는 일이라는 생각이 불현듯 들었다. 그때가 바로 2007년이었다.

　안되면 안 되는 이유가 여러 가지 있을 수 있다. 그리고 우리는 실패를 되풀이하지 않기 위해 이들 하나하나를 복기하려 한다. 하지만 큰 시각에서 들여다보면 안 되는 이유가 단지 하나일 수도 있는 것이다. 그리하여 나는 더 이상 단기투자를 해서는 안 된다는 결론을 내렸다. 단기투자로 수익을 내는 것이 이론상 가능한 것이라 하더라도 내가 그것을 소화할 만한 자질이 부족하다는 것을 인정했다. 그래서 장기투자로 전환한다. 그런데 여기서 한 가지 드는 의문은 '과연 단기투자에 대한 자질이 나만 부족했을까' 라는 것이다.

성공투자를 복기해서 이를 반복하자

나는 여러 번의 단기투자에서 실패하고 나서야 2007년부터 장기투자를 결심했다. 그리고 그 이후에는 주식투자에서 대체로 성공하고 있다고 말할 수 있다. 이는 2009년 케드콤에 단기투자하다가 단 한 번의 손실로 크게 실패한 일이 있기 때문이다. 그리고 이를 제외하면 매년 수익을 내고 있다. 2007년 이후 아이리버, 2010년 이후 코오롱생명과학, 2013년 이수앱지스, 2014년 크리스탈, 2015년, 2016년, 2017년 그리고 2018년에 이르기까지 나는 그동안의 성공투자를 잘 복기하고 있다. 이들은 모두 장기 분할매수의 결과였다.

주식투자의 작은 실패에서 복기가 필요한 일들은 얼마든지 당신 스스로 해결할 수 있을 거라 생각한다. 중요한 것은 큰 실패를 반복하지 않는 것이고, 이보다 더 중요한 것은 성공투자를 복기함으로써 이를 반복하는 것이다. 그러므로 실패투자보다는 성공투자의 경험을 복기하는 편이 낫다고 할 수 있을 것이다.

나의 성공투자는 장기투자와 함께해왔다. 이는 반드시 수익 나는 주식투자를 원했기에 선택한 길이다. 그 결과 2010년 이후에는 매년 수익 나는 주식투자를 이어갈 수 있었다. 그리고 이러한 방법은 이 책을 읽는 투자자 여러분에게도 열려 있는 방식이다.

에필로그

누구나 방법을 알지만
그 의미를 모른다

지금까지 내가 생각하는 주식투자에 대해서 하고 싶은 말을 모두 한 것 같다. 순간순간 떠오르는 생각들까지 모두 담을 수는 없었지만 내가 말하는 핵심은 너무나 뻔한 것들이기 때문이다.

내가 말한 것들 이외에도 주식투자에는 훌륭한 격언들이 많이 있다. 그리고 주식투자에서도 기본적인 투자방식들은 널리 보편화되어 있다. 그리고 많은 투자자들이 이런 기초적인 방법들에 대해 이미 들어본 적이 있을 것이다. 하지만 보통의 투자자들은 그러한 것들이 진정으로 의미하는 바를 정확히 이해하고 있지 않기 때문에 그와 같은 방식들을 잘 따르려 하지 않는다.

초보투자자라면 대체로 오랫동안 수많은 시행착오를 거치고 나서야 기본적인 투자방식을 이해할 수 있을 것이다. 이는 오랜 시간을 겪어야만 주식투자가 주는 의미를 깨달을 수 있기 때문이다. 여기서 말하는 의미라는 것은 실체적 지식이라기보다는 우리가 사는 세상 이치와 같은 것이다. 한마디로 모든 주식에는 그 주인과 주도세력이 있다고 보면 된다. 그렇기 때문에 초보투자자들이 이들 주식에 쉽게 무임승차하려고 해서는 안 된다.

하지만 우공이산처럼 주도세력들과 함께하는 투자자들에 대해서는 그들도 어찌할 수 없을 것이다. 이것이 주식투자에서 성공하기 위해서는 소액을 투자하더라도 마치 주도세력인 양 생각하고 그들과 시간을 함께해야 하는 이유이다. 그리고 그렇게 하다 보면 이런 의미들이 다가올 것이다.

본문 중에는 과거의 내용이나 업데이트되지 않은 나의 묵은 생각들도 있고 보편적인 상식과 상충되는 부분도 있을 것이다. 하지만 내 의도를 이해한다면 이러한 것들은 큰 의미를 지니지 않는다. 이 글의 마지막까지 내가 강조하고 싶은 것이 있다면 그것은 바로 모든 투자자들이 반드시 수익 나는 주식투자'를 실행해야 한다는 것이다. 모든 투자자들에게 행운을 빈다.

MEMO

MEMO

길벗의 주식투자 베스트셀러 3종

주식투자 무작정 따라하기

▶ 주식시장을 즐거운 전투장으로 만들어준 최고의 주식투자서
▶ HTS 활용은 기본! 봉차트, 추세선, 이동평균선까지 완벽 학습
▶ 독자 스스로 해답을 구할 수 있는 실용코너가 한가득!

윤재수 지음 | 420쪽 | 18,000원

차트분석 무작정 따라하기

▶ 주식투자 전문가가 활용하는 8개의 차트분석 기법 대공개!
▶ 난해한 차트분석, 예제만 따라해도 매매시점이 한눈에 보인다!
▶ 한 권으로 끝내는 주식 기술적 분석의 교과서!

윤재수 지음 | 400쪽 | 25,000원

주식 대세판단 무작정 따라하기

▶ GDP성장률, 물가, 금리, 시장 EPS, 환율, 국제수지로 대세판단하는 법 공개!
▶ 6가지 중요 경제변수 읽는 법부터 주식시장 정보수집법, 매수매도 타이밍까지 파악한다!

윤재수 지음 | 320쪽 | 22,000원

부자를 만드는 재테크 시리즈

부자가 되려면 부자를 만나라

▶ 강남 부자들의 멘토 고준석이 알려주는 부동산 성공 투자법
▶ 부동산 투자에서 실패와 성공을 거듭한 부자들의 이야기
▶ 투자 사례 분석 및 법률 자문까지 한번에!

고준석 지음 | 240쪽 | 15,000원

부자를 만드는 부부의 법칙

▶ 결혼 후 당신이 알아야 할 돈에 대한 모든 것
▶ 이웃집 작은 부자들의 실제 자산변동&투자내역과 한 달 가계부 대공개!
▶ 푼돈 재테크부터 풍차 돌리기, 내집 마련, 임대수익, 땅투자, 투잡 비결까지!

슈퍼짠 부부 8쌍 지음 | 336쪽 | 15,000원

짠테크 전성시대

▶ 롤러코스터 같은 재테크 말고, 맘 편하게 꾸준히 자산을 불려주는 방법 대공개
▶ 회원 수 80만명 짠돌이 카페의 15년 짠테크 노하우 무한 방출

짠돌이카페 지음 | 324쪽 | 13,500원

사장님을 꿈꾸는 당신을 위한 길벗의 스테디셀러

대박 옷가게 무작정 따라하기

▶ 동대문 옷 구매부터 상권 분석, 인테리어, 디스플레이, 고객응대, SNS마케팅까지!

▶ 오픈 100일 전 단계별 성공액션 꼼꼼 정리!

▶ 옷가게 창업 분야 1등 책, 최신 개정판!

김승민, 오은미 지음 | 344쪽 | 17,500원

무역&오퍼상 무작정 따라하기

▶ 수출입 준비, 시장개척, 계약, 선적 등 무역 실무 단계별 정리!

▶ 10년 스테디셀러, 실전 무역교과서!

▶ KOTRA 현지 직원이 밝히는 나라별 무역거래 특징부터 실전 무역 노하우 85가 담겼다.

홍재화 지음 | 374쪽 | 16,800원

1인 카페 무작정 따라하기

▶ 오전 8시부터 오후 10시까지, 시간순서로 차근차근 알려주는 1인카페 운영 노하우!

▶ 11평 동네 카페의 탄탄한 생존 노하우 92

강동원 지음 | 264쪽 | 16,500원